京津冀协同发展研究丛书

总主编　张东刚

首都高端智库
首都发展与战略研究院
RUC Capital Development and Governance Institute

京津冀基本公共服务
协同发展研究

孙玉栋　等◎著

中国人民大学出版社
·北京·

总　序

　　京津冀地区是我国北方经济规模最大、吸纳人口最多、开放程度最高、发展最具活力的地区，濒临渤海、携揽"三北"，坐拥全国政治中心、全国科创中心、北方航运中心，既承担着引领我国经济创新发展的重大使命，又肩负着深化改革、扩大开放的重要任务，战略地位重要，发展意义重大。推动京津冀协同发展，是以习近平同志为核心的党中央在新时代的历史条件下作出的重大决策部署。自2014年京津冀协同发展上升为重大国家战略以来，习近平总书记先后多次对京津冀协同发展作出重要指示，高屋建瓴地对京津冀协同发展从目标愿景、重大任务、实施路径等方面作了全方位、系统性战略谋划。在习近平总书记亲自谋划、亲自部署、亲自推动下，凝聚政府、企业、智库等多方合力，以新发展理念为指引、以践行国家战略为目标，京津冀协同发展取得了丰硕成果。十年来，北京向外疏解与内部重组相互促进的发展格局有序建立，交通一体化网络基本形成，环境治理和生态建设取得积极进展，产业协作、创新协同加速对接，北京城市副中心建设日臻完善，"千年大计"雄安新区也从蓝图走向实景，京津冀协同发展呈现出前所未有的活力与生机，迈入高质量发展的关键时期。

　　党的二十大报告提出"以中国式现代化全面推进中华民族伟大复兴"的宏伟命题，强调要"深入实施区域协调发展战略"，"推进京津冀协同发展"，将京津冀协同发展作为未来五年甚至更长一段时间内的重要发展支点。2023年5月，习近平总书记主持召开深入推进京津冀协同发展座谈会，强调要坚定信心，保持定力，增强抓机遇、应挑战、化危机、育先机的能力，统筹发展和安全，以更加奋发有为的精神状态推进各项工作，推动京津冀协同发展不断迈上新台阶，努力使京津冀成为中国式现代化建设的先行区、示范区，进一步为京津冀协同发展把脉定向、引路领航。

中国人民大学首都发展与战略研究院（以下简称"首发院"）是首批首都高端智库试点建设单位之一，一直把推进国家治理体系和治理能力现代化作为研究旨向，汇聚了中国人民大学"独树一帜"的人文社会科学师资力量和学科力量，构建起研究团队实力雄厚、体制机制创新突出、咨政成果丰硕、智库功能齐全、报送渠道畅通、网络支撑强大的新型智库。首发院以首都北京为场景，牢牢抓住疏解北京非首都功能"牛鼻子"这一研究切入点，主动融入国家战略大局，构建了首都发展高端论坛、京津冀协同发展论坛、首都治理季度论坛等多个高水平的平台，进行了一系列研究，取得了一系列成效。

为更好地研究阐释习近平总书记关于京津冀协同发展的重要论述，深刻领会和把握京津冀协同发展的新成效、新形势、新目标、新要求，用好习近平新时代中国特色社会主义思想的世界观、方法论，以及贯穿其中的立场、观点和方法，更加奋发有为地推动京津冀协同发展迈上新台阶，首发院汇聚一批专家学者，策划组织了"京津冀协同发展研究丛书"。

丛书主旨鲜明，以党的创新理论为引领，对京津冀协同发展战略进行理论化阐释、全景式描述与系统化论证。我们的研究以高质量发展为战略目标，以实现中国式现代化为战略使命，以数字化、高端化、绿色化为导向，通过科技创新驱动、新兴产业牵动、区域发展联动，助力京津冀协同发展。我们希望通过丛书总结好、阐释好京津冀协同发展的历史性成就、开创性实践、制度性成果，成为习近平新时代中国特色社会主义思想在京华大地落地生根、开花结果并形成生动实践的具体展现。

　　丛书主题突出，以回答好中国之问、世界之问、人民之问、时代之问为己任，旨在成为推动区域协调高质量发展可资参考、可供借鉴的"研究答卷"。深度研究国内外发达区域、世界级城市群、都市圈发展阶段和发展经验，不仅着眼于京津冀协同发展在国家战略中的精准定位、疏解非首都功能等关键环节，也聚焦于交通共建、产业互联、创新协同、服务共享、治理协同等具体方面。我们希望通过丛书为京津冀协同发展提供理论基础雄厚、符合经济社会发展规律、可操作性强的政策性建议，为全国各区域协调高质量发展提供可复制、可推广的经验。

　　丛书主线清晰，着力探索构建以自主知识体系为内核的中国特色哲学社会科学学科体系、学术体系、话语体系。充分发挥核心研究团队跨学科、多领域、多学者的研究优势，汇集了理论经济学、应用经济学、公共管理学、法学、政治学、社会学等多个领域的专家研究成果。我们希望通过丛书推动有组织、平台化的科学研究，在知识创新、理论创新、方法创新上取得新突破，在立足中国实际、解决中国问题上展现新作为，服务于构建中国自主的知识体系。

　　渤海之滨，澎湃发展动力；燕赵大地，劲吹一体东风。从擘画协同发展，到引领高质量发展，再到示范建设中国式现代化，行进中的京津冀，正在描绘中华民族伟大复兴新图景。中国人民大学将继续集全校之力支持首发院的发展，切实发挥咨政高地、学术高地、人才高地的作用，在推动京津冀协同发展上作出新贡献、取得新成绩，坚决把习近平总书记擘画的京津冀协同发展宏伟蓝图变成生动实景。

　　是为序。

中国人民大学党委书记
首都发展与战略研究院院长　　张东刚

2024 年 5 月

前　言

　　2014年，党中央提出要推进京津冀一体化，目的是加强环渤海及京津冀地区经济协作。习近平总书记强调，实现京津冀协同发展，是一个重大国家战略，要坚持优势互补、互利共赢、扎实推进，加快走出一条科学持续的协同发展路子来。在这个背景下，我们有幸承担了北京市社会科学基金重大项目，围绕京津冀协同发展的公共服务协调发展问题进行研究。

　　课题组在研究的过程中对京津冀协同发展战略发布实施后京津冀三地的基本公共服务发展状况进行了系统的梳理，对中央和三省市就京津冀协同发展的政策进行了分析，对京津冀协同发展中各项基本公共服务的发展趋势进行了讨论，并利用计量方法对京津冀协同发展后基本公共服务协同发展的政策效果与问题进行了研究。在借鉴国内外区域性一体化战略实施经验的基础上，提出了进一步促进京津冀协同发展进程中基本公共服务协同发展的对策。

　　课题组的成员包括山西财经大学的郑少华老师以及我的研究生们。在课题研究的初期，我的学生庞伟、郑垚、丁鹏程、梅正午、王强、席毓做了较多的前期工作，课题研究中和课题结项期间，我的学生史菡、冀翔、孙心茹、张浩、关茹星、刘效源和MPA研究生杜宜宣、刘莘、张立新、谢安然、张帆、程远大、刘哲、王铮、秦怀宇、牛洁、张欣然、胡兰兰、王威、赵佳音等也都分别参与完成了一定的任务。

　　需要说明的是，课题研究的中后期，正好在新冠疫情期间。本书中的数据和资料大部分来自官方网站及媒体披露的信息，很多应该实地调研和深度访谈的内容由于各种原因没有完成，不得不说是一个缺憾。本书就算是一个阶段性的成果吧！好在疫情已经过去，我们的工作秩序得以全面恢复。2023 年 5 月，习近平总书记在河北调研时多次提到京津冀协同发展的问题，后续还可以就这个主题进行更深入的研究。

　　当然，书中难免有很多不足和谬误之处，还请读者多多批评指正。

孙玉栋

2024 年 5 月

目　录

第1章　导　论　/　001

1.1　研究背景与研究意义　/　001

1.2　研究框架及方法　/　006

1.3　文献综述　/　008

1.4　文献评述　/　015

第2章　理论基础　/　016

2.1　公共服务理论　/　016

2.2　新公共管理理论　/　018

2.3　共生理论　/　020

2.4　区域经济一体化理论　/　022

2.5　协同治理理论　/　024

2.6　城市群发展理论　/　025

第3章　京津冀基本公共服务协同发展基本问题界定　/　027

3.1　基本概念界定　/　027

3.2　基本公共服务协同发展的理念——共建共享　/　029

3.3　基本公共服务协同发展的目标——基本公共服务均等化　/　031

3.4　京津冀基本公共服务范围　/　032

第4章　京津冀基本公共服务协同发展框架概况　/　045

4.1　基本公共服务供给政府供给主体构成与边界　/　045

4.2　京津冀中央和地方供给主体间的事权与支出责任　/　058

4.3　京津冀区域间分工与协同发展　/　064

第5章　京津冀基本公共服务的政策及比较分析　/　078

5.1　中央层面基本公共服务政策文件分析　/　078

5.2　地区层面基本公共服务政策文件分析　/　081

5.3　国家、北京、天津、河北政策的对比与分析　/　084

第6章　京津冀基本公共服务协同发展现状　/　109

6.1　基本公共教育服务协同发展现状　/　109

6.2　基本劳动就业创业服务协同发展现状　/　115

6.3　基本社会保险服务协同发展现状　/　117

6.4　基本医疗卫生服务协同发展现状　/　123

6.5　基本社会服务协同发展现状　/　130

6.6　基本住房保障服务协同发展现状　/　133

6.7　基本公共文化体育服务协同发展现状　/　135

第7章　影响京津冀基本公共服务协同发展的因素分析　/　144

7.1　SWOT-PEST分析法的使用　/　144

7.2　京津冀基本公共服务协同发展的SWOT-PEST组合分析　/　146

7.3　不同基本公共服务的特殊影响因素分析　/　158

第8章　京津冀协同发展政策出台成效与问题分析　/　168

8.1　京津冀协同发展政策成效实证检验　/　168

8.2　京津冀基本公共服务协同发展主要成效　/　177

8.3　京津冀基本公共服务协同发展存在的共性问题　/　184

第9章　国内外区域基本公共服务协同发展经验借鉴　/　193

9.1　国内区域基本公共服务协同发展经验　/　193

9.2　国外区域基本公共服务协同发展经验　/　202

第10章　完善京津冀基本公共服务协同发展的对策建议　/　212

10.1　财政保障　/　212

10.2　调整公共服务供给领域　／　219

10.3　推进多主体参与京津冀基本公共服务协同治理的进程　／　226

10.4　完善制度建设　／　230

参考文献　／　238

第1章　导　论

1.1　研究背景与研究意义

1.1.1　研究背景

改革开放以来，我国经济社会高速发展，经济发达地区的集聚效应明显，逐渐形成了珠三角经济圈、长三角经济圈和环渤海经济圈。位于华北平原的北京市、天津市、河北省，简称京津冀地区，同属京畿重地，东濒渤海，西靠太行。京津冀内部各省市之间长期的经济和社会交往使得该区域客观上形成了一个经济统一体。京津冀区域合作历史悠久，自元代北京成为都城以后，京津冀三地便商业往来频繁。其在地理范围上主要包括北京、天津两大直辖市，以及河北省的石家庄、唐山、沧州、保定、邯郸、张家口等 11 个地级市，战略地位十分显著。然而根据《中国城市群发展指数报告（2013）》的综合指标分析，三大经济圈中环渤海经济圈发展相对滞后，而京津冀协同发展正是从环渤海经济圈演变而来的①。

京津冀地区中，北京作为政治中心、经济中心、文化中心，对周边地区的回波效应十分明显，不断地将资本、人才、能源等生产要素从周边地区吸引至北京，对周边地区尤其是天津市和河北省形成了强大的虹吸效应，使得北京和周边地区的发展差距不断扩大。天津是北方重要港口城市，紧邻北京，受到北京的扩散效应影响较强，经济发展的先天优势明显。河北省整体上在

---

① 高康 . 京津冀协同发展的政府作用研究［D］. 长春：中共吉林省委党校，2020.

001

京津冀地区中经济发展水平不高，主要以钢铁、化工等重工业产业为主，存在着经济结构不合理、生态环境差、基础设施建设落后、公共服务水平低等问题。三地虽然地缘相接，但是公共财力和基本公共服务供给的落差却是"断崖式"的。虹吸效应导致北京周边地区资源大量流失，基本公共服务和经济发展一直保持在较低的水平，而北京则因此患上了人口拥挤密集、生态环境恶化、交通拥堵严重、房价居高不下等"大城市病"[①]。此外，中央对京津冀的转移支付差距进一步拉大了三地的财力差距，进而造成了京津冀三地的基本公共服务供给水平差距。随着三地互动日益频繁，京津冀地区以约占全国2.3%的国土面积，实现了约占全国10%的经济总量。2004年，国家发展和改革委员会召集京、津、冀发展和改革委员会部门负责人在河北省廊坊市达成"廊坊共识"，确定了"京津冀经济一体化"的发展思路[②]。

实现京津冀优势互补，能够破解发展难题，使京津冀地区成为中国北方经济规模最大、最具活力的地区，成为中国政治、文化、国家交往、科技创新、经济发展的核心和辐射带动区域。2014年2月26日，习近平总书记在北京考察工作时指出："实现京津冀协同发展，是面向未来打造新的首都经济圈、推进区域发展体制机制创新的需要，是探索完善城市群布局和形态、为优化开发区域发展提供示范和样板的需要，是探索生态文明建设有效途径、促进人口经济资源环境相协调的需要，是实现京津冀优势互补、促进环渤海经济区发展、带动北方腹地发展的需要，是一个重大国家战略，要坚持优势互补、互利共赢、扎实推进，加快走出一条科学持续的协同发展路子来。"

2015年4月30日，中共中央政治局会议审议通过《京津冀协同发展规划纲要》，对三省市的目标定位作了明确规定，并提出实现三地间共享公共服务的发展成果是区域协调发展的最终目标，京津冀地区将形成以"一核、双城、三轴、四区、多节点"为骨架的产业空间布局。基于上述精神，中央有关部门发布了《"十三五"时期京津冀国民经济和社会发展规划》，此后国家在《中华人民共和国国民经济和社会发展第十四个五年规划和2035年远景目标纲要》中再次强调了京津冀协同发展的重要性，核心是有序疏解北京非首都功能，要求在京津冀生态环境协同治理、交通一体化发展、产业协同发展等重点领域率先取得突破。《京津冀协同发展规划纲要》明确提出了近期（2017年）和中期（2020年）目标，同时，推动京、津、冀三地分别制定了本省市

---

① 安林丽，宋万杰. 我国区域经济协同发展的理论与实践研究［M］. 长春：吉林大学出版社，2019.

② 纪良纲. 京津冀协同发展：现实与路径［M］. 北京：人民出版社，2016.

的详细规划。最后，在产业协同、创新发展、生态环保等关键领域初步搭建起一套专项创新体制机制。例如，《关于推进京津冀产业协同发展战略合作框架协议》《京津冀区域环境保护率先突破合作框架协议》《京津冀三地文化领域协同发展战略框架协议》《北京加强全国科技创新中心建设总体方案》等机制性文件，把京津冀协同发展作为重要的历史性机遇，提出了优化区域发展格局、转换区域发展动力、拓展区域发展空间和改善区域发展环境等目标。《京津冀协同发展规划纲要》明确了京津冀协同发展的战略意义、总体要求、定位布局和相关任务，描绘了京津冀协同发展的宏伟蓝图，为形成京津冀协同发展强大合力提供了行动指南。

进入"十四五"时期以来，京津冀协同发展步入一个崭新的阶段。伴随着经济实力不断增强，人民生活水平不断提高，我国社会的主要矛盾不再是人民日益增长的物质文化需要同落后的社会生产之间的矛盾，而是人民日益增长的美好生活需要和不平衡不充分的发展之间的矛盾，公民的权利意识不断提高，全民共享改革发展成果逐渐成为人民的迫切需求。区域发展问题已经不再单纯是经济问题，如何在保持经济发展增势的同时，提高经济质量，彰显公平正义理念，保障和改善民生成为当今社会发展的重要诉求①。

面对百年未有之大变局，国民经济宏观形势发生了重大转变，构建新发展格局、实现经济发展的"双循环"，成为中国中长期经济发展的基本战略。在新发展格局中，京津冀协同发展作为国家层面的区域重大战略，肩负着不可替代的战略使命。按照《京津冀协同发展规划纲要》"三步走"的安排，在中期任务目标基本实现之后，京津冀协同发展继续朝着 2030 年远期目标迈进。京津冀协同发展已从过去"谋思路、打基础、寻突破"的探索过程，演变至"滚石上山、爬坡过坎、攻坚克难"的关键阶段②。

京津冀协同发展上升为国家重大战略，为京津冀三地高质量发展提供了重要机遇。十年来，从国家顶层设计到实际部门的落实推动，从战略框架的构建到远景目标的初步实现，从发展理念的提出到体制机制的创新，京津冀协同发展取得了重大进展和成效。

然而，京津冀基本公共服务均等化和京津冀协同发展存在以下逻辑关系：首先京津冀三地的经济水平差距会造成财力的差距，而财力的差距会导致区

---

① 习近平. 决胜全面建成小康社会 夺取新时代中国特色社会主义伟大胜利：在中国共产党第十九次全国代表大会上的报告 [EB/OL]. (2017 - 10 - 27) [2022 - 08 - 20]. http://www.xinhuanet.com/politics/19cpcnc/2017 - 10/27/c_1121867529.htm.

② 京津冀协同发展领导小组办公室负责人就京津冀协同发展有关问题答记者问 [EB/OL]. (2015 - 08 - 23) [2022 - 09 - 28]. http://www.gov.cn/zhengce/2015－08/23/content_2918246.htm.

域间基本公共服务的非均衡供给，这种非均衡状态又会进一步拉大三地之间的经济差距。如果不能实现京津冀基本公共服务均等化，资源在三地间的流动和合理配置就会受阻，协同发展也就无从谈起。因此促进基本公共服务均等化是推进京津冀协同发展的本质要求和关键前提。此外，实现三地间基本公共服务均等化也是规范三地之间财政竞争秩序的前提。产业转移和非首都功能的疏解都涉及人员的流动，而影响人们生活和工作地点选择的关键因素就是与其密切相关的教育、医疗卫生、社会保障、基础设施、生态环境等基本公共服务供给的水平。京津冀区域公共服务供给水平呈"断崖式"落差，不但严重阻碍了京津冀协同发展重大国家战略的推进，而且损害了社会的公平正义[①]。

当前京津冀地区经济发展迅速，但基本公共服务均等化建设并未跟上经济发展的步伐。与京津两个城市相比，河北省在教育、医疗、社会保障等基本公共服务方面差距明显，在承接北京的非首都功能疏解上面临较大的挑战，不利于资源要素吸收和产业结构优化升级，同时也影响着三地的经济协调发展。因此，对京津冀地区基本公共服务与经济发展的协调问题进行研究，可以通过对比三地发展现状找到各地存在的优势和不足，同时深入探究河北省各地市的基本情况，从根源出发找到河北省的发展短板，根据各地的定位和特点对症施策，着力弥补河北省的发展短板，促进资源的合理分配，提高经济发展质量，提高各地居民的幸福指数，实现三地经济和基本公共服务的同步高水平发展，进而推动京津冀协同发展目标的实现[②]。

党的十九大报告提出以疏解北京非首都功能为"牛鼻子"推动京津冀协同发展，高起点规划、高标准建设雄安新区。津冀两地应做好承接工作，来缩小基本公共服务方面存在的某些"断崖式"的差距，减少首都虹吸效应的影响，补齐三地间教育、医疗等基本公共服务参差不齐的短板，提升河北优质资源要素吸引力，推动基本公共服务共建共享。为此，本书拟在总结国内外基本公共服务协同发展的相关经验、剖析京津冀基本公共服务协同发展问题的基础上，探讨未来京津冀基本公共服务协同发展的难点与路径。

1.1.2 研究意义

研究京津冀基本公共服务协同发展，不仅具有重大的实践意义，还具有

---

① 武义青，冷宣荣.京津冀协同发展八年回顾与展望 [J].经济与管理，2022，36（2）：1-2.
② 安树伟，董红燕.京津冀协同发展战略实施效果中期评估 [J].经济问题，2022（4）：1-2.

重要的理论意义。

1. 实践意义

（1）有利于提升京津冀地区居民的政府满意度和幸福感

基本公共服务作为与人民生活密切相关的部分，是衡量人民共享改革发展成果的重要标尺，民生问题自始至终都是政府的工作重心，推进与人民群众密不可分的基本公共服务均等化建设是共享发展的必由之路。基本公共服务与经济发展的协调问题本质上是如何处理好与人民群众紧密联系的民生问题和经济发展二者之间的关系，推动京津冀地区基本公共服务均等化建设和京津冀协同发展有利于缩小地区间的福利差距，提高京津冀地区居民的政府满意度，对于保障京津冀地区人民基本权利，维护社会公平正义，增强京津冀地区人民群众在共商共建共享发展中的获得感、满足感和幸福感具有重要意义，同时也是促进经济良性发展的重要举措[①]。

（2）有利于为提升京津冀基本公共服务协同发展水平提供针对性的建议

一方面，国内学者在进行研究时一般站在全国、某一省份或城乡的研究视角，选取几项基本公共服务指标研究地区基本公共服务的整体水平或协同发展程度，或者选取某一特定领域进行单一细致分析，很少有学者将基本公共服务细分，具体研究基本公共服务各分项指标的协同发展现状，深入探究地区间基本公共服务水平存在差异的根源；另一方面，目前部分学者开始关注京津冀协同发展的成效，但是很少有学者实证分析京津冀基本公共服务协同发展的成效。因此，本书的选题视角相对新颖，把京津冀的基本公共服务进行细分，分析各项基本公共服务的协同发展现状，且利用双重差分办法实证分析京津冀基本公共服务协同发展的成效，找出京津冀基本公共服务协同发展存在的问题，把满足人民日益增长的公共服务需求与落实京津冀协同发展国家战略统一起来作为基本公共服务共建共享发展的根本落脚点，通过对比三地的政策导向、发展现状等找到各地存在的优势及不足，系统梳理京津冀区域合作发展历程，总结分析京津冀基本公共服务共建共享的实践经验与未来发展路径，从多维度提出推进京津冀基本公共服务共建共享的宏观思路。同时，通过总结现阶段已取得的成果和存在的不足，来探究京津冀地区政府在哪些方面可以更好地发挥作用。这有利于为更好地提升京津冀基本公共服务协同发展水平提供针对性的政策建议，提高各地居民的幸福指数，实现三

---

① 刘璐. 京津冀地区基本公共服务与经济发展协调关系研究 [D]. 石家庄：河北师范大学，2020.

地经济和公共服务的同步高水平发展。

2. 理论意义

（1）补充发展了区域协同发展理论

本书对协同发展的相关文献进行了广泛搜集与梳理，发现国外研究多聚焦于微观层面，而国内研究则较为宏观。因此，本书综合国内外协同发展研究的长处，并结合京津冀地区发展实际，从理论上针对京津冀协同发展提出相应对策，并在京津冀基本公共服务协同发展方面进行了一定创新，对区域协同发展理论进行了有益的探索与补充。

（2）从财政学视角丰富了京津冀基本公共服务协同发展研究

目前针对京津冀协同发展中的基本公共服务供给的研究大多集中在区域经济学、城市经济学和行政管理学领域，从财政学视角研究京津冀区域基本公共服务水平不均等并给出财税方面对策建议的文献很少，因此本书在从财政学角度研究京津冀基本公共服务均等化方面具有一定的理论意义。

1.2　研究框架及方法

1.2.1　研究框架

本书以坚持人民主体地位和共享发展为价值导向，以京津冀基本公共服务为研究对象，在分析京津冀基本公共服务协同发展存在的问题的基础上，根据公共服务理论、新公共管理理论、共生理论、区域经济一体化理论、协同治理理论和城市群发展理论等，借鉴既有研究成果，考察促进京津冀基本公共服务协同发展的实施路径，并根据研究结论，结合京津冀协同发展背景，提出促进京津冀经济发展质量提升的对策。为此，本书查阅了大量参考文献和京津冀区域有关数据，详细列举了京津冀在基本公共教育、基本劳动就业创业、基本社会保险、基本医疗卫生、基本社会服务、基本住房保障、基本公共文化体育等七个领域的协同发展现状，研究京津冀基本公共服务协同发展中已制定目标的实现程度、存在的问题以及未来可能面临的机遇，分析京津冀基本公共服务协同发展的影响因素，评估京津冀基本公共服务协同发展的成效。在此基础上，本书对比借鉴国内外区域一体化公共服务发展的经验教训，提出了更好地促进京津冀基本公共服务协同发展的政策建议；同时，从完善京津冀财政保障体制、调整公共服务供给领域及方式等方面，为区域协同一体化的建设发展和新时代背景下我国基本公共服务标准体系的建立健全提供可借鉴的发展模式或建议。

本书逻辑框架如图1-1所示：

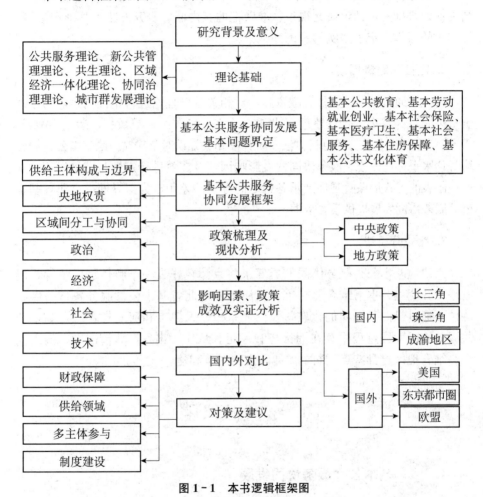

图1-1 本书逻辑框架图

1.2.2 研究方法

1. 文献研究法

文献分析是学术研究的起点，我们通过论文数据库实时查找大量相关权威学术性研究文献，对其内容仔细地进行阅读分析，参考相关学术性研究有益的政策理论研究方法、观点和具体实施政策思路，通过书籍、报刊和网络等多种途径搜集与基本公共服务协同发展有关的国内外经典学术著作、核心期刊、优秀硕博论文以及核心政策文件等文献资料，全面了解和认识当前基本公共服务协同发展的研究成果和进程，然后在对已有文献资料进行充分总结论证的基础上，选定研究视角，准确把握其内涵、研究方法、基础理论等，为本书的写作奠定了坚实的理论基础。

2. 定性和定量相结合

首先，通过查阅国内外文献资料，对相关基础理论进行定性描述，构建评价指标体系。其次，收集整理京津冀三地官方发布的权威数据，运用SWOT-PEST模型、双重差分等分析方法及统计学相关知识对京津冀地区基本公共服务均等化水平、基本公共服务协同发展影响因素及成效进行定性与定量研究，并通过图表的方式形象直观地展示各地之间存在的差距，为探寻推进京津冀基本公共服务协同发展提供重要依据。

3. 比较分析法

京津冀基本公共服务协同发展要求将京津冀作为一个整体加以统筹，但三地差异明显，本书结合北京市、天津市和河北省基本公共服务各自的供给特色，通过纵向和横向的比较，找到北京市、天津市和河北省各自在基本公共服务协同发展过程中存在的优势和不足，从实际出发，认清区别、找出联系，结合地区自身特点，制定因地制宜的对策和建议。

1.3　文献综述

1.3.1　基本公共服务协同发展

曾红颖认为，基本公共服务是指建立在一定社会共识基础上，能满足居民基本需求，一国全体公民不论其种族、收入和地位，都应该普遍享有的公平可及的服务，具有非竞争性、非排他性、市场供应不足等特征，可划分为保障人民基本生存权、基本健康权和自我发展权的社会保障和就业、医疗卫生、公共教育、公共管理、文体传媒、城乡社区、环境保护、公共安全和交

通运输等九类服务①。马慧强等人认为，基本公共服务应该先满足包含教育服
务、文化服务、卫生服务、社会保障服务、信息化服务、生态环境服务和基
础设施服务在内的民生类公共服务和公益性公共服务这两大方面②。郁建兴和
秦上人的研究认为基本公共服务是一系列以正义和秩序为基础，以保障公民
宪法权利为核心的国家治理行为和制度安排的过程，其提供主体是公共机构，
目的在于实现国家长治久安，满足公民基础的、广泛的、迫切的和可行的需
求，并且不同阶段、不同地域的公民需求都是不同的③。王延杰和冉希研究认
为，基本公共服务是人人皆应享有的普惠性服务，旨在满足社会成员需求结
构中普遍的、较低层次的公共需求，并实现公民基本的生存权与发展权④。马
雪松认为在此基础上，基本公共服务是特定历史时期内社会成员公认的共享
性服务，内容和范围受限于既定的社会条件，但其是动态演进的和边界开放
的⑤。基本公共服务是普遍富裕的重要标志之一，也是国家在民生领域的基础
性制度安排，关乎每一个社会成员的切身利益，需要动用公共资源，随着经
济社会发展，基本公共服务的范围可能会扩大、服务标准可能会提高⑥。《"十
三五"推进基本公共服务均等化规划》中提出："基本公共服务是由政府主
导、保障全体公民生存和发展需要、与经济发展水平相适应的公共服务"。协
同学作为一门学科，由德国物理学家赫尔曼·哈肯于 20 世纪 70 年代创立，
主要研究复杂开放系统中，大量不同子系统或要素在一定条件下相互作用、
协作而产生的整体效应。协同学理论认为，任何一个研究对象，都可以被看
作一个由多个子系统或要素构成的复杂系统⑦。在经济全球化、知识信息化、
文化多元化和竞争激烈化的背景下，白列湖研究认为把协同论引入管理研究，
对解决管理、社会和经济发展中出现的大量综合复杂的问题具有重大意义⑧。
汪锦军认为协同是通过包括横向和纵向的协调，有效利用各自的资源和优势，

---

① 曾红颖. 我国基本公共服务均等化标准体系及转移支付效果评价 [J]. 经济研究, 2012 (6):
20 - 32, 45.

② 马慧强, 韩增林, 江海旭. 我国基本公共服务空间差异格局与质量特征分析 [J]. 经济地理,
2011 (2): 212 - 217.

③ 郁建兴, 秦上人. 论基本公共服务的标准化 [J]. 中国行政管理, 2015 (4): 47 - 51.

④ 王延杰, 冉希. 京津冀基本公共服务差距、成因及对策 [J]. 河北大学学报 (哲学社会科学
版), 2016, 41 (4): 83 - 90.

⑤ 马雪松. 结构、资源、主体: 基本公共服务协同治理 [J]. 中国行政管理, 2016 (7): 52 - 56.

⑥ 何文炯. 共同富裕视角下的基本公共服务制度优化 [J]. 中国人口科学, 2022 (1): 2 -
15, 126.

⑦ 哈肯. 协同学导论 [M]. 张纪岳, 郭治安, 译. 西安: 西北大学科研处, 1981.

⑧ 白列湖. 协同论与管理协同理论 [J]. 甘肃社会科学, 2007 (5): 228 - 230.

为公众提供无缝隙的而非相互分离的服务的过程，是解决公共服务多元主体供给导致的碎片化的机制选择①。刘卫平认为，社会协同治理是基于社会资本的政府、民间组织、企业和公民个人等多元社会要素相互协调、合作治理，在整合和发挥各类要素优势中维护和实现最大公共利益，推进社会有序发展，强调社会主体的多元化和协同性②。吴季松将协同论应用于解决京津冀严重缺水、重度污染、经常断流的海河水资源治理问题中，并提出了相应的治理建议③。周艳玲指出基本公共服务政策系统是一个开放复杂系统，由各个方面的公共服务、政府各项政策汇集而成，与协同论存在契合之处，认为政策协同可以作为实现基本公共服务均等化的路径④。在田玉麒、李政蓉和郭喜的研究中，协同是不同主体间为实现同一目标而采取共同行动，强调公共领域治理主体间的关系，主张"共同行动"或"共同治理"，认为公共服务协同供给是政府、市场和社会等多元主体以人民需求为指引，在充分沟通与协调的前提下，共享资源信息、共同提供公共服务的过程⑤。杨宏山指出协同发展理论基于地方自主利益诉求，关注地方政府间跨行政区域的合作行动和政策网络的发展，强调在解决跨行政区域发展问题上政府间协商与合作的重要性，倡导形成多元主体参与的运作机制⑥。

赵曼丽基于共生理论分析认为，协同作用表现为共同适应、共同激发、共同合作和共同进化，随着改革的全面深化和经济社会的快速发展，公众对公共服务的需求日益增长且越来越多元化，对质量的要求越来越高，对各地间的公共服务差异也越来越敏感，单纯依赖任何一种社会力量都无法解决复杂的公共服务需求问题，公共服务供给多元化是必然趋势。公共服务多主体的协同供给可以发挥各组织的优势，解决服务供给碎片化、分散化问题，形成供给合力，是顺应多元化公共服务需求的必然趋势，是提高公共服务供给效率和效益的必然之路⑦。张贤明和田玉麒主张，供给主体间应建立一种新型

① 汪锦军. 构建公共服务的协同机制：一个界定性框架 [J]. 中国行政管理, 2012 (1): 18-22.
② 刘卫平. 社会协同治理：现实困境与路径选择：基于社会资本理论视角 [J]. 湘潭大学学报（哲学社会科学版）, 2013 (4): 20-24.
③ 吴季松. 以协同论指导京津冀协同创新 [J]. 经济与管理, 2014 (5): 8-12.
④ 周艳玲. 我国基本公共服务均等化的实现路径：协同论视角 [J]. 社会科学家, 2014 (6): 28-31.
⑤ 田玉麒. 公共服务协同供给：基本内涵、社会效用与影响因素 [J]. 云南社会科学, 2015 (3): 7-13; 李政蓉, 郭喜. 公共服务协同供给机制动态化：一个分析框架 [J]. 中国行政管理, 2021 (3): 45-53.
⑥ 杨宏山. 京津冀协同发展的公共服务需求 [J]. 城市管理与科技, 2017, 19 (5): 21-23.
⑦ 赵曼丽. 公共服务协同供给研究：基于共生理论的分析框架 [J]. 学术论坛, 2012, 35 (12): 38-41.

关系，在厘清各自特长和优势的同时，加强彼此之间的协同关系，形成共同决策、共同行动、资源共享、责任共担、共同回应的良好供给模式，通过部门功能、地域界限与组织空间等方面的协调，使不同公共服务供给主体充分发挥自己的能力特长和资源优势，互补短板和不足，为社会提供整体性的公共服务①。徐叶彤和芦平生基于多中心治理理论视角分析认为，政府不应该成为公共服务供给的单一主体，而应和企业、非营利组织、社区乃至个人等独立主体相互协作、调适，形成供给主体间平等独立、供给方式多样化的公共服务模式②。马雪松指出，构建基本公共服务体系的出发点和落脚点在于让社会民众均可以平等享有多样化、高质量的公益性服务和产品，基本公共服务协同治理是将协同治理机制纳入基本公共服务体系建设的探索与尝试，可以有效化解基本公共服务供需矛盾，提升基本公共服务供给水平和质量，并从系统结构、治理资源和行为主体三个层面为基本公共服务体系建设指明方向③。韩兆柱和于均环认为，要推进京津冀协同发展，京津冀基本公共服务均等化必须先行，并基于整体性治理理论从法律制度、政府间关系、公私关系和区域经济四个方面探索了实现京津冀基本公共服务均等化的路径④。

1.3.2 基本公共服务协同发展评价体系

尹栾玉通过调查问卷对基本公共服务的界限、基本公共服务需求的内容及需求表达机制三个方面进行了调查，发现基本公共服务需求的内容和发展水平在不同地域之间差异巨大，服务内容发展不均衡，公众需求与政府供给不对等，基本公共服务需求表达机制严重缺失，提出基本公共服务供给模式必须转变为以需求为导向的精准协同供给模式⑤。马慧强等人采用集对分析模型构建基本公共服务均等化评价体系，对京津冀地区基本公共服务均等化水平进行了测度，对其时空格局演变特征进行了分析，并探讨了其背后的影响

① 张贤明，田玉麒．整合碎片化：公共服务的协同供给之道 [J]．社会科学战线，2015（9）：176-181．
② 徐叶彤，芦平生．多中心治理理论视角下我国农村体育公共服务社会化供给探析 [J]．北京体育大学学报，2015，38（4）：6-11．
③ 马雪松．结构、资源、主体：基本公共服务协同治理 [J]．中国行政管理，2016（7）：52-56．
④ 韩兆柱，于均环．整体性治理视域下京津冀基本公共服务均等化研究 [J]．学习论坛，2018，34（1）：58-64．
⑤ 尹栾玉．基本公共服务：理论、现状与对策分析 [J]．政治学研究，2016（5）：83-96，127．

因素①。周京奎和白极星构建了京津冀公共服务配置水平指标体系，对京津冀基本公共服务水平和配置质量进行了测度，探究了京津冀公共服务一体化的障碍，并针对如何促进公共服务资源均衡配置提出了区域公共服务一体化机制框架设想②。张贵和薛伊冰从京津冀公共服务协同发展状况着眼构建评价指标体系，从协同和发展两个层级客观评价了京津冀公共服务协同方面近些年取得的成效与不足，并给出了初步对策③。田学斌和陈艺丹从教育文化、医疗卫生、基础设施、生态环境和社会保障五个层面出发，采用泰尔指数测算京津冀基本公共服务均等化水平及其变化特征，发现京津冀基本公共服务非均等化程度较高，且两两观察差距主要体现在京冀和津冀之间④。申伟宁等人从失配角度运用生态系统评估中的健康距离模型和空间计量模型对影响京津冀城市群基本公共服务资源合理配置的因素进行了实证考察并提出了优化对策⑤。孙丽文和任相伟通过构建碳排放协同治理评价指标体系，运用复合系统协同度模型，对京津冀区域碳排放治理的有序度及整体协同度进行测度，分析了其影响因素并提出了优化协同治理的策略⑥。荣利颖和孟静怡通过辨析区域行政协议的合法性依据，梳理京津冀教育协同治理的行政协议，探索了区域协同治理的法制模式，以推动京津冀地区总体竞争力的提升⑦。臧雷振等以1997年以来京津冀公布的劳动政策文件为分析文本，结合京津冀协同治理实践，对京津冀政府间政策文本差异与协同特征进行了考察并阐释了其原因，进而剖析了京津冀区域协同治理的政策实现路径和现实困境⑧。叶堂林和李璐构建了包括基础教育、医疗卫生、社会保障、设施环境四个维度的京津冀公共服务水平评价指标体系，运用熵值法对京津冀公共服务水平进行了测度，

① 马慧强，王清，弓志刚．京津冀基本公共服务均等化水平测度及时空格局演变［J］．干旱区资源与环境，2016，30（11）：64－69．

② 周京奎，白极星．京津冀公共服务一体化机制设计框架［J］．河北学刊，2017，37（1）：130－135．

③ 张贵，薛伊冰．协同论视阈下京津冀区域公共服务协同发展研究［J］．天津行政学院学报，2018，20（5）：19－28．

④ 田学斌，陈艺丹．京津冀基本公共服务均等化的特征分异和趋势［J］．经济与管理，2019，33（6）：7－15．

⑤ 申伟宁，苏爽，黄华，等．京津冀城市群基本公共服务的影响因素与优化对策：基于空间计量模型的实证考察［J］．全球城市研究（中英文），2020，1（2）：60－69，192．

⑥ 孙丽文，任相伟．京津冀区域碳排放协同治理及影响因素分析［J］．山东财经大学学报，2020，32（2）：5－14．

⑦ 荣利颖，孟静怡．京津冀教育协同治理的行政协议研究［J］．国家教育行政学院学报，2020（1）：57－63．

⑧ 臧雷振，许乐，翟晓荣．京津冀劳动政策的差异与协同［J］．北京行政学院学报，2020（2）：1－9．

采用变异系数法对公共服务水平的差距进行了分析，通过面板回归模型分析
了公共服务水平的影响因素并提出了对策建议[①]。孙钰等人运用熵权—集对分
析模型对 2010—2019 年京津冀城市群 13 个地级以上城市基本公共文化服务
水平进行了测算，对区域内城市群基本公共文化服务非均等化问题展开了分
析，并利用双向固定的空间杜宾模型分析了中心城市空间溢出效应，识别了
其关键驱动因素[②]。

1.3.3　基本公共服务协同发展影响因素

田玉麒认为，公共服务协同供给受到利益关系、社会资本和协调能力的
影响，能否实现协同发展取决于供给的参与主体间利益方向是否一致、是否
具有同构性；取决于能否通过信任、规范和参与网络这三个社会资本要素达
成供给主体间的协作，形成良好秩序，为协同供给提供坚实基础；取决于能
否协调协同者间的利益和共享信息[③]。高树兰对京津冀三地公共服务水平和财
税情况进行调查分析后认为，公共服务协同发展受到财政收支规模、纵向财
政转移支付制度、税收政策差异和财政协同治理机制缺乏等因素的影响，应
调整京津冀财政政策、规范转移支付制度、统筹区域内税收政策，促进公共
服务协同发展[④]。王延杰和冉希认为，基本公共服务领域的财力、人力、物力
的配置失衡以及低调控能力的财税体制是京津冀基本公共服务产生断崖式落
差进而难以实现协同发展的重要原因[⑤]。臧秀清和李旭辉研究认为，京津冀协
同发展面临的诸多困难，根源在于京津冀三地的财政不均衡，财政政策方向
与目标不同，各自追求本地利益而忽视合作[⑥]。李磊等人通过对政府、市场和
非营利组织分别提供公共服务的情境进行分析，认为政府间的行政管辖权和

---

① 叶堂林，李璐．京津冀公共服务协同治理问题及对策研究 [J]．理论与现代化，2020（3）：
19 - 23．

② 孙钰，章圆，齐艳芬，等．京津冀城市群基本公共文化服务水平的时空演变、溢出效应与驱
动因素研究 [J]．北京联合大学学报（人文社会科学版），2022，20（2）：58 - 68．

③ 田玉麒．公共服务协同供给：基本内涵、社会效用与影响因素 [J]．云南社会科学，2015
（3）：7 - 13．

④ 高树兰．京津冀基本公共服务协同发展与财税政策支持探讨 [J]．经济与管理，2016，30
（6）：12 - 17．

⑤ 王延杰，冉希．京津冀基本公共服务差距、成因及对策 [J]．河北大学学报（哲学社会科学
版），2016，41（4）：83 - 90．

⑥ 臧秀清，李旭辉．京津冀财政协同下的生态补偿与扶贫攻坚 [J]．经济论坛，2017（3）：
13 - 16．

行政边界、市场“经济人”利益至上的理念以及非营利组织“弱社会”角色对城市群公共服务的供给存在影响①。苏洨宇认为，共同事权领域的支出责任分担关系到中央与地方之间的利益分配，其制度安排直接影响各级政府公共服务供给质量与财政支出结构②。

1.3.4 基本公共服务协同发展影响效应

张晓杰认为基本公共服务协同发展的同时可以促进产业调整、解决人口就业（包括农民工在城市稳定就业和合法居住）的问题，打破地域和身份壁垒，促使城乡间资本、信息、经济资源和劳动力等双向流动、公平交换，实现“人口城镇化”的新型城镇化发展③。公共服务协同供给可以通过对问题的共同界定和对价值信息的共享，将以往多个供给者各自为政、相互分割的零散分散的公共服务局面转变为以公民需求为导向，多元主体相互依赖、优势互补，整体高效的供给格局，在提高供给效率的同时有效考虑参与者不同利益诉求，促进多方合作④。张丽莉分析了基本公共服务协同发展可能产生的减轻就业压力等效应，其认为协同发展为京津冀区域社会管理奠定了理论基础，打下了良好的现实基础，有益于解决流动人口就业、管理和社会保障等问题⑤。何文炯认为合理有效的基本公共服务制度有利于积累人力资本、维护社会稳定和谐、拉动消费增长从而促进经济持续发展，实现国民收入再分配⑥。李实和杨一心通过分析推动基本公共服务均等化对巩固脱贫攻坚成果、推动高质量发展、形成合理收入分配格局的作用，认为基本公共服务协同发展可以更好地推动共同富裕，在教育、医疗、养老、公共文化等领域大力发挥市场的积极作用，通过创新公共服务供给方式，充分挖掘国内市场需求，促进

① 李磊，顾辰影，郑依琳．城市群公共服务供给如何创新?：善治视域下的协同路径探析［J］．江苏行政学院学报，2018（6）：102－109.

② 苏洨宇．共同事权与支出责任分担视阈下的转移支付机制探究［J］．经济问题，2022（6）：34－40，66.

③ 张晓杰．新型城镇化与基本公共服务均等化的政策协同效应研究［J］．经济与管理，2013（11）：5－12.

④ 田玉麒．公共服务协同供给：基本内涵、社会效用与影响因素［J］．云南社会科学，2015（3）：7－13.

⑤ 张丽莉．跨域治理：京津冀社会管理协同发展的新趋势［J］．河北学刊，2018，38（2）：163－168.

⑥ 何文炯．共同富裕视角下的基本公共服务制度优化［J］．中国人口科学，2022（1）：2－15，126.

形成更加合理的收入分配格局，使部分弱势群体、进城务工人员、灵活就业群体精神更富足[①]。

1.4　文献评述

通过对现有文献进行梳理和整合可以发现：

第一，现有研究大多从我国京津冀协同发展的目标出发，对协同发展的生态环境、产业协同、经济效应等方面进行评价分析，主要围绕理论与现状、公共服务均等化、服务供给主体间的关系、教育卫生服务、农民工等主题开展，很少有文献对"京津冀基本公共服务协同发展"进行清晰明确的概念界定。为此，本书基于当前我国进入中国特色社会主义新时代的背景，按照协同治理理论，界定了京津冀基本公共服务协同，明确了京津冀基本公共服务协同发展的目标和范围。

第二，现有文献提出的基本公共服务协同发展的实施政策大多缺乏针对性。京津冀协同发展应当成为我国区域发展的示范和样板，而京津冀的区域特色和实际情况又与其他地区并不一致。为此，本书重点结合京津冀地区的实际情况，在分析京津冀基本公共服务协同发展现状的基础上，通过借鉴国内外基本公共服务协同发展的有益经验，围绕国家关于京津冀协同发展提出的目标，有针对性地提出促进京津冀基本公共服务协同发展的建议。

第三，虽然现有文献对基本公共服务协同发展的影响因素和成效有所涉及，但是专门针对京津冀这一区域基本公共服务协同发展的影响因素和成效的研究较少。为此，本书在重点分析京津冀基本公共服务协同影响因素的同时，进一步实证分析了京津冀基本公共服务协同发展的成效，以求进一步丰富关于京津冀基本公共服务协同发展的研究。

第四，综上，本书拟从京津冀基本公共服务协同发展的概念、内涵着手，对京津冀基本公共服务协同发展的范围进行界定，梳理京津冀基本公共服务政策与现状，分析京津冀基本公共服务协同发展的影响因素，实证评估京津冀基本公共服务协同发展的成效，在借鉴国内外基本公共服务协同发展的有益经验的基础上，明确京津冀基本公共服务协同发展的具体实施路径，从而助力实现京津冀协同发展的目标。

---

① 李实，杨一心. 面向共同富裕的基本公共服务均等化：行动逻辑与路径选择 [J]. 中国工业经济，2022（2）：27－41.

第2章　理论基础

2.1　公共服务理论

公共服务理论是随着西方财政学的发展而形成的，并逐渐演变成为现代财政学、政府经济学的核心理论。在公共服务理论形成初期，人们对其的了解相对较少，后来经过马尔科、马斯格雷夫、萨缪尔森等人的宣传，公共服务理论才逐渐走入人们的视野[①]。萨缪尔森（Samuelson）给出了公共服务的定义：每个人对这个服务的消费不会造成其他人减少对该服务的消费[②]，即公共服务同时具有非排他性和非竞争性。所谓非排他性，指的是无法将拒绝为公共服务付款的人排除在外。所谓非竞争性，指的是每增加一个人，并不会影响其他人对该服务的消费。随着公共服务理论的不断发展，学者们进一步丰富了公共服务的定义，在非排他性和非竞争性的基础上，提出了公共服务的又一大特征：效用的不可分割性。所谓效用的不可分割性，指的是公共服务是面向全体社会成员的，全体社会成员共同享有公共服务，并不能将公共服务分割成若干部分，分属某些个人享用。基于此，本书认为，公共服务是指为了更好地满足全体社会成员的需求，基于一定的社会共识，由公共部门、准公共部门向全体社会成员提供的具备受益上的非排他性、消费上的非竞争性、效用上的不可分割性的社会性服务[③]。公共服务可以为全体社会成员的政

---

① 鄢奋. 现代西方公共产品理论的借鉴与批判 [J]. 当代经济研究，2012（10）：54-57.

② Samuelson P A. The pure theory of public expenditure [J]. Review of Economics & Statistics，1954，36（4）：387-389.

③ 梅正午. 农村公共文化服务供给中的需求识别研究：基于 KANO 模型的分析 [D]. 南宁：广西大学，2018.

治、经济、文化活动创造条件。通过向全体社会成员提供公共服务，全体社
会成员可以更好地享受改革及发展的成果。在公共服务的范围方面，通常包
括公共教育、劳动就业创业、社会保险、医疗卫生、社会服务、住房保障、
公共文化体育、残疾人基本公共服务等。在基本公共服务供给方面，通常有
政府供给、市场供给、社会供给。其中，政府供给主要是由政府负责提供
那些弥补市场失灵的公共服务。公共服务天然具有非排他性和非竞争性，
这就决定了公共服务的费用得由国家财政承担，政府必然是公共服务的重
要供给主体之一。市场供给，主要是指公共服务供给采取市场化形式，由
私人企业负责生产收费的公共服务，由消费者依照自身的意愿去消费公共
服务，市场化供给的模式有合同外包、使用者付费、特许经营、凭单等，
市场化供给可以弥补政府供给的不足。社会供给，主要是指由志愿者团体、
慈善基金会等社会组织来供给公共服务。社会供给可以弥补政府供给、市
场供给的不足。

就京津冀基本公共服务协同发展而言，其供给的基本公共服务同样具有
非排他性、非竞争性、效用的不可分割性。基本公共服务协同发展的范围包
括基本公共教育、基本劳动就业创业、基本社会保险、基本医疗卫生、基本
社会服务、基本住房保障、基本公共文化体育等方面。其中，基本公共教育
协同发展包含寄宿生生活补助、普惠性学前教育资助、中等职业教育国家助
学金等方面的协同发展；基本劳动就业创业协同发展包含基本公共就业服务、
创业服务、就业援助等方面的协同发展；基本社会保险协同发展包含生育保
险、失业保险、工伤保险等方面的协同发展；基本医疗卫生协同发展包含中
医药健康管理、基本药物制度、食品药品安全保障等方面的协同发展；基本
社会服务协同发展包含最低社会保障、医疗救助、临时救助等方面的协同发
展；基本住房保障协同发展包含公共租赁住房、城镇棚户区住房改造、农村
危房改造等方面的协同发展；基本公共文化体育协同发展包含公共文化设施
免费开放、公共体育场馆开放、全面健身服务等方面的协同发展。所谓基本
公共服务协同供给，指的是以人民群众的需求为导向，由政府部门、市场、
社会组织经过沟通与协商，实现优势互补与资源共享，在一定规则的指导下
协同行动，共同提供基本公共服务的过程①。由此可见，在京津冀基本公共服
务协同供给主体方面，同样涉及政府、市场、社会三方。只有充分发挥政府、
市场、社会各自的优势，厘清政府、市场、社会在京津冀基本公共服务协同

---

① 田玉麒.公共服务协同供给：基本内涵、社会效用与影响因素［J］.云南社会科学，2015
(3)：7-13.

供给中各自的界限，才能更好地推动京津冀协同发展。与此同时，京津冀基本公共服务协同发展并非一个静态的过程，要注意动态地调整，以更好地满足京津冀地区居民对基本公共服务日益多元化的需求，更好地提升京津冀地区居民对基本公共服务协同发展的满意度，进而更好地增强其获得感、幸福感、安全感。

2.2　新公共管理理论

20世纪70年代，为了更好地提升政府效能，西方国家进行了一系列政府改革，被称为新公共管理运动。新公共管理理论的主要内容如下：第一，政府的管理职能是"掌舵"而非"划桨"。政府应当从具体的管理事务中摆脱出来，从而便于从根本上解决政府部门存在的效率低下、冗员过多以及官僚主义盛行等弊端和不足。第二，在管理方式上，需要引进企业式管理。要打破政府部门的垄断，在各公共服务部门中引进企业先进的管理方式和手段，对其提供的服务进行全面质量管理和目标管理，改变过去只管投入、不重产出的做法。在人事管理上也应效仿企业，摒弃终身任职制，改为采用灵活的合同雇佣制和绩效工资制，从而提高效益。第三，倡导以顾客为导向。政府要以政府的顾客作为服务对象，要依据服务对象的具体需求供给服务。在新公共管理运动中，公民成为政府的顾客。第四，在管理中，注重利用分权的方式。相比传统的集权管理方式，分权管理具有灵活、高效、创新精神强等优势。第五，更加注重绩效。新公共管理理论建议设置严格的绩效控制指标，通过在工作当中同组织或个人签订绩效合同，明确具体的绩效目标，在进行绩效考核时，可以依据设置的绩效目标测量、评估绩效。第六，减少公共服务带来的外部性。在新公共管理理论看来，公共服务通常都具有一定的非排他性，政府可以通过参考借鉴国外的成功经验，使公共服务的所有权同公共服务的经营权相分离，对部分经营权同所有权相分离的公共服务实施消费低收费制，从而刺激私人产品消费，减少对公共服务的消费，最终起到减少公共服务外部性的作用。第七，重视人力资源管理的作用。新公共管理理论非常强调人力资源管理所发挥的重要作用，认为人力资源管理可以提高在人员录用、任期、工资等方面的灵活性，在具体操作中可以通过采用短期合同制、绩效工资制等提升工作效率[①]。

新公共管理理论对京津冀基本公共服务协同发展具有很强的指导意义。

---

①　李云晖. 新公共管理理论对我国政府改革的启示［J］. 人民论坛，2011（14）：40-41.

按照新公共管理理论，京津冀基本公共服务协同发展应当以 3E 为目标，即经济（economy）、效率（efficiency）、效能（effectiveness）。具体来讲，京津冀基本公共服务协同发展应当体现以下理念：

第一，京津冀基本公共服务协同发展应当注重"掌舵"而非"划桨"。在京津冀基本公共服务协同发展中，北京市政府、天津市政府、河北省政府应当做到决策与执行相分开，削减政府规模，减少非必要性开支，把主要精力放在京津冀基本公共服务协同发展的决策中，在基本公共服务的协同供给方面注意借助社会力量、私营部门的力量。

第二，把竞争机制引入京津冀基本公共服务协同发展中。在京津冀基本公共服务协同发展中引入竞争机制，有助于减少京津冀基本公共服务协同供给中的垄断行为，通过引入私人部门的先进管理办法和技术，提供给私人部门更多参与京津冀基本公共服务协同供给的机会，降低京津冀基本公共服务协同供给成本，提升京津冀基本公共服务协同供给的效率和质量。

第三，京津冀基本公共服务协同发展要注重以公民为导向，提升公民对京津冀基本公共服务协同发展的满意度。公民是政府的"纳税人"，是享受京津冀基本公共服务协同发展成果的"顾客"，北京市、天津市、河北省三地政府应当把自身看成负责任的"企业家"，在京津冀基本公共服务协同供给中奉行顾客至上的原则，及时回应公民对基本公共服务的需求，从而更好地提升北京市、天津市、河北省三地公民对京津冀基本公共服务协同发展的满意度。

第四，更加重视京津冀基本公共服务协同供给的产出和效果，重视京津冀基本公共服务协同供给的质量和效率。为了更好地实现上述目标，需要明确对京津冀基本公共服务协同供给绩效实施目标控制、测评以及评价。

第五，在京津冀基本公共服务协同发展过程中，注重引入私人部门的管理手段。比如，在京津冀基本公共服务协同发展中，可以引入成本—效益分析、人力资源管理、全面质量管理等。

第六，通过分权、授权等方式实现京津冀基本公共服务的协同供给。在京津冀基本公共服务协同发展中，上级政府需要将更多的公共服务供给权限和生产责任下放给下一级的政府、社会组织等，发挥授权模式所带来的回应及时、更具灵活性和创新性等优势[①]。

值得注意的是，在新公共管理理论之后，协作性公共管理理论也悄然兴起。在协作性公共管理理论看来，部门、地区之间是需要相互协作的。协作性公共管理的实践模式包括跨部门性协作管理、跨区域性协作管理两大类。

---

① 张序. 公共服务供给的理论基础：体系梳理与框架构建 [J]. 四川大学学报（哲学社会科学版），2015（4）：135-140.

在英美等国家的大都市区域治理实践中，地区间、政府间、部门间协作演变成为一种基本策略，针对一些跨地区、跨边界的公共问题，地方政府之间会形成跨地区的协作管理网络，达成政府间协议，或组建地方政府协会、城区议会协会等机构，以求共同解决区域间的公共问题①。京津冀基本公共服务协同发展不仅会涉及北京市、天津市、河北省三地政府的合作，还会涉及北京市、天津市和河北省不同部门之间的合作。协作性公共管理理论无疑为京津冀基本公共服务协同发展提供了很好的理论基础。

2.3 共生理论

共生理论是指不同种属的生物生活在一起的状态，在生物的长期发展计划中，不同种属的生物之间形成彼此共存、共同适应外在环境、相生相养、各自获得一定利益的关系。研究认为，共生可以被认作"不同种属依据利害相关性结成协作关系且维护自我形成的均衡"。共生理论的要素有共生单元、共生模式和共生环境。其中，共生单元是多元主体组成的有机体系，共生单元作为构成共生体的基本能量生产和交换单位，是形成共生体的基本物质条件。共生单元在治理互动过程中相互协同，弥补彼此功能上的不足或者缺陷，从而相互激励、相互适应。共生模式又被称为共生关系，指的是共生单元相互作用的方式或者相互结合的形式，它不仅能够较好地反映共生单元作用的方式、作用的强度，还能突出地反映共生单元之间的物质信息交流关系、能量互换关系。共生环境是指共生单元为了实现互惠共生，在协同治理过程中所面对的政策环境、技术支持、资金状况以及人才培育等因素的总和②。共生环境会对共生单元产生一定的影响，这里面包括正向激励影响、中性影响以及抑制影响。正向的共生环境有利于升级优化共生关系，负向的共生环境则会抑制共生关系及其活动。在共生理论中，共生模式是关键，共生单元是基础，共生环境则是重要的外部条件③。

共生理论表明，生物之间并不总是处于彼此竞争的状态，相反，不同

---

① 吕志奎，孟庆国. 公共管理转型：协作性公共管理的兴起 [J]. 学术研究，2010 (12)：31-37, 58.

② 李宁，王芳. 共生理论视角下农村环境治理：挑战与创新 [J]. 现代经济探讨，2019 (3)：86-92.

③ 冷志明，易夫. 基于共生理论的城市圈经济一体化机理 [J]. 经济地理，2008 (3)：433-436.

的生物之间存在共生的关系。共生模式包括间歇性共生、连续性共生、一体化性共生、寄生性共生、偏利性共生、非对称性共生和对称性共生等多种。共生关系具有以下特点：第一，共生系统由不同种类的共生单元构成，不论是在内部结构还是外在功能上，共生单元都具有一定的差异性；第二，共生的各方通过共生的方式来实现个体所不能完成的功能；第三，不同共生主体之间是一种互补与合作的关系，各主体合作的前提是双方可以互利共赢；第四，共生理论并不排除各主体之间的竞争关系，各共生主体之间是共同发展、共同进化、共同适应的有序竞争。共生理论认为，合作是共生现象的本质特征之一，但共生并不排除竞争。这里的竞争更加强调共生单元自身性质、状态的继承与保留以及各共生单元的相互补充、促进以及合作。共生主体之间的相互依赖和合作，可以带来能量的净增加。共生理论本质上是要实现共生体中各个环节的互惠互利，最终实现产业间资源、信息的共享，达到产业共同发展、优化并且互惠互利的目的。共生效应主要体现在三方面：一是分散或者降低创新风险，二是消除或缓解资源瓶颈问题，三是降低交易成本。

随着人类社会逐渐进入"多元共生"时代，共生理论得到不断拓展应用，现已被广泛地应用于社会科学领域，互惠、协同、合作、互利、互补成为共生理论的核心要义。刘志辉和沈亚平把共生理论引入公共管理领域，认为在公共管理领域引入共生理论是政府转型的需要和公共管理学科发展的需要①。公共服务协同无疑是公共管理的重要研究主题。就京津冀基本公共服务协同而言，在共生单元方面，北京市、天津市、河北省就是三个基本的共生单元，三个共生单元之间具有一定的差异性，北京市、天津市、河北省各自的资源禀赋为京津冀基本公共服务协同发展提供了前提和基础。在共生环境方面，2015 年 6 月，中共中央、国务院发布了《京津冀协同发展规划纲要》；2016年 3 月，《中华人民共和国国民经济和社会发展第十三个五年规划纲要》提出，要"坚持优势互补、互利共赢、区域一体，调整优化经济结构和空间结构"，"推动京津冀协同发展"；2017 年 10 月，党的十九大报告提出，以疏解北京非首都功能为"牛鼻子"推进京津冀协同发展；2021 年 3 月，《中华人民共和国国民经济和社会发展第十四个五年规划和 2035 年远景目标纲要》指出，要加快推动京津冀协同发展；以上政策均为更好地实现京津冀基本公共服务协同发展提供了良好的共生环境。在共生模式方面，主要是北京市、天津市、

---

① 刘志辉，沈亚平．共生理论及其在公共管理学科的适用性研究［J］．理论月刊，2016（11）：154－159.

河北省在基本公共服务方面的协同发展、互补互惠、共建共享。以教育资源为例，通常而言，北京市集中了大量的优质教育资源，通过京津冀基本公共服务协同发展和北京非首都功能的疏解，天津市、河北省可以通过承接北京市优质教育资源的转移提升本区域内的教育水平和人力资本水平。再以环境保护为例，北京市的规模以上工业企业多且规模大，这些企业在带动北京市经济增长的同时，也给北京市带来了较为严重的环境污染，利用京津冀基本公共服务协同发展和北京非首都功能的疏解，这些工业企业可以向河北省迁移，减少北京市的污染，改善北京市的空气环境。

2.4　区域经济一体化理论

区域经济一体化，是同一地区的两个以上国家或地区，以区域经济合作为核心内容，逐步让渡部分甚至全部经济主权，采取共同的经济政策并形成排他性的经济集团的过程。历史上，一些国家和地区很早就建立过初步具备区域经济一体化性质的关税同盟，比如 1834 年在普鲁士领导下建立的德意志关税同盟，1921 年成立的比利时和卢森堡的关税经济同盟。20 世纪 40 年代，"经济一体化"在美国出现。20 世纪 50 年代开始，欧洲出现区域一体化浪潮，从 1952 年成立欧洲煤钢共同体开始，1958 年，进一步成立欧洲经济共同体和欧洲原子能共同体，取消会员国间的关税，促进会员国间劳动力、商品、资金、服务的自由流通。1965 年三者统一为欧洲共同体。经过 70 年代和 80 年代的曲折发展，1993 年，兼有"欧洲经济货币联盟"和"欧洲政治联盟"性质的欧洲联盟正式成立。1998 年欧洲中央银行成立，1999 年欧元开始运作，标志着欧洲货币改革取得重大成果，欧洲作为单一市场得以确立和完善，欧盟一体化进程进入高水平阶段。在世界其他区域，也成立了很多区域经济一体化组织，比如东南亚国家联盟、拉丁美洲一体化协会、亚太经济合作组织等，但这些组织在合作的一体化程度上没有达到欧盟的水平。区域经济一体化的理论在城市方面也有实践，比如：伦敦城市群，通过成立伦敦规划咨询委员会制定整个伦敦周边城市群发展战略；日本太平洋沿岸城市群，通过跨城市圈的规划，协调各城市圈的职能定位、产业布局和空间结构。

区域经济一体化的本质和核心是经济一体化，是在区域间多元利益主体逐渐消融、基础设施不断互联互通和区域间本位壁垒不断消除的基础上形成的各种经济要素的流通和融合，旨在实现区域间经济活动效率的最大化。区域经济一体化的组织形式包括优惠贸易安排、自由贸易区、关税同盟、共同市场、经济联盟和完全的经济一体化。而就同一个国家的城市群经济一体化来说，制度差异和关税壁垒并不存在，经济一体化的关键在于区域保护主义的消除、共同贸易市场的形成、产业布局的错位和基本公共服务的均等化。

城市群的区域经济一体化是基于区域分工和协作进行的，通过促进区域内的生产要素流动推动区域经济整体以及区域内个体城市的协调与发展，对区域内城市充分高效地承担其职能并提高自身综合竞争力有很大的促进作用，有助于提升区域内城市在区域，乃至在全国、全球范围的竞争力。由于各城市特定的竞争目标不同，城市竞争存在不同的空间层次，但综合来说，受益于城市竞争的应该是整个区域，而并不只限于单独某个城市。城市在竞争中要想取得绝对优势，就需要不断挖掘其内在发展潜能，并适当地将其展现出来以吸引更多的外部资源与外来投资，为城市发展与提高竞争力创造良好的条件。而城市的内在发展潜能主要表现为这个城市或多或少所具有的专门化及与其相关联的产业，而这种独属于城市的专门化就是城市职能，也就是说，企业要想获得竞争优势，就要充分发挥其具有供需市场的城市职能。城市职能是城市各区位因子的综合累积，包括城市的人才、现代化基础设施系统、城市商务环境与管理体系、战略性服务供应以及城市与城市职能类型密切相关的条件等，这些都是体现城市竞争力的有效条件①。

对京津冀区域而言，《中华人民共和国国民经济和社会发展第十三个五年规划纲要》针对京津冀协同发展提出的"坚持优势互补、互利共赢、区域一体，调整优化经济结构和空间结构"的要求，核心也是打通京津冀三地的城市和产业规划，让不同区域发挥各自的优势（北京市的资金和人才优势，天津市的出口型经济优势，河北省的土地资源和劳动力优势），实现产业、人员和职能在区域间的合理布局，让京津冀成为一个体量更大、结构更完善、吸引力更强的区域一体化经济体。而基本公共服务的提供要与一定的经济发展水平和公共财政能力相适应，京津冀基本公共服务的协同发展要依靠经济的共生和协同发展，同时教育、医疗等基本公共服务的均等化也能促进各经济要素，尤其是人员的自由流通，为经济一体化提供服务保障。国内外区域经济一体化的历史实践，尤其是在打破本位壁垒，更有效率地达成经济要素的互联互通等方面的经验，能为京津冀经济一体化以及基本公共服务协同发展提供有益的借鉴。

---

① 马李喆. 区域经济一体化框架下城市职能与竞争力分析 [J]. 商业时代, 2013 (11): 135 - 136.

2.5 协同治理理论

协同理论的研究对象是非平衡的有序系统,该理论研究构成这种有序系统的诸多子系统如何在互相配合中产生协同作用和合作效应,从而使整个系统处于自组织状态,并在整体上表现出一定的结构或功能。协同理论不仅在自然科学领域有广泛应用,而且在社会科学领域也有大量应用,例如国家间经济、文化领域的跨区域合作,或者国家内部不同区域间在产业、市场、政府治理等领域的协作。治理一词原指对与国家公共事务相关的管理活动或者政治活动的引导和控制。20 世纪 90 年代以来,治理被社会学者赋予了新内涵,使得治理概念超出了政治学领域,在经济社会领域得到了广泛应用。在社会学者看来,治理既包括政府机制,同时也包含非正式、非政府的机制;它是一种依赖不同主体达成共识的规则体系,换言之,它是只有被多数人接受才会生效的规则体系,尽管它未被赋予正式的权力,但在其活动领域内也能够有效地发挥功能。治理是政府管理方式的一种新发展,基于这种发展,公私部门之间以及公私部门内部的界限都趋于模糊。同时,治理在形式上表现出自组织性。国内学者对治理的概念也做过本土化的论述。比较有代表性的是政治学家俞可平的观点。他认为治理一词的基本含义是,官方的或民间的公共管理组织在一个既定的范围内运用公共权威维持秩序,满足公众的需要。治理的目的是在各种不同的制度关系中运用权力去引导、控制和规范公民的各种活动,以最大限度地增进公共利益。陈振明教授在对全球化及全球治理问题进行分析后提出,治理就是对合作网络的管理,指的是为了实现与增进公共利益,政府部门和非政府部门(私营部门、第三部门或公民个人)等众多公共行动主体彼此合作,在相互依存的环境中分享公共权力,共同管理公共事务的过程[1]。

协同治理理论是协同理论和治理理论的有机结合。协同治理是个人、公共或私人机构管理其共同事务的诸多方式的总和,它是使相互冲突的不同利益主体得以调和且采取联合行动的持续的过程,这些方式既包括具有法律约束力的正式制度和规则,也包括各种促成协商与和解的非正式的制度安排。区域协同的统一合作性、共生整合性、资源互利性使得其具备正的外部性,能最终产生资源整合效应。区域协同能够促进要素自由流动、市场融合、贸易开放,具有缩小贫富差距的社会效应。最为重要的是,区

---

① 李汉卿. 协同治理理论探析 [J]. 理论月刊,2014 (1):138-142.

域协同还具备经济增长效应。全球化背景下的经济增长不再依靠单一区域，而是依托多个城市相互联合而成的城市群。区域协同发展有助于形成这样的经济联盟，进而促进区域经济总体增长。为了更好地促进区域协同，需要完成三个层面的整合：一是不同层级政府之间的整合；二是不同部门之间的协调整合；三是公私部门之间的整合，包括公共部门和志愿组织、私营企业的整合。

以协同治理理论考察目前京津冀基本公共服务的协同发展情况，我们会发现当下还存在若干问题：首先，京津冀三地的政治、经济地位的不平等，以及行政区划造成的本位主义思想，造成三地在政府层面促进基本公共服务协同发展时更多地聚焦于自身利益和政府绩效，对区域协同，尤其是基本公共服务这种关系自身重要利益的协同的积极性有待提高。其次，京津冀协同发展战略在"高位推进"的整体特征下，在政府和公共部门之外，以民营企业为代表的私人部门在基本公共服务协同方面积极性不高、协作性不足。很多基本公共服务项目的布局，在社会层面仍存在各地抢资源或者同质化投资的问题。最后，京津冀基本公共服务的协同缺乏市场以外的力量的有序介入。京津冀协同治理的背景不同于长三角和珠三角地区。长三角和珠三角地区的区域治理经历了由内生性、市场化的经济合作方式逐步发展到地方政府参与的区域协同治理模式的过程。而京津冀地区长期的市场化发展，并未产生与珠三角或长三角地区类似的内生聚力[①]，要解决这种内生动力不足的问题，需要政府和公共部门更多地有序介入，引导市场形成内生动力和协作意愿。上述问题的解决，都需要以协同治理的视角去审视、去谋划。

2.6　城市群发展理论

Geddes 考察了城市群的形成过程，他运用区域综合规划的方法，基于对城市发展进化的分析，提出了城市向郊区扩张和公路、铁路的节点效应，工业集聚和经济规模进一步扩大，进而形成城市群（urban agglomerations）[②]。Gottmann 在分析美国东北部都市区连绵化现象时提出了大都市带（megalop-

---

① 魏巍."高位推动"模式下区域协同治理政策的时空演进：以 2014—2019 年京津冀协同发展的政策文本分析为例 [J]．长白学刊，2021（1）：82-90.

② Geddes P. Cities in evolution：an introduction to the town - planing movement and the study of cites [M]．London：Williams and Norgate，1915.

olis) 的概念，并进一步指出了城市群有两大基本功能，即枢纽功能（hinge）和孵化器功能（incubator）。其中，枢纽功能是指城市群像枢纽一样主宰着国家的经济、金融、通信等方面的主要活动和发展政策的制定；孵化器功能则是指各种要素和不同行为方式在空间上高度聚集和高强度地相互作用，产生各种新思想、新技术和新产品，并成为城市群发展的主要动力①。在城市群发展理论下，城市群形成和发展的过程，伴随着三大效应：规模效应、聚集效应和溢出效应。城市群内部城市之间存在有机的联系和一定程度的分工。各级中心城市以由交通、通信干线和能源、水源通道连接起来的"基础设施束"为"轴"，在"轴"方向上连接若干不同级别的中心城镇而形成相对密集的人口和产业聚集带。"轴"对附近区域有强大的经济吸引力和凝聚力。轴线上集中的社会经济设施通过产品、信息、技术、人员、金融等向附近区域扩散。扩散的要素与区域生产力要素相结合，又形成新的生产力，推动区域内社会经济持续发展②。

从京津冀地区的发展现状看，京津冀地区属于标准的城市群，北京和天津作为两个核心城市，向周边以环状发散出若干小城市群和城市带，但目前京津冀城市群的发展阶段，按照核心—边缘理论，属于由互不关联、孤立发展演变成彼此联系、发展不平衡的阶段。核心城市，尤其是北京，对周边的虹吸效应明显。由发展不平衡的区域系统演变为相互关联、发展平衡的区域系统，是京津冀协同发展的关键环节。虽然当前京津冀在基础设施和交通运输层面，已形成基于城际高铁和高速公路的 2 小时交通圈，但北京依然存在人口膨胀、交通拥挤、住房困难、资源紧张的"大城市病"。与此同时，天津面临着产业转型阵痛、后续增长乏力等问题。河北则存在人才吸引力不足、基础设施落后等问题。这些情况揭示了京津冀城市群存在规模效应不平衡、聚焦效应同质化、溢出效应不显著的问题，城市群仍处于发展攻坚期。而基本公共服务的刚性需求属性，使其成为推动"轴"线城市实现合理的产业、人员和技术分布的基础条件和重要因素。基本公共服务的均等化和普惠化、社会保障的一体化、基础服务的共享化，都有助于最大限度地拉近区域内人们的民生体验，从而推动经济要素的自由有序流通。因此，促进基本公共服务均等化和协同化，是加快京津冀城市群发展的有力推手。加快基本公共服务协同的方式和步骤，也可以从城市群发展的理论和实践中寻找答案。

---

① Gottmann J. Megalopolis or the urbanlization of the northeastern seaboard [J]. Economic Geography, 1957, 33 (3): 189－200.

② 冯垚. 城市群理论与都市圈理论比较 [J]. 理论探索, 2006 (3): 96－98.

第3章　京津冀基本公共服务协同发展基本问题界定

3.1　基本概念界定

2015年4月30日，中共中央政治局会议审议通过《京津冀协同发展规划纲要》，明确推动京津冀协同发展是一个重大国家战略，核心是有序疏解北京非首都功能，要加快破除体制机制障碍，推动要素市场一体化，构建京津冀协同发展的体制机制，加快公共服务一体化改革。党的十九大报告提出，到2035年基本实现社会主义现代化，基本公共服务均等化基本实现。

基本公共服务协同发展是京津冀协同发展的重要任务之一。区域经济一体化的实现需要依托人才的优化集聚，非首都功能的疏解需要促进人口的疏解，而均等的基本公共服务是吸引人才流动的关键。因此，实现基本公共服务协同发展是实现区域协同发展的主要动力，是疏解北京非首都功能和推动产业转移的重要基础和支撑。

3.1.1　区域经济协同发展

"协同"指"协作"与"同步"。协同不等于协调，后者含有系统内外各种关系和谐一致的意思，前者则更强调过程，注重通过系统内外各种关系的协调，形成整体大于局部的合力。协同发展是指协调两个或者两个以上的不同因素，使其互相协作完成某一目标，达到共同发展的双赢效果。区域协同发展则可以理解为区域内部通过协同作用，实现整个区域系统效率的有效提高。2014年2月，京津冀协同发展上升到国家战略层面。区域协同发展是一项复杂的系统工程，需要使市场、产业、人口、资源和生态环境等多个要素，在一定的制度安排与组织下分工合作、相互配合，获得协同"放大"效应，实现"倍增"剩余，进而达到经济社会效益的最大化。

首先，协同发展需要有一个行之有效的发展框架和协同机制。区域协同发展是经济社会的多样性协同发展的过程，这一发展又是在一个协同发展框架下谋划各自发展的过程。因此应明确北京、天津和河北三地各自在协同协议中的责任，消除行政壁垒，统筹社会事业发展，形成相互竞争、互相促进的发展格局。

其次，协同发展是公平竞争、优势互补的发展。协同发展不是一个地区的发展凌驾于另一地区之上的发展，而是区域联动、优势互补、互融互存的发展。

3.1.2　基本公共服务

国务院在《国家基本公共服务体系"十二五"规划》、《"十三五"推进基本公共服务均等化规划》和《"十四五"公共服务规划》中明确指出，公共服务包括基本公共服务、普惠性非基本公共服务两大类。基本公共服务是保障全体人民生存和发展基本需要、与经济社会发展水平相适应的公共服务。

基本公共服务有三个要点需要把握：一是政府主导性。基本公共服务是政府实现其职能的重要载体，由政府承担保障基本公共服务供给数量和质量的主要责任，基本公共服务具有较强的正外部性，决定了政府在供给方面的责任不可替代，市场主体和公益性社会机构作为重要补充发挥作用。二是覆盖范围"基本性"。基本公共服务的范围小于公共服务，可视为一定阶段公共服务覆盖范围的"最小化"。基本公共服务是围绕生存、生活，对于发展必不可少，具有基础性、普遍性、无差异性的公共服务，是政府提供服务的"底线"。非基本公共服务则是满足公民更高层次需求、保障社会整体福利水平所必需但市场自发供给不足的公共服务，其相对于基本公共服务而言，是更多样化、个性化、高品质的公共服务。三是边界动态性。基本公共服务满足公民基本的需求，非基本公共服务满足公民更高层次的需求。根据马斯洛的理论，人首先要满足最基本的生理需求，只有解决了衣、食、住、行等最基本的生存问题后，才会有人身安全、社会归属感、社会地位等更高层次的需求。这四个层次的需求都获得满足后，才会提出成长与发展、发挥自身潜能和实现理想的需求。作为需求的一部分的基本公共服务需求也具有类似规律。不同阶段对基本公共服务的需要并不一致，因此基本公共服务应与经济社会发展水平相适应。经济社会的发展进步、人民生活水平的提高，必然伴随着基本公共服务与非基本公共服务边界的调整。

3.2　基本公共服务协同发展的理念——共建共享

经过 7 年多的建设，京津冀协同发展战略实施成效显著，三地不断加强基本公共服务交流合作，在教育、卫生、养老等方面先试先行。虽然基本公共服务水平的差距不断缩小，但其资源不均衡状况依然非常突出，使区域间人才和产业转移遇到较大阻力，已经成为阻碍推进京津冀协同发展的关键因素[①]。共同利益是实现协同发展的纽带，区域间共同利益越大，协同发展越可能实现，区域一体化发展的进程越快。当前京津冀协同发展进入了滚石上山、爬坡过坎、攻坚克难、下大气力向深度广度拓展的关键阶段，实现基本公共服务的共建共享已然是推进京津冀协同发展的必然要求。

3.2.1　共建共享的含义

"共建共享"最早见于党的十八届五中全会提出的"共享发展"理念。党的十九大报告指出，要始终把人民利益摆在至高无上的地位，让改革发展成果更多更公平惠及全体人民。共建共享的提出，为京津冀基本公共服务协同发展提供了方向性指导。共建共享意味着，应秉持改善民众福祉的原则，把服务于人的全面发展、增强人民群众的获得感融入基本公共服务一体化建设中，应关注基本公共服务惠民绩效的提升、人民群众获得感的增进。

就京津冀基本公共服务协同发展而言，共建共享理念的具体内涵应围绕《京津冀协同发展规划纲要》提出的"以首都为核心的世界级城市群、区域整体协同发展改革引领区、全国创新驱动经济增长新引擎、生态修复环境改善示范区"的京津冀整体定位，以及"有序疏解北京非首都功能"的核心任务进行确定。因此，京津冀基本公共服务共建共享，就是整合三地的基本公共服务资源，发挥比较优势，促进主体之间的协商与合作，以加快基本公共服务一体化进程为目标，综合利用政府、市场、法律等多种手段，作出合理有效的制度安排，最终基本建成区域间基本公共服务资源供给更加均等、服务制度体系更加完善、服务质量更有保障、民生福祉达到新水平、共建共享的基本公共服务供给格局。

---

① 杨健.京津冀基本公共服务共建共享：理论逻辑、实践经验与发展路径 [J].天津行政学院学报，2020，22（5）：79-87.

3.2.2 共建共享的三要素

共建指共同建设，共享指共同享受。共享是京津冀基本公共服务协同发展的根本目的，共建是实现这一目标的前提和具体措施，二者相互交融又相互促进。

共建共享由共享的主体、共享的客体以及共享的方式三个要素组成。在共享理念中，共享的主体指"谁来共享"。习近平总书记指出，"共享发展是人人享有、各得其所，不是少数人共享、一部分人共享"，"共享是全民共享"。因此全民共享成果是京津冀基本公共服务协同发展的主体指向。共享的客体指"共享什么"。习近平总书记指出"共享是全面共享"，"共享发展就要共享国家经济、政治、文化、社会、生态各方面建设成果，全面保障人民在各方面的合法权益"。相应地，本书中的共享内容指向可以理解为在实施京津冀协同发展战略的背景下基本公共服务一体化发展所形成的全部成果，包括受教育、就医、养老、文体等权益。共享的方式指"如何共享"。习近平总书记指出"共享是共建共享"，"共建才能共享，共建的过程也是共享的过程"。根据习近平总书记对共建与共享关系的阐释，可以将京津冀基本公共服务共建共享理解为：第一，共享是京津冀基本公共服务协同发展的根本目的，是多元主体一同分享共建的成果，不只是物质成果的共享，还包括公共利益、公共价值及公共精神等成果的共享①。第二，共建是实现共享这一目标的前提和具体措施。一是只有参与了京津冀的协同发展，才能形成共享的客体；二是共享的主体因为参与了京津冀基本公共服务一体化的构建过程，才因此享有共享共建成果的资格；三是共建者不仅包括直接的构建者，还包括多种形式的间接参与者。

3.2.3 共建共享的内在要求

第一，共建共享的主体关系。首先，在共建过程中，政府、市场及社会等多元主体间是平等的，都是助推京津冀协同发展的积极参与者和建设者，要实现各共建主体之间优势互补并规避不足，形成协同发展的最大合力。其次，在共享过程中，共享不是以个体形式分配利益，也不是将共享成果平均分配，而是以公共利益为先并且平衡个体利益与集体利益，秉持公共精神，以包容平和的态度共同化解现实的利益矛盾和潜在的利益冲突，构建"社会

---

① 周红云.破除三大思想藩篱 构建全民共建共享社会治理格局［EB/OL］.（2016-11-24）［2022-10-10］. https://www.iug.pku.edu.cn/xwzx/zjgd/14387.htm.

有机共同体"，以实现各治理主体利益相对均衡、成果全民共享的格局[①]。

第二，共建共享的成果。共建共享的成果是优质的基本公共服务。共建共享要健全制度、完善政策，不断提高基本公共服务供给水平。三地在各自的发展过程中除了在内部服务居民需求外，还要紧紧抓住北京非首都功能疏解这个"牛鼻子"，推动京津市区的优质基本公共服务资源在区域间延伸，把京津冀建设成为全国基本公共服务建设高地。

第三，共建共享的机制。在共建带来的利益背景下，共享主体间需要合适的机制进行联合行动，需要有效的制度分配共享成果，需要主体以平等的身份协商合作的过程。因此应在政府、市场和社会等多元主体之间，在北京、天津和河北三地之间进行有机整合和重塑，形成在基本公共服务领域建立互通、协商、合作关系，共同应对、解决协同发展中出现的新问题的合理机制。

第四，共建共享的梯度。从京津冀协同发展的情况看，北京、天津和河北间经济社会发展差距不容忽视，短期内难以形成完全一致的基本公共服务体系[②]。因此，须结合三地基本公共服务不同的发展阶段，既要以一定标准协调区域基本公共服务差距，又要在保障及尊重各自利益的基础上差别定位，以分步骤、分阶段的渐进协同方式逐步推进一体化发展。

3.3　基本公共服务协同发展的目标
——基本公共服务均等化

聚焦于保障民生、改善民生的基本公共服务，关涉人类普遍的尊严平等，因此应当是公正无偏、公平正义的。2015 年《京津冀协同发展规划纲要》将实现基本公共服务均等化作为京津冀协同发展的重要目标之一，它是共建共享理念的具体体现。

2012 年《国家基本公共服务体系"十二五"规划》中提出"基本公共服务均等化，指全体公民都能公平可及地获得大致均等的基本公共服务，其核心是机会均等，而不是简单的平均化和无差异化"。2017 年《"十三五"推进基本公共服务均等化规划》中明确"基本公共服务均等化是指全体公民都能

---

① 刘雅静. 全民共建共享社会治理格局：概念厘清、内生动力与实践进路 [J]. 理论月刊，2016（11）：149-153.

② 杨健. 京津冀基本公共服务共建共享：理论逻辑、实践经验与发展路径 [J]. 天津行政学院学报，2020，22（5）：79-87.

公平可及地获得大致均等的基本公共服务，其核心是促进机会均等，重点是保障人民群众得到基本公共服务的机会，而不是简单的平均化"。2021年《"十四五"公共服务规划》指出"享有基本公共服务是公民的基本权利，保障人人享有基本公共服务是政府的重要职责。坚持以促进机会均等为核心，推动实现全体公民都能公平可及地获得大致均等的基本公共服务"。从公共政策层面看，基本公共服务均等化可以理解为由政府主导推动，为社会成员提供基本的、与经济社会发展水平相适应的、能够体现公平正义原则的大致均等的公共产品和服务，是人们生存和发展最基本的条件的均等。基本公共服务均等化是区域协调发展的重要内容，在京津冀协同发展的背景下，基本公共服务均等化强调以下四点：

第一，要突破"一亩三分地"的思维惯性和"行政区经济"的束缚，实现发展成果共享。北京、天津和河北三地居民，无论身处何地，都能体验到政府提供的基本公共服务的一致性，公平享受到大致均衡的教育、文化旅游体育与传媒、社会保障、劳动就业、卫生健康、环保、城乡社区、住房保障等方面的基本公共服务，不会因为地理位置不同而享受不同待遇[①]。

第二，基本公共服务均等化的根本任务和重要目标是达到共享，均等化共享是大致相当的共享。现阶段无论是地区之间，还是城乡之间，基本公共服务水平都有一定差距，因此均等化不是绝对的、简单的均等，而是结合三地各自的功能定位、经济发展水平、财力发展状况等客观因素确定的具有复合型供给标准的均等。

第三，均等化标准的底线不能突破基本权利底线，即人类生存权和发展权的基本要求，最低标准的设定应一视同仁，要求在实践中摒弃区域、群体和个体差异[②]。均等化的最高标准是均等化的阶段目标。最高标准是尚未达到地区的标杆，已达到最高标准的地区对其他地区起到示范引领的作用，当区域内所有地区均达到最高标准时，将进入更高标准的均等化阶段。

3.4　京津冀基本公共服务范围

《京津冀协同发展规划纲要》指出要在教育、医疗、保险、文化体育等方面实现区域均等化目标。2018年中共中央办公厅、国务院办公厅印发《关于建

---

① 韩国英.区域基本公共服务均等化与财政政策研究［D］.天津：天津财经大学，2020.
② 严雅娜.基本公共服务均等化的财政对策研究［D］.太原：山西财经大学，2017.

立健全基本公共服务标准体系的指导意见》，明确提出要构建以幼有所育、学有所教、劳有所得、病有所医、老有所养、住有所居、弱有所扶等为统领，涵盖公共教育、劳动就业创业、社会保险、医疗卫生、社会服务、住房保障、公共文化体育、优抚安置、残疾人服务等九个领域的国家基本公共服务标准体系。

　　2017 年发布的《"十三五"推进基本公共服务均等化规划》、2021 年发布的《"十四五"公共服务规划》，以及《国家基本公共服务标准（2023 年版）》列出了详细的基本公共服务清单，将基本公共服务分为公共教育、劳动就业创业、社会保险、医疗卫生、社会服务、住房保障、公共文化体育、残疾人服务等八大领域的 81 个项目，《"十四五"公共服务规划》明确了我国"十四五"时期公共服务的主要目标，即：到 2025 年，公共服务制度体系更加完善，政府保障基本、社会多元参与、全民共建共享的公共服务供给格局基本形成，民生福祉达到新水平（如表 3-1 所示）。

表 3-1　我国"十四五"时期社会发展与公共服务主要指标

类别	指标	2020 年	2025 年	属性
幼有所育	每千人口拥有 3 岁以下婴幼儿托位数（个）	1.8	4.5	预期性
	孤儿和事实无人抚养儿童保障覆盖率	—	应保尽保	约束性
学有所教	学前教育毛入园率	85.2%	>90%	预期性
	九年义务教育巩固率	95.2%	96%	约束性
	高中阶段教育毛入学率	91.2%	>92%	预期性
	劳动年龄人口平均受教育年限（年）	10.8	11.3	约束性
劳有所得	参加各类补贴性职业技能培训人数（万人次）*	1 800	1 500	预期性
病有所医	人均预期寿命（岁）	77.3**	78.3	预期性
	每千人口拥有执业（助理）医师数（人）	2.9	3.2	预期性
	每千人口拥有注册护士数（人）	3.36	3.8	预期性
	基本医疗保险参保率	95%	>95%	预期性
老有所养	养老机构护理型床位占比	38%	55%	约束性
	新建城区、居住（小）区配套建设养老服务设施达标率	—	100%	约束性
	基本养老保险参保率	90%	95%	预期性
	养老服务床位总量（万张）	823.8	约 1 000	预期性

续表

类别	指标	2020 年	2025 年	属性
住有所居	城镇户籍低保、低收入家庭申请公租房的保障率	—	应保尽保	约束性
	符合条件的农村低收入群体住房安全保障率	—	应保尽保	预期性
	城镇老旧小区改造（万个）***	5.9	约 21.9	预期性
弱有所扶	困难残疾人生活补贴和重度残疾人护理补贴目标人群覆盖率	100％	100％	约束性
文体服务保障	每万人接受公共文化设施服务次数（万次）	—	3.4	预期性
	人均体育场地面积（平方米）	2.2	2.6	预期性
	每百户居民拥有社区综合服务设施面积（平方米）	—	＞30	预期性

资料来源：中华人民共和国国家发展和改革委员会. "十四五"公共服务规划 ［EB/OL］.（2022－01－10）［2022－09－20］. https://www.gov.cn/zhengceku/2022－01/10/5667482/files/301fe13cf8d54434804a83c6156ac789.pdf.

注：（1）带＊指标数据分别为"十三五"和"十四五"时期的年度平均值。

（2）带＊＊的为 2019 年数据。

（3）新建城区、居住（小）区配套建设养老服务设施达标率：按照《国务院关于加快发展养老服务业的若干意见》规定，各地在制定相关规划时，必须按照人均用地不少于 0.1 平方米的标准，分区分级规划设置养老服务设施；凡新建城区和居住（小）区，要按标准要求配套建设养老服务设施。

（4）带＊＊＊指标数据分别为"十三五"和"十四五"期间累计数。

（5）公共文化设施包括公共图书馆、文化馆（站）、美术馆、博物馆和艺术演出场所。

（6）人均体育场地面积指体育场地内可供开展训练、比赛和健身活动的有效面积与人口的比值。

因此本书以国家的基本公共服务清单为标准，并结合京津冀区域实际与数据可获得性，重点从基本公共教育、基本劳动就业创业、基本社会保险、基本医疗卫生、基本社会服务、基本住房保障、基本公共文化体育等七个领域进行考察。其主要内容见表 3－2。

表 3－2　国家基本公共服务的具体内容

基本公共服务领域	基本公共服务内容
基本公共教育	免费义务教育、农村义务教育学生营养改善、寄宿生生活补助、普惠性学前教育资助、中等职业教育国家助学金、中等职业教育免除学杂费、普通高中国家助学金、免除普通高中建档立卡等家庭经济困难学生学杂费

续表

基本公共服务领域	基本公共服务内容
基本劳动就业创业	基本公共就业服务、创业服务、就业援助、就业见习服务、大中城市联合招聘服务、职业技能培训和技能鉴定、"12333"人力资源和社会保障服务热线电话咨询、劳动关系协调、劳动人事争议调解仲裁
基本社会保险	职工基本养老保险、城乡居民基本养老保险、职工基本医疗保险、生育保险、城乡居民基本医疗保险、失业保险、工伤保险
基本医疗卫生	居民健康档案、健康教育、预防接种、传染病及突发公共卫生事件报告和处理、儿童健康管理、孕产妇健康管理、老年人健康管理、慢性病患者管理、严重精神障碍患者管理、卫生计生监督协管、结核病患者健康管理、中医药健康管理、艾滋病病毒感染者和病人随访管理、社区艾滋病高危行为人群干预、免费孕前优生健康检查、基本药物制度、计划生育技术指导咨询、农村部分计划生育家庭奖励扶助、计划生育家庭特别扶助、食品药品安全保障
基本社会服务	最低生活保障、特困人员救助供养、医疗救助、临时救助、受灾人员救助、法律援助、老年人福利补贴、困境儿童保障、农村留守儿童关爱保护、基本殡葬服务、优待抚恤、退役军人安置、重点优抚对象集中供养
基本住房保障	住房公积金制度、保障性住房供给、住房租金补贴、货币化补贴、公共租赁住房、经济适用住房、两限房
基本公共文化体育	公共文化设施免费开放、送地方戏、收听广播、观看电视、观赏电影、读书看报、少数民族文化服务、参观文化遗产、公共体育场馆开放、全民健身服务

资料来源：根据国家相关政策文件整理。

3.4.1　基本公共教育

基本公共教育协同发展在京津冀基本公共服务协同发展中具有基础性和先导性作用。《京津冀教育协同发展行动计划（2023—2025 年）》从联合办学、师资培训等方面出发，提出要促进京津冀基础教育优质发展、职业教育融合发展、高等教育创新发展[①]。具体来说，京津冀基本公共教育协同发展包括以

---

① 京津冀教育协同发展行动计划发布 [EB/OL]. （2019 - 01 - 24）［2022 - 06 - 30］. http：//www.qstheory.cn/2019 - 01/24/c_1124037577. htm.

下内容:

1. 联合办学

第一,跨省市合作办学。北京市、天津市和河北省分别发挥自身在优质教育资源与学生数量方面的优势,跨省市合作办学。北京市"建三援四"项目实施,支持北三县与通州区教育高质量发展。北京市北海幼儿园、史家小学和北京市第四中学已经成功落地河北雄安并顺利接收第一批学生,天津市第一中学也挂牌成立了雄安校区,缓解了河北省基本公共教育服务资源的短缺。此外,在职业教育方面,京津冀三地逐步开展跨省市单独考试招生试点,例如河北省邯郸市第二职业中学与天津市第一商业学校开展"2+1"合作办学,前者在校学生在本校完成两年学业后可以到天津市第一商业学校继续接受剩下的一年职业教育,并可在天津市参加高考。

第二,帮扶支援。京津冀地区基本公共教育帮扶支援主要体现为京津对河北的支援。比如北京市广渠门中学在河北省康保县设立分校,成立教育工作指导站,建立教师培训交流合作机制,进行教育资源结对共享等,开展帮扶工作。河北省涿鹿县与北京市门头沟区形成教育帮扶小组,门头沟区选派教师前往涿鹿县矾山中学、赵家蓬中学指导教学,相应地,涿鹿县也选派骨干教师前往门头沟区学习先进的管理模式和教学理念。清华大学、北京师范大学等多所高校学生也利用暑期实践机会到对接中小学开展暑期扶贫支教活动,丰富学生假期生活。

第三,学生访学。除了京津地区的教师支援河北学校之外,河北学生也有机会前往京津两地学校进行访学,开阔视野。2019 年张家口市沽源县中职26 名学生前往北京市丰台区职业教育中心学校进行为期 4 个月的访学。中国教育报刊社人民教育家研究院与石家庄市鹿泉区第一中学合作成立的人民教育家研究院石家庄实验学校每年选派优秀学生到清华大学附属中学、中国人民大学附属中学、天津外国语大学附属学校等学校进行实地体验式学习,体验名校氛围,扩展思维,增强其自主学习动力。

2. 师资培训

第一,跟岗学习。京津冀三地积极开展跟岗学习项目,河北省骨干教师前往北京市、天津市优质学校学习先进教学理念和具体的教学方法。2019 年第一批京津冀一体化职业教育协同发展中等职业学校校长跟岗研修活动中,来自河北省深州市职教中心、曲阳县职业技术教育中心、保定市第二职业中学和涞源县职业技术教育中心等学校的教师通过实地考察、经验学习、专业研讨、参与实际工作、听课评课等多种方式全流程体验北京市丰台区职业教育中心学校的教学实践和人才培养过程。

第二，教师培训。河北省政府在欠发达地区建设教师培训基地，提高教师执教能力，积极与京津地区优质学校合作开展培训项目。2016 年天津职业大学对河北省石家庄市教育局及市内重点学校教师进行了为期一年的职业教育理念、课程改革、创新创业教育等内容的培训。京津地区学校骨干教师还以挂职锻炼的形式支援河北省，如北京市财会学校派出副校长到河北省张北县职教中心挂职，在日常的教学工作中对该校教师的教学能力、学校管理、课堂教学都产生了潜移默化的影响。

3.4.2　基本劳动就业创业

就业是民生之本，人民有所劳、有所得对一个国家的繁荣发展来说至关重要。创业是积极意义上的主动就业，不仅能够实现个体自身就业，还能带动其他人就业，对地区充分就业的实现具有正向促进作用。根据《"十三五"推进基本公共服务均等化规划》，京津冀基本劳动就业创业服务重点涵括四个方面的内容：公共就业服务、创业服务、职业培训、劳动关系协调和劳动权益保护[①]。

1. 公共就业服务

公共就业服务主要由就业管理、就业援助两部分构成。

就业管理包括就业登记制度和失业登记制度，这是判断地区就业失业形势的重要依据。目前京津冀三地均已基本建立城乡统筹的就业失业登记制度，北京市将有转移就业意愿且具有北京市户籍的农村劳动力按照无业求职、阶段务农和转移就业三种状态进行动态监管，天津市、河北省将具有本地户籍的城镇劳动力群体纳入就业管理体系之中[②]。京津冀三地均以《就业失业（登记）证》为载体开展就业失业管理工作。

就业援助主要包括就业优惠政策、失业保障等内容。具体来说，在优惠政策方面，北京市为具有北京市户籍或实现创业的毕业年度内高校毕业生提供不同层次的就业优惠政策，天津市基本实现就业优惠政策的城乡统筹，河

---

① 2017 年国务院颁布《"十三五"推进基本公共服务均等化规划》。

② 战梦霞.京津冀公共就业服务协同发展研究［M］//汝信，付崇兰，曹文明，等.城乡一体化蓝皮书：中国城乡一体化发展报告（2014～2015）.北京：社会科学文献出版社，2015：185－211.

北省除了提供就业优惠外还为城镇劳动力群体提供职业培训补贴、劳务输出补贴等。在失业保障方面，京津冀均为失业登记人口提供失业保险。

2. 创业服务

在促进"大众创业、万众创新"的过程中，京津冀创业服务包括创业孵化基地建设、众创空间建设、创业补贴政策等。三地均为创业者提供良好的创业环境，包括创业孵化器、创业孵化基地、众创空间等，为创业者提供专业指导和政策支持，还为创业者提供岗位补贴、社会保险补贴，重点帮助大学生创业，加强大学生创业服务平台和创业板建设。

3. 职业培训

京津冀三地都建立了基本公共就业服务机构，如工会、职业培训机构、职业技能鉴定机构等，为劳动者与用人单位搭建信息共享平台。

4. 劳动关系协调和劳动权益保护

劳动关系协调和劳动权益保护主要包括建立劳动合同制度、建立工资支付保障制度、劳动人事争议案件处理等。京津冀三地均建立起较为完善的劳动合同制度，尤其关注小企业和农民工劳动合同的签订，并谋求劳动合同的跨省域效力。在工资支付保障制度方面，三地都建立起最低工资制度并逐步提高最低工资标准。在劳动人事争议案件处理方面，京津冀三地政府致力于完善本地区的劳动人事争议调解仲裁服务体系，合力建立跨区域的劳动人事争议案件就地化解机制[①]，提高案件处理及时性和处理效率。

3.4.3 基本社会保险

社会保险作为社会保障体系中的核心内容之一，是一种为丧失劳动能力、暂时失去劳动岗位或因健康原因造成损失的人口提供收入或补偿的社会和经济制度，其主要项目包括养老保险、医疗保险、失业保险、工伤保险、生育保险。从社会保险资金筹集规模来看，养老保险和医疗保险是社会保险的重要内容。国家基本公共服务范围也涵盖了职工和城乡居民的基本养老保险、基本医疗保险，以及生育保险、失业保险、工伤保险。

2019 年 12 月，天津市人大常委会审议通过了《天津市基本医疗保险条

---

① 2016 年北京市人力资源和社会保障局发布《关于京津冀劳动人事争议协同处理工作的意见》。

例》，这是全国第一部涵盖职工医疗保险和城乡居民医疗保险的地方性法规，为推进京津冀医疗保险协同发展提供了法治保障①。其中第八条明确规定："本市与北京市、河北省建立基本医疗保险协同发展工作机制，推进政策制定、经办服务、监督管理、异地就医直接结算、定点资格互认、医药产品采购、信息化建设等方面的合作，做好区域基本医疗保险协同工作。"

2019 年 6 月，京津冀三地政府签署《京津冀医疗保障协同发展合作协议》，启动异地门诊直接结算和医疗保险一体化工作。《京津冀医疗保障协同发展合作协议》主要围绕异地就医住院、门诊直接结算、医药产品集中采购和医疗保障协同监管等方面开展深度合作，有利于解决三省市群众看病垫资和跑腿报销问题，提高医疗保险基金使用效率，有效减轻群众医疗负担，将进一步加快京津冀医疗保障同城化、信息化、一体化进程，让三地群众享受更多获得感、幸福感②。同年 11 月，京津冀三地医保局在津签署《京津冀药品医用耗材集中采购合作框架协议》。

2022 年 7 月，以《京津冀医疗保障协同发展合作协议》为基础，天津市医保局牵头并会同北京市医保局、河北省医保局联合印发了《京津冀医保协同发展 2022 年工作要点》，进一步加强京津冀医疗保障工作协同发展深度合作。该文件包括四方面工作内容：一是积极推进京津冀门诊联网直接结算，包括扩大跨省市异地就医门诊直接结算定点医药机构数量、推进门诊慢特病的相关治疗费用跨省市直接结算、加强三地医疗保障一体化发展、促进三地在政务服务领域深度合作等内容；二是积极促进京津冀医药服务管理协同发展，包括持续推进以京津冀为基础的"3＋N"联盟医药产品集中带量采购，进一步扩大药品和耗材联合招采的范围，建立京津冀医药工作沟通机制等内容；三是推进京津冀医疗保险基金协同监管，包括继续开展医疗保险基金监管交流合作、推进异地就医直接结算智能监控等内容；四是支持雄安新区医疗保障事业发展，包括协助雄安新区设计医疗保险政策、向雄安新区提供宏观统计数据支持等内容③。

综上，基本社会保险协同发展主要包括基本养老保险、基本医疗保险、失业保险、工伤保险、生育保险以及药品和耗材联合招采、医疗保险基金监

---

① 市医保局推进落实"12393"18 项措施 全面深化京津冀医保协同发展 [EB/OL]. （2022－03－03）[2022－11－03]. http://www.tj.gov.cn/sy/zwdt/bmdt/202203/t20220303_5818970.html.

② 京津冀签署合作协议加快推进异地门诊 [EB/OL]. （2019－06－23）[2022－11－03]. http://www.gov.cn/xinwen/2019－06/23/content_5402524.htm.

③ 京津冀医保部门出台京津冀医保协同发展 2022 年工作要点 [EB/OL]. （2022－07－22）[2022－11－05]. http://www.tj.gov.cn/sy/zwdt/bmdt/202207/t20220722_5939519.html.

管等方面。评价区域间基本社会保险协同发展的水平，主要可以从职工和城乡居民的基本养老保险、基本医疗保险参保范围和参保率，养老保险筹资、缴费及发放水平，医疗保险基金支付和报销比例，财政补助水平，养老服务供给水平等方面进行评价。

3.4.4 基本医疗卫生

《中共中央 国务院关于深化医药卫生体制改革的意见》明确提出："建设覆盖城乡居民的公共卫生服务体系、医疗服务体系、医疗保障体系、药品供应保障体系，形成四位一体的基本医疗卫生制度。"公共卫生服务体系主要包含疾病预防控制、健康教育、妇幼保健、精神卫生、应急救治、采供血、卫生监督和计划生育等专业公共卫生服务。

2015 年 9 月，京津冀三地卫生计生委签署了《京津冀卫生计生事业协同发展合作协议》，标志着三地医疗卫生事业协同发展进入里程碑式新阶段。该合作协议共提出了十方面的具体合作内容，包括加强医疗服务区域合作、推进公共卫生区域联动、强化卫生计生事业发展规划对接、构建综合监督协调机制、加快区域卫生健康信息一体化建设、加强人才培养和科研合作等①。

为进一步明确责任，确保合作协议落实落地，京津冀三地随后分别印发了本地区医疗卫生服务体系规划。

2016 年 1 月，河北省人民政府办公厅印发了《河北省医疗卫生服务体系规划（2016—2020 年）》，主动适应京津冀协同发展战略，围绕疏解北京非首都功能，综合考虑环京津地区患者外流因素，在全省建设五个医疗区域，通过国家和京津对口支援，促进区域医疗水平提升。

2016 年 1 月，天津市人民政府办公厅印发了《天津市医疗卫生服务体系建设规划（2015—2020 年）》，吸纳首都优质医疗资源新建医院、开办分院、组建医疗联合体或医疗集团、开展专项技术合作等，探索试点 PPP 等投资管理模式，建立区域双向转诊、医学检查结果互认等机制，支持建设大型医疗卫生服务项目。

2017 年 2 月，北京市卫生和计划生育委员会印发了《北京市医疗卫生服

---

① 京津冀卫生计生事业协同发展合作协议 [EB/OL]. [2022 - 11 - 11]. https://baike.baidu.com/item/%E4%BA%AC%E6%B4%A5%E5%86%80%E5%8D%AB%E7%94%9F%E8%AE%A1%E7%94%9F%E4%BA%8B%E4%B8%9A%E5%8D%8F%E5%90%8C%E5%8F%91%E5%B1%95%E5%90%88%E4%BD%9C%E5%8D%8F%E8%AE%AE/18686146? fr＝aladdin.

务体系规划（2016—2020 年）》，从三地协作和协调发展的角度谋划医疗卫生资源配置，探索建立和发展卫生资源与津冀地区的共建共享机制，提升北京市医疗卫生服务的带动能力，指导周边地区提高服务水平，缩小地区之间的差距。

此外，在 2015—2017 年期间，京津冀三地陆续就实验室质量与技术、卫生技术培训标准化建设、疾病预防控制工作、精神卫生防治、口腔卫生保健、妇女与儿童保健、医院医用耗材联合采购、突发公共卫生事件应急管理等方面，签署相应合作协议，全面提升基本医疗卫生领域协同发展水平。

综上，基本医疗卫生领域协同发展主要包括如下三方面：一是以新建医院、开办分院、组建医疗联合体或医疗集团、开展专项技术合作、推进医疗机构临床检验结果互认等形式展现的基本医疗服务体系协同发展，优化基本医疗卫生资源配置；二是以完善疾病预防控制、妇幼保健、精神卫生、应急救治救援、采供血、卫生监督等基本公共卫生服务体系形式展现的基本公共卫生协同发展，提升基本公共卫生服务水平；三是以完善医疗保障、药品供应保障以及防疫物资保供等形式展现的基本医疗保障体系建设，提升医疗保障服务能力。

3.4.5　基本社会服务

2012 年，我国在《国家基本公共服务体系"十二五"规划》中列出了"十二五"时期政府所提供的基本社会服务，它主要指以城乡最低生活保障制度为核心，以农村"五保"供养、自然灾害救助、医疗救助、流浪乞讨人员救助制度为主要内容，以临时救助制度为补充的社会救助体系，以及以扶老、助残、救孤、济困为重点的社会福利制度。

2017 年颁布的《"十三五"推进基本公共服务均等化规划》进一步强调建立完善基本社会服务制度，政府基本社会服务范围和项目有所扩展，包括最低生活保障、特困人员救助供养、医疗救助、临时救助、受灾人员救助、法律援助、老年人福利补贴、困境儿童保障、农村留守儿童关爱保护、基本殡葬服务、优待抚恤、退役军人安置、重点优抚对象集中供养等 13 项，聚焦于为城乡居民提供相应的物质和服务等兜底帮扶，重点保障特定人群和困难群体的基本生存权与平等参与社会发展的权利。

在新一轮国务院机构改革后，提供基本社会服务成为民政部的主要职能。在 2018 年 12 月 31 日中共中央办公厅、国务院办公厅印发的《民政部职能配置、内设机构和人员编制规定》中，民政部的职能就设定有"提供基本社会服务"。民政部进一步表示要更加聚焦于"最底线的民生保障、最基本的社会服务、最基础的社会治理和专项行政管理职责"。从服务对象看，民政部门负责的基本社会服务主要分为两部分：一是弱势群体救助，主要包括解决困难群众的基本生活，完善社会救助体系，完善儿童、妇女与老年人服务体系，完善各项残疾人保障等，这些是基本社会服务中的主要内容；二是面向全体社会成员的基本社会服务，包括养老服务、婚姻管理与服务、殡葬服务等。

2023 年公布的《国家基本公共服务标准（2023 年版）》以服务对象作为分类标准，涵盖了幼有所育、学有所教、劳有所得、病有所医、老有所养、住有所居、弱有所扶等"七有"，以及优军服务保障、文化服务保障"两个保障"，共九个方面、八十个服务项目，对基本公共服务项目进行了重新梳理，最明显的调整是根据城乡居民的实际需求分门别类，便于城乡居民查找自己可以依法享有的各类具体服务项目名称。这一调整实现了从以部门责任和职能定位为中心向以城乡居民实际服务需要为中心的转变，即"基本"过去强调的是政府责任和职能的边界，现在"基本"则成为城乡居民基础性公共服务需要的构成和导向。《国家基本公共服务标准（2023 年版）》中仅包含了政府所提供的基本社会服务。从全社会来看，还有需要社会力量共同参与提供的基本社会服务，如基本养老服务、失能老人长期照护服务、基本救助服务、安宁疗护服务、托育服务等。

3.4.6 基本住房保障

政府担负有提供社会保障的职责，同时要尽量降低住房价格变动对社会稳定的影响，这就要求它为中低收入者提供基本住房保障。政府为社会中低收入者提供基本住房保障是完善社会保障体系的重要方面。政府一般从两个方面来实现这一职能：一是制定有关住房发展的专门规划，如针对中低收入者制定保障性住房建设规划；二是直接向中低收入者提供住房供应或者给予住房补贴，政府将满足中低收入者的住房需求看作社会发展的目标之一，并采取直接干预的手段实现这一目标。政府是社会保障制度建设的主要责任主体，提供基本住房保障也便成为政府的重要工作内容。政府进行保障性住房建设的主要目的是实现人的基本权利和维护社会的公平。

建设公共保障住房的目标是保障中低收入家庭的基本居住权。住房是人获得生存发展的基本保障，但在市场化条件下，个体只有经济条件达到一定水平时才能够购买住房。在此背景下，政府的调节就十分重要，这是政府履行保障公民居住权责任的重要表现。

首先，住房权是社会个体的基本人权，关系到一个人的生存质量与发展条件。社会的住房问题不可能完全靠市场解决，即便经济发展水平再高，若无适当的住房调节政策，也无法解决全民的住房问题。其次，政府在基本住房保障中需要承担财政支持责任。部分社会个体难以实现住房权的一个根本原因在于收入低。为此，政府必须提供基本住房保障政策以减轻中低收入者购房上的经济压力。再次，基本住房保障措施要想得到落实还需要有一套健全的组织体系，它是运行各种基本住房保障措施的主体，并负责各种住房政策的拟定，确保基本住房保障政策能够得到贯彻落实也是政府的责任之一。最后，要想真正让基本住房保障政策获得贯彻，避免基本住房保障措施偏离目标，政府还必须建立起监管机制，确保基本住房保障在规划、具体实施以及后期管理等各个阶段都受到监管。

3.4.7　基本公共文化体育

1. 基本公共文化服务

2014 年，北京市文化局、天津市文化广播影视局、河北省文化厅共同签订《京津冀三地文化领域协同发展战略框架协议》，标志着京津冀基本公共文化服务领域进入了区域协同发展阶段。

京津冀基本公共文化服务协同发展的主要任务包括三个层面：第一个层面为顶层设计，即统筹规划区域文化发展布局，关注区域之间的协作机制。要在三地基本公共文化服务协同发展整体规划的基础上，出台具体的协同发展政策和方案，形成三地间的协作机制，形成文化要素在区域间的联动。第二个层面为具体协同发展项目的实施。一是要明确基本公共文化服务的涵盖范围；二是在实施过程中处理好要素资源在区域间的再配置、基本公共文化服务的均等化、创新与信息化建设等问题。第三个层面为配套机制制度的完善，包括项目实施监督机制、绩效评估机制，财政税收扶持政策，图书馆联盟、演艺联盟、文化产业联盟等协同组织，公共文化资源库、宣传平台、服务平台等协同平台，以及文化保护、传承和振兴政策措施等的完善。

《京津冀三地文化领域协同发展战略框架协议》指出三地主要就文化领域的顶层设计、现代公共文化服务建设、演艺文化交流与合作、文化产业协作发展、传统文化的保护与利用、文化旅游融合发展、区域文化市场、文化人才的交流培训等八个方面展开协作。《国家基本公共服务标准（2023 年版）》则将基本公共文化服务涵盖的范围明确分为公共文化设施免费开放、送戏曲下乡、收听广播、观看电视、观赏电影、读书看报、少数民族文化服务等七个项目。从京津冀的政策文件与实践情况来看，京津冀三地基本公共文化服务重点在以下几个领域展开协同与合作：

第一，传统文化方面，京津冀积淀了深厚悠久的历史文化底蕴，有独具特色的京味文化与燕赵文化，传统文化资源丰富多彩。三地基本公共文化服务主要以传统戏剧、非物质文化遗产和民俗活动为载体，展开协同合作，包括送京剧、评剧、河北梆子、花鼓戏、豫剧、昆曲等传统戏曲下乡、进基层、进校园服务以及非物质文化遗产和民俗文化的展演展示。

第二，现代文化则以音乐会、话剧、舞台剧、艺术展览、文化展览等为展现形式，三地进行联合创作、巡演展览以及各种惠民演出。

2. 基本公共体育服务

2014 年京津冀三地就大力推进全民健身、竞技体育、体育产业的协同发展签署了《京津冀体育协同发展议定书》；2016 年三地进一步签署《深入推进京津冀体育协同发展议定书》，就进一步在发展全民健身、提高竞技体育水平、推进体育产业发展以及密切相互沟通联系等四方面深入加强交流合作描绘了蓝图。2017 年，国家体育总局、国家发展和改革委员会、国家旅游局印发《京津冀健身休闲运动协同发展规划（2016—2025 年）》，提出，到 2025 年，京津冀健身休闲运动协同发展格局基本形成，区域合作体制机制初步建立，群众健身休闲需求得到进一步满足，参与健身休闲活动人数不断增加，推动实现全国"三亿人参与冰雪运动"目标。这些文件的颁布为京津冀体育领域的协同发展奠定了良好的政策基础。

《国家基本公共服务标准（2023 年版）》《全民健身基本公共服务标准（2021 年版）》明确了基本公共体育服务涵盖的范围为公共体育设施开放和全民健身服务。其中，公共体育设施开放指有条件的公共体育设施免费或低收费开放；全民健身服务指提供科学健身指导、群众健身活动和比赛、科学健身知识等服务，免费提供公园、绿地等公共场所全民健身器材。因此结合京津冀的实际情况，就京津冀基本公共体育服务的协同而言，公共体育设施开放方面包括体育场馆协同运营、冰雪场馆规划布局、京津冀体育一卡通服务等；全民健身服务方面包括举办高水平体育赛事、国际国内商业体育赛事，开展青少年体育的交流与协作，组织开展各类青少年品牌赛事活动等。

第4章　京津冀基本公共服务协同发展框架概况

4.1　基本公共服务供给政府供给主体构成与边界

以萨缪尔森为代表的西方福利经济学家们认为，完全竞争市场会导致资源配置达到帕累托最优，因而是有效率的。但是公共产品是一个人的消费不会影响其他人消费的产品，因此具有非排他性和非竞争性的特征[①]。

考虑到社会公平、公正等问题，通过市场方式提供公共产品，实现排他是不可能的或者其成本是高昂的，并且在规模经济上缺乏效率。因此，市场在提供公共产品时存在失灵现象，即由于市场的外部性、自然垄断性、不确定性、不完全竞争性和排他性、收入分配不公性、信息不完全性的存在，私营企业趋利而动，如果公共产品完全由私营组织提供，就有可能出现公共产品提供不足或过剩等问题，出现忽略政府自身价值，忽略政府在公平、效率与责任等方面的多样化政治目标，低估引入市场机制的成本与潜在风险等问题，使得竞争性市场无法针对公共产品形成有效的供给，无法达到理想的帕累托最优状态并体现社会公平。而如果由具有强制力的政府来提供公共产品，则可以克服市场供给的缺陷[②]。由此得出，政府是公共产品的唯一生产者和供给者。公共服务的公共产品属性决定了政府进行生产和供给的有效性，政府能够运用其强大的人力、物力控制力和动员力在较短的时间内提供社会所需

[①]　Samuelson P A. The pure theory of public expenditure [J]. The Review of Economics and Statistics，1954，36（4）：387-389.

[②]　尹华，朱明仕. 论我国公共服务供给主体多元化协调机制的构建 [J]. 经济问题探索，2011（7）：13-17.

的公共服务①。

市场经济体制存在两种资源配置系统：一是市场；二是政府。政府作为应对市场失灵的有效力量，必须考虑介入市场时的边界问题。随着我国改革开放以来社会主义市场经济体制的不断发展，与市场经济相适应的政府职能转变不仅关系到基本公共服务体系自身的构建，而且与能否实现我国经济社会可持续发展密切相关。因此，在落实基本公共服务提供责任、提高基本公共服务供给效率之前，需要明确政府职能定位，厘清政府与市场、社会之间的关系，防止政府在提供公共服务方面"越位"、"缺位"和"错位"。

党的十九大报告指出，"中国特色社会主义进入新时代，我国社会主要矛盾已经转化为人民日益增长的美好生活需要和不平衡不充分的发展之间的矛盾"。经过长期努力，中国特色社会主义进入了新时代，这是我国发展的新的历史方位。为了实现社会主义现代化和中华民族伟大复兴，在全面建成小康社会的基础上，要着力解决好发展不平衡不充分问题，大力提升发展质量和效益，更好地满足人民在经济、政治、文化、社会、生态等方面日益增长的需要，更好地推动人的全面发展、社会全面进步。2020年10月29日，党的十九届五中全会通过了《中共中央关于制定国民经济和社会发展第十四个五年规划和二○三五年远景目标的建议》，其中强调，要"坚持把实现好、维护好、发展好最广大人民根本利益作为发展的出发点和落脚点，尽力而为、量力而行，健全基本公共服务体系，完善共建共治共享的社会治理制度，扎实推动共同富裕，不断增强人民群众获得感、幸福感、安全感，促进人的全面发展和社会全面进步"。

随着我国经济社会的不断发展，居民基本公共服务需求呈现出多元化发展态势，这对政府传统的基本公共服务供给方式提出了挑战，使得政府越来越回应不足。基本公共服务需求的这种变化倒逼基本公共服务供给主体多元化发展，促使政府加强与私人组织、非政府组织（NGO）、非营利组织（NPO）等各种社会力量的合作，共同实现基本公共服务的有效供给。2015年10月，党的十八届五中全会提出了创新、协调、绿色、开放、共享的新发展理念。创新发展注重的是解决发展动力问题，协调发展注重的是解决发展不平衡问题，绿色发展注重的是解决人与自然和谐问题，开放发展注重的是解决发展内外联动问题，共享发展注重的是解决社会公平正义问题，坚持新发展理念是关系我国发展全局的一场深刻变革②。为满足人民群众对基本公共

---

① 徐艳晴. 公共服务供给主体多元化的理论来源 [J]. 兰州学刊，2010（5）：51-53，58.

② 习近平. 把握新发展阶段，贯彻新发展理念，构建新发展格局 [EB/OL].（2021-04-30）[2022-12-07]. http://www.qstheory.cn/dukan/qs/2021-04/30/c_1127390013.htm.

服务的需求，社会建设均衡发展需要协调不同的基本公共服务供给主体，推进政府、市场和社会多方协同治理。过于依赖政府甚至将政府作为单一供给主体会严重制约基本公共服务供给的有效性、针对性、可及性和满意度，需要以人民群众对美好生活的向往为导向，构建政府主导、多元主体协同的基本公共服务供给模式，鼓励、支持和引导企业等市场主体、慈善机构等社会组织参与基本公共服务供给。

4.1.1　纵向事权与支出责任划分

　　事权是各级政府在社会经济活动中掌控的权力，它规定了各级政府承担的事务的性质和范围；而支出责任是各级政府根据事权承担的财政支出的范围和项目。一般来说，政府间支出责任的划分首先要以政府间事权范围的划分为依据，防止政府间支出责任的混淆，甚至出现事权大而支出责任小或者支出责任大而事权小的不对称现象。西方经济学关于政府间财政支出责任划分的理论主要包括五类：公共服务效率论、受益范围论、支出规模论、外部性理论和资源配置论。每一种划分理论都从各自的角度为政府间支出责任的划分提供了一些科学的理论依据①。第二代财政联邦主义认为，"市场维护型联邦制"的五个基础要素之一为权责关系制度化，即政治权利分配的制度化，不因中央或地方政府单方面改变而改变。政府间事权与支出责任的划分要基于法律的相关规定，以此维护各级政府间关系的稳定②。

　　马斯格雷夫从财政的三大职能出发，分析了中央和地方政府存在的合理性和必要性，他认为：宏观经济稳定与收入再分配职能应由中央负责，因为地方政府缺乏充足的财力对宏观经济实施控制，另外经济主体的流动性也严重束缚了地方政府进行收入再分配的尝试；而资源配置政策则应根据各地居民的偏好不同而有所差别，在这方面地方政府比中央政府更适合，更有利于经济效率的提高和社会福利水平的增进。他还指出在保障公共产品供给效率和分配的公正性方面，中央政府和地方政府间必要的分权是可行的，这种分权可以通过税种在各级政府间的分配固定下来，从而赋予地方政府相对独立的权力③。

　　奥茨在《财政联邦主义》一书中，通过一系列假定提出了分散化提供公

---

　　① 赵云旗. 政府间"财政支出责任"划分研究 [J]. 经济研究参考，2015 (68)：3-14，29.

　　② Qian Y, Weingast B R. China's transition to markets：market-preserving federalism, Chinese style [J]. Journal of Economic Policy Reform, 1996, 1 (2)：149-185.

　　③ Musgrave R A. The theory of public finance：a study in public economy [M]. New York：McGrawHill, 1959.

共产品的比较优势，即奥茨"分权定理"：对某种公共产品来说，如果对其的消费涉及全部地域的所有人口的子集，并且该公共产品的单位供给成本对中央政府和地方政府而言都相同，那么让地方政府将一个帕累托有效的产出量提供给它们各自的选民则总是要比中央政府向全体选民提供任何特定的且一致的产出量有效率得多。因为与中央政府相比，地方政府更接近自己的公众，更了解其辖区选民的效用与需求。也就是说，如果下级政府能够和上级政府提供同样的公共产品，那么由下级政府提供则效率会更高①。

宏观经济研究院课题组认为中央政府的事权范围应该涵盖以下几方面：一是涉及国家整体利益的全国性公共产品；二是政府管制；三是反垄断政策；四是宏观经济管理，发展中国家和转轨国家还包括全国性的发展和改革政策；五是再分配，包括收入分配政策的制定和实施，以及全国性的社会保障体系的建立等。其中，提供全国性和区域性外溢效应比较强的公共产品是中央政府首要和基本的职能。而提供地方性公共产品是地方政府的主要职责，既包括提供排污、消防、垃圾清理和供水、围海设施、电视转播、大坝、城市交通、图书馆、电影院等地方性公共产品，也包括与上下级政府共同提供电视节目、信息、医疗保健、环境保护、计划生育，以及教育、医疗、道路等存在"交叉性"的纯公共产品和准公共产品②。

《德意志联邦共和国基本法》就采用了"限制列举的方式"划分了联邦政府事权、州政府事权、联邦政府与州政府共同承担的事权以及联邦政府与州政府的委托事权等。这种基于法律的划分方式，为实现公共服务均等化并维护中央政府权威提供了保障。Martinez 基于对俄罗斯联邦的实证分析认为，俄罗斯各级政府间财政关系最大的威胁来源于支出责任的随意转移。因此，他认为稳定的支出责任划分是构建各级政府间合理的财政关系的基础环节③。随后 Martinez 研究了 1988—1998 年间众多发展中国家与转轨国家的分权体制，再次强调了支出责任划分的重要性，认为缺少明确的支出责任划分而建立分权财政体制的行为是本末倒置的。齐守印认为政府间财政支出责任的优化配置是科学划分政府间财政收入的直接基础，也决定着政府间财政转移支付的结构与规模④。赵云旗认为支出责任是政府事权的细化，划清支出责任是

① Oates W E. Fiscal federalism [M]. New York：Harcourt Brace Jova-Novich，1972.
② 宏观经济研究院课题组. 公共服务供给中各级政府事权、财权划分问题研究 [J]. 宏观经济研究，2005 (5)：3-10.
③ Martinez J. The chanllege of expenditure assignment reform in russian [J]. Enviroment and Planning：Government and Policy，1994，12 (3)：277-292.
④ 齐守印. 论政府间财政支出责任的优化配置 [J]. 财贸经济，2003 (2)：42-44.

各级政府实现事权的保障，是财力与事权相匹配的重要前提，是完善分税制财政体制的重要举措①。

Bardhan 指出，由于发展中国家人口流动性较强、政府责任监督机制有待健全和地方政府征税能力有限三个方面的原因，传统的财政联邦主义理论不能有效地应用于发展中国家②。因此，应该将对中央和地方关系的研究更集中于转轨国家。但是由于我国政治、经济、文化、社会等方面的独特性，不能完全照搬西方的支出责任划分原则。Martinez 也指出并不存在普遍适用的政府间支出责任划分原则，应该按照分权化的战略目的或者中央政府的目标完成情况来判断具体划分是否合适。

在我国，政府应承担更重的责任，而合理划分各级政府财政事权和支出责任是政府有效提供基本公共服务的前提和保障。习近平总书记强调，要健全转移支付制度，加大对欠发达地区的支持力度，从而提高发展的平衡性、协调性、包容性③。这里面就包含了对明确财政事权和支出责任的要求，因为区域协调发展的实现应当建立在各地区财力差距缩小的前提下。目前，我国区域经济发展差异较大，这就需要由上级政府通过转移支付的方式增加在欠发达地区的财政投入，从而减轻欠发达地区财政事权支出责任。

我国事权与支出责任划分的演变经历了三个阶段。按照党的十四届三中全会的决定，为了进一步理顺中央与地方的财政分配关系，更好地发挥国家财政的职能作用，我国实行了分税制改革，按照中央与地方的事权划分，强调"事权与财权相适应"，合理确定了各级财政的支出范围④。但当时只是笼统规定了中央与地方政府的支出责任，并没有明确界定中央和地方的事权。同时由于中央和地方的支出责任并没有与各自的财政收入挂钩，导致地方政府财政收支缺口逐步扩大，难以有效地提供公共产品。为逐步实现基本公共服务均等化，强调"财力与事权相匹配"，我国建立和完善了公共财政制度，进一步明确了中央和地方的事权⑤。但基层财政困难始终难以得到解决，随着

---

① 赵云旗. 政府间"财政支出责任"划分研究 [J]. 经济研究参考，2015 (68)：3-14，29.

② Bardhan P. Decentralization of governance and development [J]. The Journal of Economic Perspectives，2002，16 (4)：185-205.

③ 习近平. 扎实推动共同富裕 [EB/OL].（2021-10-15）[2022-11-20].http：//www.qstheory.cn/dukan/qs/2021-10/15/c_1127959365.htm.

④ 1993 年 12 月 15 日，《国务院关于实行分税制财政管理体制的决定》规定，从 1994 年 1 月 1 日起改革当时的地方财政包干体制，对各省、自治区、直辖市以及计划单列市实行分税制财政管理体制。

⑤ 2006 年 10 月 11 日，党的十六届六中全会通过《中共中央关于构建社会主义和谐社会若干重大问题的决定》。

我国政府间转移支付制度的不断完善，出于新常态下重塑中央和地方关系的需要，党的十八届三中全会提出，要建立"事权和支出责任相适应"的制度，保持中央和地方财力格局总体稳定的前提下，适度加强中央事权和支出责任①。2016年国务院按照体现基本公共服务受益范围、兼顾政府职能和行政效率、实现权责利相统一、激励地方政府主动作为、支出责任与财政事权相适应的原则，将政府间事权划分为中央财政事权、地方财政事权和中央与地方共同的财政事权②，对应的支出责任分别由中央、地方和中央与地方共同承担。整体上看，中央上收事权的趋势比较明显，也较为清晰地界定了事权和支出责任的划分领域，有利于缓解地方政府的财政压力。2016年之后，我国在医疗卫生、教育、科技、交通运输、生态环境、自然资源和应急救援等领域明确和细化了中央与地方的财政事权和支出责任。为了向困难地区倾斜，2018年我国中央政府还根据各个地方财力实际状况，分别按照80％、60％、50％、30％和10％的比例承担了不同经济发展程度地区7个事项的基本公共服务支出责任③。

作为基本公共服务的主要供给者，政府承担着让每一位居民平等享有基本公共服务的责任，任何个体享有基本公共服务时都不会使其他居民享有基本公共服务的数量和质量受到影响。基本公共服务是公共服务范畴中最为基础和核心的部分，是满足居民生存和发展需要的最低标准的服务，一般包含医疗卫生、社会保障、劳动就业等满足人民基本生存需求的服务和基础教育、文化体育等满足个人发展需求的服务。并且基本公共服务的范畴是动态变化的，随着生活水平的提高，人民的实际需求更加多样化。对应的基本公共服务的项目和标准也在不断增加和提高，以匹配居民的真正实际需求，提高基本公共服务的供给品质。基本公共服务的供给是基于一国社会经济发展阶段的，与当地实际经济发展水平相匹配，过多或过少的供给均会打破平衡。因此，应当处理好与人民生活紧密相关的民生问题和经济发展之间的关系，实

---

① 2013年11月12日，党的十八届三中全会通过《中共中央关于全面深化改革若干重大问题的决定》。

② 2016年《国务院关于推进中央与地方财政事权和支出责任划分改革的指导意见》指出，财政事权是一级政府应承担的运用财政资金提供基本公共服务的任务和职责，支出责任是政府履行财政事权的支出义务和保障。

③ 2016年《国务院关于推进中央与地方财政事权和支出责任划分改革的指导意见》颁布后，2018—2020年医疗卫生、教育、科技、交通运输、生态环境、自然资源和应急救援等领域改革方案相继出台。2018年《国务院办公厅关于印发基本公共服务领域中央与地方共同财政事权和支出责任划分改革方案的通知》规定了中央政府在不同地区的五级五档支出责任分担比例。

现地区基本公共服务发展和经济发展的良性互动①。

本节根据国家基本公共服务"十二五"、"十三五"以及"十四五"规划对基本公共服务范围的阐释，从环境保护、公共安全、教育、医疗卫生、社会保障和就业、科学技术、文化教育与传媒、城乡社区事务和住房保障等九个方面分析基本公共服务。从图 4-1 所示的中央和地方公共服务支出责任情况来看，2007 年中央公共服务支出占全国公共服务支出的比重仅为 9.90%，到 2019 年进一步下降至 6.84%，2020 年甚至仅为 6.37%。这说明相对于中央政府，我国地方政府承担过多公共服务财政事权与支出责任的问题并没有得到有效缓解。根据国家统计局数据，尽管 2007—2020 年地方政府一般公共预算收入占全国的比重由 45.92% 提高至 53.17%，但财政自主度水平却由0.62 下降至 0.48，可支配财政资源规模进一步缩减，财政压力进一步加重，这也导致了地方政府公共服务支出强度增长较为缓慢。

如图 4-1 所示，中央公共服务支出强度从 2007 年的 21.61% 上升到了2019 年的 28.63%，2020 年下降至 26.98%。而 2007 年、2019 年和 2020 年地方公共服务支出强度分别为 58.67%、67.21% 和 66.05%。相较而言，虽然 2020 年中央公共服务支出强度的降低幅度为 1.65 个百分点，超过地方的1.16 个百分点，但 2007—2019 年中央公共服务支出强度年均增长率为2.37%，明显大于地方政府的 1.14%。不过据图 4-1，这种由于财政压力导致地方公共服务支出强度上升缓慢的情况主要集中在 2015 年以前，2016 年则由 2015 年的 63.02% 显著上升至 65.87%，2017 年达到最大值 67.36%。

另外，从图 4-2 所示的基本公共服务财政投入中地方政府支出比重来看，相对于中央政府，地方政府承担了更大的支出责任。地方政府在科学技术领域的支出压力较小，2007—2019 年其所占比重平均值仅为 54.21%，公共安全领域的支出压力相对较高，为 83.83%，而其他七项基本公共服务财政投入中地方政府支出比重平均值都远超了 90%，其中，城乡社区事务支出几乎完全由地方政府负担，其余依次为医疗卫生、社会保障和就业、环境保护、教育、住房保障和文化体育与传媒。

纵向来看，2007—2019 年科学技术领域和文化体育与传媒领域的财政投入中地方政府支出比重逐渐升高，其年均增长率较高，分别为 2.25% 和0.62%，公共安全领域则是从 2014 年开始有显著增长的趋势，而其余的教育、社会保障和就业、医疗卫生、环境保护、住房保障和城乡社区事务等基

① 刘璐.京津冀地区基本公共服务与经济发展协调关系研究 [D]. 石家庄：河北师范大学，2019.

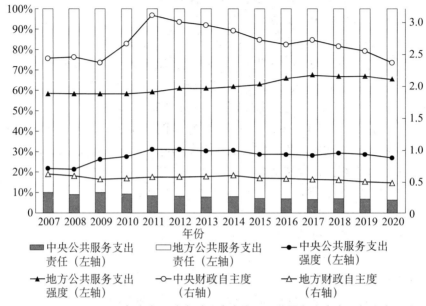

图 4-1　2007—2020 年中央和地方财政自主度、公共服务支出责任与支出强度

资料来源：国家统计局数据库。

注：财政自主度＝一般公共预算收入/一般公共预算支出，中央（地方）公共服务支出责任＝中央（地方）公共服务支出/全国公共服务支出，中央（地方）公共服务支出强度＝中央（地方）公共服务支出/中央（地方）一般公共预算支出。

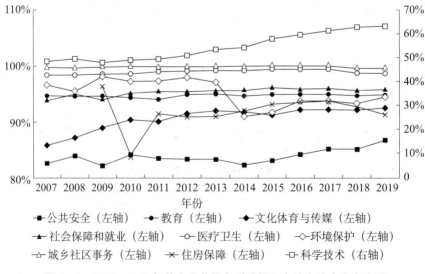

图 4-2　2007—2019 年基本公共服务财政投入中地方政府支出比重

资料来源：EPS 数据库。

本公共服务的财政投入中地方政府支出比重相对比较稳定。我国从 2010 年开始 GDP 增速持续下降，以 2010 年为时间点，比较 2010—2019 年和 2007—2009 年各项基本公共服务财政投入中地方政府支出比重的年均变化率情况，则可以知道，在经济下行后地方还是保障了教育、科学技术和住房保障三项基本公共服务的稳定发展，相对地，其他六项基本公共服务财政投入中地方政府支出比重都有不同程度的下降。这一方面是由于从 2016 年开始我国逐步对中央和地方的财政事权与支出责任进行明确划分，一定程度上缓解了地方的支出压力，另一方面也可能有法律规定、地方官员支出偏向等方面的原因，因为教育、科学技术领域的支出属于法定支出，而公共安全和文化体育与传媒又是地方财政事权中地方政府支出规模最小的两类基本公共服务。

4.1.2　横向事权与支出责任划分

一般来说，地区性公共产品是指受益范围涵盖多个有连续边界的主权国家的公共产品，例如：欧盟国家共同使用一套果蔬食品安全标准，上海合作组织成员国进行联合军事演习，北美自由贸易区的贸易政策等。在存在正外部性的条件下，如果受影响一方既没有为所得到的报酬支付相应的成本，也没有因所承受的损失获得补偿，那么就会使得产生外部性影响的经济主体不会增加生产或消费，进而导致该经济主体对资源的使用不足。相反，当存在负外部性时，该经济主体则会出现资源使用过量问题[1]。

公共选择学派提到了地方政府经济人的假定，因此地方政府行为也会像市场主体行为一样表现出外部性。既有研究已从集体决策过程的外部性[2]、权利选择与政治的外部性[3]、政府规制的外部性[4]和潜在相关的政府外部性[5]等多方面阐释了地方政府提供公共物品等行为会产生外部性，而这种溢出效应又

---

① Baumol W J，Oates W E. The theory of environmental policy ［M］. New Jersey：Prentice Hall，1975：17.

② Buchanan J M，Stubblebine W C. Externality ［J］. Economica，1962，29（16）：371 - 384；Bernholz P. Externalities as a necessary condition for cyclical social preferences ［J］. The Quarterly Journal of Economics，1982，97（4）：699 - 705.

③ Samuels W J. In defense of a positive approach to government as an economic variable ［J］. Journal of Law and Economics，1972，15（2）：453 - 459；Schmid A A. The economics of property rights：a review article ［J］. Journal of Economic Issues，1976，10（1）：59 - 69.

④ Wiener J B. Managing the iatrogenic risks of risk management ［J］. RISK：Health，Safety & Environment，1998，9（1）：39 - 82.

⑤ McKean R N. Browning J M. Externalities from government and non-profit sectors ［J］. The Canadian Journal of Economics，1975，8（4）：574 - 590.

会进一步影响地方政府财政资源的配置策略[①]。例如，在财政支出具有溢出效应的前提下，本地区人均财政支出会随邻近地区支出规模的增加而增加[②]。Kelejian 和 Robinson 的研究发现，由于边境犯罪活动的可跨越性，相邻县之间的警察支出存在正向关系[③]。此外，污染的负外部性会导致地方政府间的搭便车行为，进而使得下游的水质变差[④]。而当教育存在正向溢出效应时，收益溢出地区会支出不足，收益溢进地区则会支出过度[⑤]。

2016 年"十三五"规划中共享发展理念的提出更加彰显了党和国家对保障公民基本权利、增进人民福祉、维护社会公平正义等的高度重视。作为共享发展的重要组成部分，基本公共服务与人民的生活息息相关，实现其均等化发展是衡量人民共享发展成果的重要标尺。优质的高水平的基本公共服务可以让人们有更多生活保障，减少顾虑，减少被动储蓄现象，在保证基本物质生活的同时，增加精神方面的消费，提高其他公共服务的需求，扩大内需刺激消费，进而扩大经济规模。医疗、就业等领域完善的社会保障制度也能够大大提高员工的工作积极性，提高工作效率和工作质量，加速经济发展的进程。同时基本公共服务的发展必然离不开财政资金的支持，只有经济规模和经济效益足够大，才有建设基础服务设施的资本，才能构建全体公民生存和发展需要的服务体系。

党的十九大报告明确提出，要实施区域协调发展战略。长期以来，我国地方政府偏好生产性支出，轻视教育、医疗等非生产性支出。而伴随着城市化、区域一体化进程和地方公共事务的扩张，跨界公共事务逐渐成为我国区域合作治理的一个突出问题[⑥]。区域合作治理是区域协调发展的客观需要，是

① Brueckner J K. Strategic interaction among governments: an overview of empirical studies [J]. International Regional Science Review, 2003, 26 (2): 175 - 188; Revelli F. On spatial public finance empirics [J]. International Tax and Public Finance, 2005, 12 (4): 475 - 492.

② Case A C, Rosen H S, Hines J C. Budget spillovers and fiscal policy interdependence: evidence from the states [J]. Journal of Public Economics, 1993, 52 (3): 285 - 307; Saavedra L A. A model of welfare competition withe evidence from AFDC [J]. Journal of Urban Economics, 2000, 47 (2): 248 - 279.

③ Kelejian H H, Robinson D P. A suggested method of estimation for spatial interdependent models with autocorrelated errors, and an application to a county expenditure model [J]. Papers in Regional Science, 2005, 72 (3): 297 - 312.

④ Sigman H. Transboundary spillovers and decentralization of environmental policies [J]. Journal of Environmental Economics and Management, 2005, 50 (1): 82 - 101.

⑤ Malul R. External benefits of public education: an economic analysis (Book Review) [J]. Journal of Politica Economy, 1965, 73 (6): 667 - 668.

⑥ 易承志. 跨界公共事务、区域合作共治与整体性治理 [J]. 学术月刊, 2017, 49 (11): 67 - 78.

实现中国之治的现实需要。但由于地方治理辖区化，地方政府作为理性经济人在分享区域经济一体化红利的同时，又会在自己辖区内采取保护主义策略①。因此，地方政府一方面在中央的主导下愿意通过财政等方式积极参与区域合作事务，获得区域治理中的话语权，但另一方面又会尽量避免财政支出对区域其他省份的经济溢出，从而增强自身在政治锦标赛中的优势。

　　虽然近年来我国在地方官员考核体系中逐步增加了环境保护、社会稳定等方面的指标，但在"以经济建设为中心"的要求下②，地方政府仍会偏好能大幅促进当地经济短期增长且对周边地区不会产生正外部性的财政支出。陈瑞莲从区域公共管理的角度提出，诸如地区社会治安与犯罪问题、地方基础设施建设问题、区域环境污染问题等都会超越体制性的地理界线，变得越来越外部化和无界化③。而就经济建设而言，周黎安认为，由于晋升职位有限，晋升锦标赛具有赢家通吃和零和博弈的特征，这不仅使得地方官员更加注重本地区的经济增长，而且使得地方官员尽量避免本地区的经济增长给其他参与竞争的官员所在地区带来正的外部性④。张宇也提出，生产性财政支出所带来的经济增长效果具有更大的独享性特征，而以教育、卫生投入等为代表的保障性支出外部性较强，这就使得地方政府财政支出结构向生产性领域倾斜⑤。而方雷认为，虽然我国对地方政府的政绩考核指标逐步向绿色 GDP、注重公众福利等方向转变，但因为并没有将对邻近区域公众福利的影响作为绩效考核指标，因此跨区域合作治理的效率并不高⑥。倪永贵也认为，在政绩考核的驱使下，区域内地方政府谋求所辖行政区利益最大化，滋生地方保护主义，甚至还存在搭便车的不良心态，这使得地方政府进一步减少存在外部性的财政投入⑦。

　　2007—2019 年东部、中部、西部和东北部四类地区基本公共服务财政投入占一般公共预算支出比重平均值分别为 63.83%、61.84%、58.18%、

────────────

　　①　赵大全. 财政治理与区域治理 [J]. 财政科学，2020，49 (1)：84 - 92.
　　②　党的十九大报告明确提出，我国仍处于并将长期处于社会主义初级阶段的基本国情没有变，我国是世界最大发展中国家的国际地位没有变。全党要"以经济建设为中心，坚持四项基本原则，坚持改革开放，自力更生，艰苦创业，为把我国建设成为富强民主文明和谐美丽的社会主义现代化强国而奋斗"。
　　③　陈瑞莲. 论区域公共管理研究的缘起与发展 [J]. 政治学研究，2003 (4)：75 - 84.
　　④　周黎安. 中国地方官员的晋升锦标赛模式研究 [J]. 经济研究，2007，42 (7)：36 - 50.
　　⑤　张宇. 财政分权与政府财政支出结构偏异：中国政府为何偏好生产性支出 [J]. 南开经济研究，2013 (3)：35 - 50.
　　⑥　方雷. 地方政府间跨区域合作治理的行政制度供给 [J]. 理论探讨，2014 (1)：19 - 23.
　　⑦　倪永贵. 公共价值视域下区域合作治理：现实困境与有效策略 [J]. 现代经济探讨，2020 (12)：105 - 109.

62.06%（见图4-3），而同时期内，四类地区的财政自主度分别为71.41%、45.17%、34.03%、42.18%。由此可以发现，财政自主度较高的东部、中部和东北部地区用于基本公共服务的财政支出明显大于西部。此外，从各省份基本公共服务财政投入占一般公共预算支出比重的变异系数来看，2018年和2019年变异系数分别为9.75%和10.16%，明显高于2007年的8.53%。这说明，各省份基本公共服务的财政支出差异程度是有所上升的，马太效应愈加明显，即财政投入较多的省份近年来的投入不断增长，而财政投入较少的省份的投入则持续下降。除了2012年和2018年之外，各省份中基本公共服务财政投入占一般公共预算支出比重最大的是属于东部地区的天津，其中，2018年这一比重最大的是同属于东部地区的广东，2007—2019年广东的基本公共服务财政投入占一般公共预算支出比重年均增长率最大，为2.44%。2007—2019年西藏的基本公共服务财政投入占一般公共预算支出比重在各省份中最低，而同样作为西部地区的内蒙古和青海在2007—2019年这一比重的年均增长率为负值，分别为-0.14%和-0.06%。

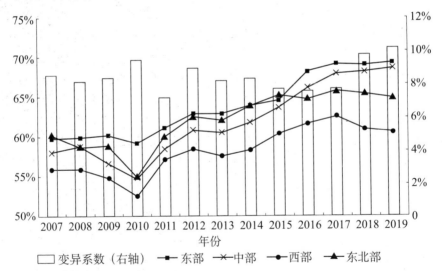

图4-3 2007—2019年四类地区基本公共服务财政投入占一般公共预算支出比重及其变异系数

资料来源：根据国家统计局数据计算得到。

注：东部地区包括北京、天津、河北、上海、浙江、江苏、广东、山东、福建、海南，中部地区包括安徽、山西、江西、河南、湖北和湖南，西部地区包括重庆、四川、内蒙古、广西、贵州、云南、西藏、陕西、甘肃、青海、宁夏、新疆，东北部地区包括辽宁、吉林和黑龙江。

此外，如表4-1所示，本节还研究了我国31个省、自治区和直辖市财政支出中跨区域民生性支出（教育、科学技术和文化体育与传媒支出），跨区域生产性支出（节能保护、交通运输、金融、粮油储备和国土资源气象支出），地区性民生性支出（社会保障和就业、医疗卫生、城乡社区事务、住房保障支出），地区性生产性支出（农林水事务、资源勘探、商业服务业支出）的空间相关性，以莫兰指数（Moran's I）表示，其值越大，空间正相关性越强，即该类财政支出的外部性越强。

表 4 - 1　我国财政支出的分类

	民生性	生产性
跨区域	教育、科学技术、文化体育与传媒	节能保护、交通运输、金融、粮油储备、国土资源气象
地区性	社会保障和就业、医疗卫生、城乡社区事务、住房保障	农林水事务、资源勘探、商业服务业

注：根据《财政部关于修订 2010 年政府收支分类科目的通知》，2010 年新增"住房保障支出"类级科目，包括 208 类"社会保障和就业"下 20 款"保障性住房支出"，212 类"城乡社区事务"下 04 款"城乡社区住宅"等，本节将"住房保障支出"归类为民生性支出。

从图 4 - 4 可以看出，从 2011 年到 2019 年，地方政府跨区域民生性财政支出莫兰指数的空间正相关性均能通过 5% 的显著性水平检验，而地方性民生性财政支出莫兰指数仅在 2014、2015 年表现出一定的正相关性，并且显著小于前者，这说明跨区域民生性财政支出的外部性确实比地方性民生性财政支出更强一些。同理，由于地方性生产性财政支出在 2010—2015 年不能表现出显著的正相关性，并且各个年份的莫兰指数都明显小于跨区域生产性财政支出，因此后者的外部性要强于前者。

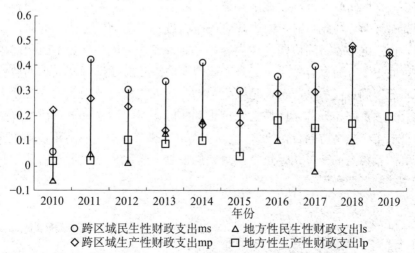

图 4 - 4　2010—2019 年 4 类财政支出的全局莫兰指数

4.2　京津冀中央和地方供给主体间的事权与支出责任

2014 年 2 月 26 日，习近平总书记在北京主持召开座谈会，专题听取京津冀协同发展工作汇报，强调实现京津冀协同发展，是面向未来打造新的首都经济圈、推进区域发展体制机制创新的需要，是探索完善城市群布局和形态、为优化开发区域发展提供示范和样板的需要，是探索生态文明建设有效路径、促进人口经济资源环境相协调的需要，是实现京津冀优势互补、促进环渤海经济区发展、带动北方腹地发展的需要，是一个重大国家战略。中共中央政治局 2015 年 4 月 30 日召开会议，审议通过《京津冀协同发展规划纲要》。纲要指出，推动京津冀协同发展是一个重大国家战略，核心是有序疏解北京非首都功能，要在京津冀交通一体化、生态环境保护、产业升级转移等重点领域率先取得突破。2018 年 11 月，中共中央、国务院明确要求以疏解北京非首都功能为"牛鼻子"推动京津冀协同发展，调整区域经济结构和空间结构，推动河北雄安新区和北京城市副中心建设，探索超大城市、特大城市等人口经济密集地区有序疏解功能、有效治理"大城市病"的优化开发模式[①]。

京津冀地区经济社会发展不平衡，区域协同发展深入推进尚存在一定难度。为此，中央政府应充分发挥统领功能，进一步加强和优化顶层制度设计，打破不同地区间政策屏障、调配经济社会发展资源等，保障区域间利益分配实现相对均衡。与此同时，中央政府还应当进一步明确地方政府间协同发展之责，框定地方政府间协同合作内容，并通过建立区域公平竞争机制打破当前地区间不平等的竞合关系。此外，还需要中央政府厘清和完善纵向政府间的职责分工和责任关系，重点是细化中央与地方在事权范围和财政支出方面的责任关系，并充分考虑区域合理诉求和实际困难，力求降低京津冀地区协同发展成本，提高协同合作效率[②]。从参与方式来看，中央政府可以通过直接参与和间接参与两种方式促进京津冀协同发展，这两种方式分别对应项目投资与间接补助两种渠道。

---

① 2018 年 11 月 18 日，《中共中央 国务院关于建立更加有效的区域协调发展新机制的意见》印发。

② 陈纪，王智睿. 统筹推动京津冀协同发展 [EB/OL]. (2020 - 07 - 31) [2022 - 12 - 20]. ht-tp: //theory. people. cn/GB/n1/2020/0731/c40531 - 31804708. html.

4.2.1　固定资产投资领域的变化

2017 年，党的十九大提出我国社会主要矛盾已经转化为人民日益增长的美好生活需要和不平衡不充分的发展之间的矛盾。社会主要矛盾的转化反映了经济发展的阶段性，过去强调物质生产，以经济增长数量和速度为目标，当下以新发展理念为指导，强调经济发展的绿色和可持续性，强调能够提供更丰富多样的高品质的产品以满足人民日益增长的美好生活需要。固定资产投资作为促进经济增长的重要方式，能够从创新、协调、绿色、开放、共享等维度对经济增长质量产生影响。而公共部门固定资产投资可通过完善公共基础设施和公益性设施，以正向外部性、引致性、导向性带动区域间生产调整，进而为促进地区经济良好发展奠定基础。

公共部门固定资产投资能促进产业结构的协调和城乡关系的协调。公共部门固定资产投资可以完善交通基础设施、信息技术服务业、教育、科研等行业的硬性设施建设，其提供的公共产品的外部性会促进城乡缩小区域发展差距。如农村地区水电路的顺畅供应，能够拓展潜在的消费市场，增强农村地区的消费能力，带动地区经济发展。公共部门固定资产投资能增加公共产品（特别是基础设施）的供给增加，会引致其他项目的发展，进而优化地区产业结构。因此，公共部门固定资产投资可以完善基础设施，通过外部性和引致性增强经济发展的协调性。

2021 年 6 月，国家发展和改革委员会下达京津冀协同发展专项 2021 年第一批中央预算内投资 17 亿元，紧紧围绕支撑服务北京非首都功能疏解，重点支持有助于提升雄安新区承接能力的再生水厂、供水厂水源配套项目，以及有助于实现雄安新区高铁站和启动区等区域快速通达的市政道路等项目建设；同时，对北京市通州区与河北省北三县一体化发展、张家口首都水源涵养功能区和生态环境支撑区项目建设也给予支持。11 月，国家发展和改革委员会下达京津冀协同发展专项 2021 年第二批中央预算内投资约 18 亿元，紧紧围绕支撑和服务北京非首都功能疏解，重点支持为疏解项目落地提供支撑保障的雄安新区配套设施项目建设，并对北京市通州区与河北省北三县一体化发展、张家口首都水源涵养功能区和生态环境支撑区建设、省市交界地区"断头路"等项目也给予支持。2022 年 5 月，国家发展和改革委员会下达京津冀协同发展专项 2022 年第一批中央预算内投资 15.70 亿元，紧紧围绕支撑服务北京非首都功能疏解，支持雄安新区启动区、容东片区交通运输通道项目和综合管廊工程，以及为疏解项目落地加强公共服务配套保障的项目建设。

如图 4-5 所示，2007—2020 年京津冀三地项目投资规模和年均增长率都要高于中央政府的项目投资。但从每年增速的情况来看，2009—2018 年京津冀三地项目投资增速持续下降，即使在 2015 年之后也没有表现出明显的上升趋势。相对地，2014—2018 年中央政府的项目投资增速整体呈现出提高的趋势。

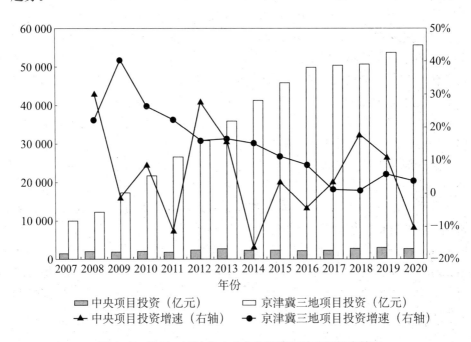

图 4-5　2007—2020 年中央与京津冀三地项目投资情况

资料来源：历年《中国固定资产投资年鉴》和《中国投资领域统计年鉴》。

如表 4-2 所示，总体上京津冀三地获得的中央项目投资占当地项目投资的比重非常接近，但是变化趋势有所不同。除了河北省较为稳定之外，北京市获得的中央项目投资占当地项目投资的比重从 2007—2015 年整体呈现下降趋势，而 2015 年以后虽然有所回升，但是也低于 2007 年的水平。

表 4-2　2007—2020 年中央项目投资与京津冀三地项目投资的比重

年份	北京市获得的中央项目投资占当地项目投资的比重	天津市获得的中央项目投资占当地项目投资的比重	河北省获得的中央项目投资占当地项目投资的比重
2007	40.02%	29.95%	30.03%
2008	34.50%	34.38%	31.13%
2009	24.12%	47.31%	28.57%

续表

年份	北京市获得的中央项目投资占当地项目投资的比重	天津市获得的中央项目投资占当地项目投资的比重	河北省获得的中央项目投资占当地项目投资的比重
2010	29.06%	37.25%	33.69%
2011	31.02%	28.19%	40.79%
2012	37.24%	26.41%	36.36%
2013	33.71%	24.55%	41.74%
2014	32.60%	30.49%	36.91%
2015	33.17%	26.95%	39.88%
2016	37.83%	24.17%	38.00%
2017	37.63%	26.70%	35.67%
2018	37.52%	27.07%	35.41%
2019	30.49%	35.27%	34.24%
2020	24.49%	43.61%	31.89%

资料来源：历年《中国固定资产投资年鉴》和《中国投资领域统计年鉴》。

4.2.2　基本公共服务领域的变化

　　优化公共服务资源配置，提高公共服务资源的使用效率和供给水平，是地方乃至中央政府的重要职责，对区域经济社会发展至关重要。一般来说，中央转移支付是因中央和地方财政之间的纵向不平衡和各区域之间的横向不平衡而产生和发展的，是国家为了实现区域间各项社会经济事业的协调发展而采取的财政政策。它是最主要的区域补偿政策，也是世界上缩小区域经济发展差距实践中一种最普遍使用的政策工具。1994 年实行分税制财政管理体制改革后，我国为了解决地区收支均衡的问题，确保不同收入水平的公民能获得均等的教育、卫生防疫以及环保等公共服务，开始试行财政转移支付制度。操作方法是中央政府向地方政府、地方上级政府向下级政府无偿划拨资金，有时各地财政之间也发生少量的横向转移支付。目前中央政府对地方政府的转移支付方式有 6 种，即税收返还、原体制补助、专项补助、过渡期转移支付补助、各项结算补助和其他补助。转移支付在结构上分为一般转移支付（无条件拨款）和专项转移支付（有条件拨款）2 类。一般转移支付主要体现为中央政府对地方政府的财力补助，地方政府可以自主安排支出，旨在增强地方财政实力，解决中央政府与地方政府财力分配纵向不平衡问题。这包括税收返还、原体制补助以及 1995 年开始实施的过渡期转移支付补助等。专项转移支付则主要服务于中央政府的特定政策目标，地方政府应当按照中央政府规定的用途使用资金，包括中央政府对地方政府在工资、社会保障、环保、抗灾救灾、扶贫帮困等方面的转移支付。

　　如图 4-6 所示，2007—2020 年京津冀基本公共服务支出规模和增长率呈现逐年增长的趋势，同时，中央对京津冀三地的补助也有一定的增加，但年均增长率则稍低。但是从 2015 年《京津冀协同发展规划纲要》颁布前后的增速来看，中央政府对京津冀协同发展的支持力度显著提高。2007—2014 年，京津冀基本公共服务支出和中央补助年均增长率分别为 19.25% 和 14.99%，中央补助/京津冀基本公共服务支出的比值也由 2007 年的 51.23% 下降至 2014 年的 39.72%。相对而言，2015—2020 年，京津冀基本公共服务支出和中央补助年均增长率分别为 30.63% 和 35.84% 中央补助/京津冀基本公共服务支出的比值也提高至 2020 年的 30.9%。这说明，随着京津冀协同发展进程的不断推进，中央政府作为基本公共服务供给主体之一，承担了越来越多的财政事权与支出责任。

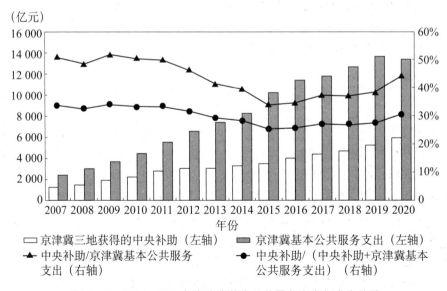

图 4-6　2007—2020 年京津冀基本公共服务支出与中央补助

资料来源：EPS 统计数据库。

　　根据表 4-3，河北省获得的中央补助规模最大，甚至超过京津两地的总和。其中，2015 年中央政府对河北省的补助规模为 2 488.42 亿元，是北京

市、天津市两地获得补助规模的 2.48 倍。从增速上看，2007—2020 年京津冀
三地获得的中央补助年均增长率分别为 13.21%、11.00% 和 14.45%。另外，
从中央补助与当地基本公共服务支出的比值来看，河北省远大于北京市、天
津市两地，这与京津冀三地的财政自主度是相对应的。但是从变化趋势上看，
河北省的中央补助与当地基本公共服务支出的比值整体上呈现出下降的趋势，
而财政压力相对较小的北京市、天津市两地，则都从 2016 年开始呈现出稳步
上升的趋势。

表 4-3　2007—2020 年中央补助与京津冀三地基本公共服务支出

年份	北京市获得的中央补助		天津市获得的中央补助		河北省获得的中央补助		北京市：中央补助/基本公共服务支出	天津市：中央补助/基本公共服务支出	河北省：中央补助/基本公共服务支出
	规模（亿元）	增速	规模（亿元）	增速	规模（亿元）	增速			
2007	248.94	10.68%	203.18	14.40%	779.90	22.15%	23.57%	42.64%	89.45%
2008	275.52	33.46%	232.44	21.16%	952.67	32.58%	22.22%	38.88%	81.78%
2009	367.72	32.04%	281.63	21.23%	1 263.02	11.50%	24.02%	37.78%	90.16%
2010	485.53	4.21%	341.42	23.96%	1 408.31	30.19%	27.70%	34.89%	82.97%
2011	505.99	12.34%	423.22	−1.18%	1 833.48	12.29%	24.36%	32.81%	85.15%
2012	568.41	−7.36%	418.24	1.66%	2 058.85	2.86%	22.95%	27.01%	81.14%
2013	526.55	1.38%	425.2	4.15%	2 117.78	8.62%	19.02%	22.74%	77.27%
2014	533.81	−1.32%	442.83	7.26%	2 300.43	8.17%	16.96%	20.78%	77.41%
2015	526.74	40.22%	474.99	12.87%	2 488.42	8.71%	12.77%	19.88%	67.60%
2016	738.60	24.60%	536.14	10.51%	2 705.09	6.98%	15.88%	19.34%	67.29%
2017	920.28	0.00%	592.48	1.90%	2 893.92	10.57%	18.91%	23.56%	66.04%
2018	920.28	22.96%	603.75	10.95%	3 199.75	8.21%	17.31%	26.68%	62.37%
2019	1 131.61	1.11%	669.84	10.68%	3 462.48	17.28%	21.04%	24.71%	62.27%
2020	1 144.18	10.68%	741.38	14.40%	4 060.79	22.15%	22.02%	34.20%	67.07%

资料来源：EPS 数据库。

4.3 京津冀区域间分工与协同发展

4.3.1 功能定位与区域分工

京津冀地区是华北地区重要的经济增长极，区域协调发展问题一直以来都备受关注，近年来政府颁布了大量政策以推动区域协调发展。2015 年《京津冀协同发展规划纲要》对京津冀三省市的目标定位作了明确的规定，并提出实现三地间共享公共服务的发展成果是区域协调发展的最终目标。党的十九大也提出要以疏解北京非首都功能为"牛鼻子"，津冀两地做好承接工作，缩小公共服务方面存在的某些"断崖式"的差距，减轻首都虹吸效应的影响，补齐三地间教育、医疗等公共服务短板，以高标准、高规划的要求建设雄安新区，提升河北优质资源要素吸引力，推动公共服务共享共建发展。2018 年《推进京津冀协同发展 2018—2020 年行动计划》提出，到 2020 年京津冀地区要高质量地实现协调发展的中期目标，区域间公共服务差距逐渐缩小，共建共享发展取得积极成效。近年来，京津冀地区基本公共服务的均等化发展水平逐渐提高，与经济发展的协同性也逐渐增强，但河北省依旧处于队列的末端，减缓了区域协同发展的脚步[①]。

从区域经济学的角度看，京津两大城市的快速发展，形成了对周边地区人才、资金、项目等的虹吸效应，从而造成河北省的基本公共服务发展缺乏足够的支撑。其中，最明显的表现是城镇体系不合理。目前，京津冀城市群中超大城市资源高度集聚，中小城市发展不足，存在明显的极化效应。京津冀城市群中 35 个城市人口规模悬殊，人口在 100 万以上的大城市共 8 个，人口为 50～100 万的中等城市有 3 个，人口在 50 万以下的小城市达 24 个，不同规模的城市数量分布呈哑铃形。中小城市的基本公共服务供给是形成区域一体化基本公共服务梯度体系的重要一环，而京津冀大城市发展的虹吸效应使得中小城市基本公共服务建设缺乏支撑，因此导致了该地区基本公共服务供给能力的差异化发展。

城市地理学研究表明，城市基础设施和基本公共服务设施水平是与城市发展阶段相关的，尤其是与城市化发展水平密切相关。城市化的不断加快往

---

① 刘璐. 京津冀地区基本公共服务与经济发展协调关系研究 [D]. 石家庄：河北师范大学，2019.

往伴随着城市基础设施和基本公共服务设施水平的提高。从京津冀来看，三地的城市发展阶段的不同决定了其基本公共服务水平的差异。目前，北京市已经发展到了以服务业为主的阶段，2019年人口城镇化率达到87.35%，而天津市则处于工业化转型升级的中后期，第二产业仍占主导地位，2019年城镇化率达到84.33%，河北省则还处于工业化中期，甚至部分地区还在工业化初期，第二产业占主导且产业类型发展粗放，2019年城镇化率仅为58.77%。城镇化发展速度的差异造成京津冀地区的社会呈现出由城镇户籍人口、常住外来人口、乡村留守人口组成的三元结构，其中，常住外来人口和留守人口的分布决定了三地政府在市场、行为、利益诉求、技术等方面的发展理念不同，进而决定了其基本公共服务发展理念不同。

推动京津冀协同发展的指导思想是，以有序疏解北京非首都功能、解决北京"大城市病"为基本出发点，坚持问题导向，坚持重点突破，坚持改革创新，立足各自比较优势、立足现代产业分工要求、立足区域优势互补原则、立足合作共赢理念，以资源环境承载能力为基础、以京津冀城市群建设为载体、以优化区域分工和产业布局为重点、以资源要素空间统筹规划利用为主线、以构建长效体制机制为抓手，着力调整优化经济结构和空间结构，着力构建现代化交通网络系统，着力扩大环境容量和生态空间，着力推进产业升级转移，着力推动基本公共服务共建共享，着力加快市场一体化进程，加快打造现代化新型首都圈，努力形成京津冀目标同向、措施一体、优势互补、互利共赢的协同发展新格局，打造中国经济发展新的支撑带。

功能定位是科学推动京津冀协同发展的重要前提和基本遵循。京津冀整体定位是"以首都为核心的世界级城市群、区域整体协同发展改革引领区、全国创新驱动经济增长新引擎、生态修复环境改善示范区"。三省市定位分别为，北京市"全国政治中心、文化中心、国际交往中心、科技创新中心"，天津市"全国先进制造研发基地、北方国际航运核心区、金融创新运营示范区、改革开放先行区"，河北省"全国现代商贸物流重要基地、产业转型升级试验区、新型城镇化与城乡统筹示范区、京津冀生态环境支撑区"。区域整体定位体现了三省市"一盘棋"的思想，突出了功能互补、错位发展、相辅相成。三省市定位服从和服务于区域整体定位，增强整体性，符合京津冀协同发展的战略需要①。具体而言，要以"一核、双城、三轴、四区、多节点"为骨架，推动有序疏解北京非首都功能，构建以重要城市为支点，以战略性功能

---

① 2015年7月24日，中共中央政治局常委、国务院副总理张高丽主持召开京津冀协同发展工作推动会议，就贯彻落实《京津冀协同发展规划纲要》提出明确要求、作出安排部署。

区平台为载体，以交通干线、生态廊道为纽带的网络型空间格局。

"一核"即指北京。把有序疏解北京非首都功能、优化提升首都核心功能、解决北京"大城市病"问题作为京津冀协同发展的首要任务。北京 GDP 占区域 GDP 比重不断提高，由 2014 年的 32.09% 上升为 2019 年的 41.82%。

"双城"是指北京、天津，这是京津冀协同发展的主要引擎，要进一步强化京津联动，全方位拓展合作广度和深度，加快实现同城化发展，共同发挥高端引领和辐射带动作用。京津两市 GDP 占区域 GDP 比重从 2014 年的 55.74% 上升到 2019 年的 58.50%。

"三轴"指的是京津、京保石、京唐秦三个产业发展带和城镇聚集轴，这是支撑京津冀协同发展的主体框架。京津、京保石、京唐秦是京津冀区域的主要通道，是区域主要的产业发展带和城镇集聚轴，产业要素的轴向集聚作用显著。京津发展轴沿线主要城市北京、廊坊、天津经济发展速度快，"京津冀大数据走廊"建设步伐加快，科研成果转化优势突出。京保石发展轴沿线主要城市保定、石家庄、邢台、邯郸等的制造业转型升级成效显著。京唐秦发展轴沿线的天津市宝坻区、唐山、秦皇岛等地的产业对接协作工作不断深入[①]。

"四区"分别是中部核心功能区、东部滨海发展区、南部功能拓展区和西北部生态涵养区，每个功能区都有明确的空间范围和发展重点。中部核心功能区是引领京津冀协同发展的核心区域，京津保地区率先开展联动发展，廊坊、保定两市合理承接产业迁移疏解，经济总量不断扩大。东部滨海发展区在强化港口群建设、加强港城联动的基础上，重点发展战略性新兴产业、先进制造业和生产性服务业，发展势头强劲。南部功能拓展区重点承担农副产品供给、科技成果产业化和高新技术产业发展功能，经济实力不断增强。西北部生态涵养发展区充分发挥生态保障、水源涵养、旅游休闲、绿色产品供给功能，促进了区域社会经济的发展。

"多节点"包括石家庄、唐山、保定、邯郸等区域性中心城市和张家口、承德、廊坊、秦皇岛、沧州、邢台、衡水等节点城市，重点是提高其城市综合承载能力和服务能力，有序推动产业和人口聚集。同时，立足于三省市比较优势和现有基础，加快形成定位清晰、分工合理、功能完善、生态宜居的现代城镇体系，走出一条绿色低碳智能的新型城镇化道路。

自《京津冀协同发展规划纲要》颁布以来，北京市 13 个区与河北省张家

---

① 冯长春，赵鹏军. 2022 京津冀协同发展报告：区域协同治理［M］. 北京：科学出版社，2022.

口、承德、保定 16 个县（区），天津市 5 个区与河北省承德市 5 个县建立了
"一对一"对口帮扶关系。对于基本公共服务协同发展而言，京津冀三省市已
在社会保障、医疗卫生、教育合作等方面进行了有益的探索和实践，积极推
进了京津冀基本公共服务共建共享。

截至 2022 年 6 月，北京市疏解退出一般制造业企业近 2 000 家、疏解提
升区域性市场和物流中心 640 个。北京市也不断优化基本公共服务资源布局，
北京电影学院、中央民族大学、北京信息科技大学等高校新校区启用，核心
区三级医院床位累计疏解 2 200 余张，2021 年核心区三级医院外地患者较
2019 年同期减少约 186 万人次，城乡建设用地连续减量约 110 平方公里，全
市常住人口、城六区常住人口同样连续下降。

此外，环首都"一小时交通圈"逐步扩大。2021 年北京企业对"通勤圈"
投资次数是 2015 年的 2.40 倍，"通勤圈"作为北京产业发展腹地的作用显
现。2021 年北京企业对"功能圈""产业圈"投资次数分别是 2015 年的 2.20
倍、2.10 倍。2021 年，现代化首都都市圈三个圈层实现地区生产总值 3.90
万亿元，占京津冀地区生产总值的比重超过 40%。河北省积极对接京津服务
京津，率先打通一批"瓶颈路""断头路"，深入实施"6643"工程，加快禁
煤区建设①。

具体的表现包括：

（1）协同推进区域环境生态治理持续改善。京津冀 PM2.5 平均浓度 2016
年比 2013 年下降了 33%，"4＋N"产业合作格局加快构建。同时，全面创新
改革试验深入开展，北京市向津冀输出技术合同成交额年均增长率超过 30%，
基本公共服务共建共享初见成效，京津两市助力河北张承保地区脱贫攻坚扎
实推进。

（2）医疗卫生协作紧密。北京市与河北省就燕达医院合作项目签署协议，
以合作办医和专科扶植的方式，由首都医科大学附属北京朝阳医院对河北燕
达医院医疗管理和学科建设进行整体支持，共同探索解决医师异地执业、医
保结算等难题。京津冀三省市共同设立 43 个区域医疗联合体，230 多家医院
开展检验检查结果互认共享。北京市 12 家医院分别与河北省张家口、保定等
市的医院开展对口合作，接诊超过 1 万人次。43 项临床检验结果在京津冀
485 家医疗机构实现互认，21 项医学影像检查资料在三省市 239 家医疗机构
试行共享。京津冀 4 800 余家定点医疗机构实现跨省异地就医住院费用直接结

① 方素菊. 协同发展扎实推进 发展动能继续积聚 京津冀区域经济总体开局平稳［N/OL］. 河北日
报，2022-06-20.［2022-12-23］. http://hebei. hebnews. cn/2022-06/20/content_8817600. htm.

算，5 400 余家定点医疗机构实现异地就医门诊费用直接结算。

（3）教育合作不断加深。推动北京市优质基本公共服务资源向天津市、河北省布局，成立 15 个跨区域特色职教集团（联盟），开展教育协同帮扶项目。河北省 6 所交通职业学校被纳入北京交通职教集团，破除了京津冀交通人才培养的地域限制，成立了京津冀卫生职业教育协同发展联盟。同时，成立了 12 个高校创新发展联盟，组建了 9 个跨区域特色职教集团，开展教育资源共享和人才联合培养。教师互派培养项目大力实施，京津两市高水平中小学校与河北省开展跨区域合作办学。

（4）养老保险加快对接。京津冀三省市均出台了本地养老保险跨区域转移接续办法实施细则，发行了符合全国统一标准的社会保障卡，为实现区域间社会保障卡一卡通奠定了基础。目前三省市基本实现了城乡居民养老保险制度名称、政策标准、经办服务、信息系统"四统一"。

（5）文化旅游协同推进。京津冀不仅通过推进旅游"一本书、一张图、一张网"合作项目，成功举办京津冀旅游投融资项目推介会，而且还加快推进旅游"一张图、一张网、一张卡"，正式开通京津冀多条旅游直通线路。

（6）区域营商环境持续优化。京津冀三地及雄安新区实现互设"跨省通办"窗口，京津冀"一网通办"专区新增区域服务事项 55 项。三地税务部门联合制定 19 项跨区域协同便利化举措，共同发布京津冀办税事项"最多跑一次"清单①。

4.3.2　京津冀基本公共服务协同发展变化

参照韩冬的研究，本节使用京津冀三地人均基本公共服务财政支出变异系数衡量区域间的协同发展变化情况。从绝对规模看，北京市、河北省和天津市三地的基本公共服务支出依次递减，其中北京市基本公共服务支出占比较为稳定，而河北省在 2015 年以后基本公共服务支出占比也逐年递增。从图 4-7 所示的京津冀区域间人均基本公共服务支出变异系数来看，该系数 2007—2011 年呈现逐年递减的趋势，随后在 2012—2016 年期间有小幅提高，而在此之后又开始下降。这说明，京津冀三地的人均基本公共服务支出差异先减小、后增大、再减小，协同发展程度整体而言在上升。

---

① 北京市发展和改革委员会．我们这五年｜三地同心 京津冀协同发展累累硕果［EB/OL］.
（2022－06－15）［2022－12－25］．http：//www.beijing.gov.cn/ywdt/gzdt/202206/t20220615_
2740469.html.

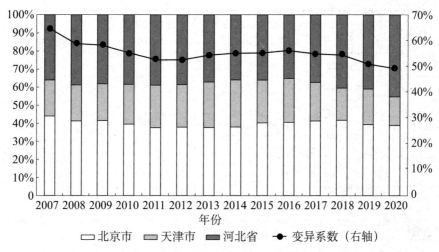

图 4 - 7　2007—2020 年京津冀区域间人均基本公共服务支出变异系数

资料来源：EPS 数据库。

　　不过，京津冀区域间各领域人均基本公共服务支出变异系数情况并不一致。就表 4 - 4 所示的京津冀三地公共安全支出占比而言，2007—2020 年北京市、天津市和河北省三地占比平均值分别为 42.84%、19.39% 和 37.77%，而 2015—2020 年分别为 43.61%、19.51% 和 36.88%。因此，《京津冀协同发展规划纲要》颁布前后，三地对该项基本公共服务的投入变化不大。但是，考虑到人口因素后，人均公共安全支出变异系数在 2007—2016 年总体呈下降趋势，随后显著提高。这表明，就公共安全协同发展而言，三地的差异不减反增。

表 4 - 4　2007—2020 年京津冀三地公共安全支出占比及人均公共安全支出变异系数

年份	北京市公共安全支出占比	天津市公共安全支出占比	河北省公共安全支出占比	人均公共安全支出变异系数
2007	45.11%	18.17%	36.72%	66.89%
2008	44.19%	18.14%	37.67%	64.13%
2009	41.80%	19.04%	39.16%	58.53%
2010	40.94%	19.22%	39.84%	56.21%
2011	42.05%	19.31%	38.64%	57.42%
2012	41.13%	19.43%	39.44%	55.17%
2013	40.93%	20.19%	38.88%	54.42%

续表

年份	北京市公共安全支出占比	天津市公共安全支出占比	河北省公共安全支出占比	人均公共安全支出变异系数
2014	41.92％	20.87％	37.20％	55.77％
2015	41.81％	20.64％	37.54％	55.36％
2016	41.11％	20.33％	38.56％	54.08％
2017	44.87％	19.89％	35.24％	60.25％
2018	43.93％	20.12％	35.94％	58.57％
2019	45.57％	17.98％	36.45％	61.71％
2020	44.35％	18.08％	37.56％	59.62％

资料来源：EPS 数据库。

如表 4-5 所示，2007—2020 年京津冀的人均教育支出变异系数整体上小于人均公共安全支出变异系数，而且除了 2013 年、2014 年和 2019 年三地差异有所上升之外，其余年份都在减少并在 2015 年之后保持相对稳定，说明京津冀区域间教育资源差距并未进一步扩大，协同发展政策收到了一定的成效。但是，从三地教育支出占比来看，北京市 2007—2020 年一直都比较稳定，而天津市从 2014 年开始持续下降，2020 年仅为 13.94％，河北省情况正好相反，2014 年后逐年提高，2020 年教育支出占比为 50.24％。

表 4-5　2007—2020 年京津冀三地教育支出占比及人均教育支出变异系数

年份	北京市教育支出占比	天津市教育支出占比	河北市教育支出占比	人均教育支出变异系数
2007	40.07％	16.76％	43.17％	58.75％
2008	37.88％	16.97％	45.15％	53.01％
2009	37.37％	17.74％	44.89％	50.51％
2010	37.70％	19.22％	43.07％	50.51％
2011	35.27％	20.50％	44.23％	46.43％
2012	33.56％	20.22％	46.21％	42.57％
2013	34.40％	23.30％	42.30％	47.47％
2014	34.87％	24.30％	40.83％	49.25％
2015	35.59％	21.11％	43.30％	45.48％
2016	35.15％	19.90％	44.95％	43.49％

续表

年份	北京市教育支出占比	天津市教育支出占比	河北市教育支出占比	人均教育支出变异系数
2017	36.05%	16.24%	47.71%	43.59%
2018	35.87%	15.67%	48.46%	43.12%
2019	36.19%	14.88%	48.92%	44.32%
2020	35.82%	13.94%	50.24%	44.30%

资料来源：EPS 数据库。

　　习近平总书记强调，创新驱动本质上是人才驱动，要坚持发展是第一要务、创新是第一动力、人才是第一资源，各级教育、科技、工信和人社等部门要充分发挥职能作用，共同抓好人才工作各项任务落实①。但是如表 4-6 所示，2007—2020 年京津冀三地人均科技支出变异系数远远超过人均公共安全支出变异系数和人均教育支出变异系数，而且 2016 年后三地间科技支出占地进一步表现出差异扩大的变化趋势。究其原因，2007—2020 年和 2015—2020 年北京市科技支出占比平均值分别为 65.98% 和 65.32%，河北省分别仅为 13.15% 和 13.47%。特别地，北京市科技支出占比由 2016 年的 59.03% 提高至 2020 年的 65.14%，河北省小幅上升，而天津市则从 2016 年的 25.85% 大幅下降至 2020 年的 18.73%。京津冀三地科技支出占比的变化，反映出三地科技协同发展程度并未得到显著提高。

表 4-6　2007—2020 年京津冀三地科技支出占比及人均科技支出变异系数

年份	北京市科技支出占比	天津市科技支出占比	河北省科技支出占比	人均科技支出变异系数
2007	69.54%	17.12%	13.34%	102.72%
2008	69.04%	17.63%	13.33%	100.94%
2009	67.64%	18.21%	14.15%	97.89%
2010	71.05%	17.17%	11.77%	103.38%
2011	66.22%	21.76%	12.02%	92.10%
2012	62.26%	23.81%	13.93%	85.70%
2013	62.21%	24.60%	13.19%	85.16%

---

①　习近平. 深入实施新时代人才强国战略 加快建设世界重要人才中心和创新高地 [EB/OL].
(2021 - 12 - 15) [2023 - 02 - 03]. http://www.qstheory.cn/dukan/qs/2021 - 12/15/c_1128161060.htm.

续表

年份	北京市科技支出占比	天津市科技支出占比	河北省科技支出占比	人均科技支出变异系数
2014	63.81%	24.60%	11.58%	86.79%
2015	63.38%	26.61%	10.02%	85.62%
2016	59.03%	25.85%	15.12%	80.54%
2017	66.16%	21.21%	12.63%	91.04%
2018	69.86%	17.50%	12.64%	99.11%
2019	68.36%	17.34%	14.30%	97.46%
2020	65.14%	18.73%	16.13%	91.61%

资料来源：EPS 数据库。

就表 4-7 所示的京津冀三地文化体育与传媒支出占比而言，2007—2020年北京市、天津市和河北省三地文化体育与传媒支出占比平均值分别为 56.79%、15.04% 和 28.17%，而 2015—2020 年分别为 57.00%、13.08% 和 29.92%。其中，北京市文化体育与传媒支出占比相对比较稳定，天津市从 2016 年开始逐年下降，而河北省则从 2016 年的 25.52% 提高至 2020 年的 38.72%。从人均文化体育与传媒支出变异系数的变化趋势看，2017 年开始该系数显著增加，表明京津冀三地在文化体育与传媒方面的基本公共服务并未实现有效且稳定的协同发展。

表 4-7　2007—2020 年京津冀三地文化体育与传媒支出占比
及人均文化体育与传媒支出变异系数

年份	北京市文化体育与传媒支出占比	天津市文化体育与传媒支出占比	河北省文化体育与传媒支出占比	人均文化体育与传媒支出变异系数
2007	59.36%	17.67%	22.98%	88.95%
2008	56.52%	16.66%	26.82%	85.35%
2009	56.38%	14.94%	28.68%	86.58%
2010	56.39%	17.25%	26.36%	83.08%
2011	52.03%	17.80%	30.17%	75.16%
2012	59.77%	15.16%	25.07%	90.21%
2013	56.89%	16.37%	26.74%	83.73%
2014	55.67%	16.26%	28.07%	81.33%

续表

年份	北京市文化体育与传媒支出占比	天津市文化体育与传媒支出占比	河北省文化体育与传媒支出占比	人均文化体育与传媒支出变异系数
2015	57.37%	15.74%	26.89%	84.62%
2016	57.82%	16.66%	25.52%	84.19%
2017	56.46%	15.66%	27.88%	82.65%
2018	59.35%	12.80%	27.85%	91.27%
2019	57.74%	9.59%	32.66%	95.73%
2020	53.24%	8.04%	38.72%	92.40%

资料来源：EPS 数据库。

习近平总书记指出，社会保障是保障和改善民生、维护社会公平、增进人民福祉的基本制度保障，是促进经济社会发展、实现广大人民群众共享改革发展成果的重要制度安排，发挥着民生保障安全网、收入分配调节器、经济运行减震器的作用，是治国安邦的大问题[1]。如表 4-8 所示，2007—2020 年京津冀三地社会保障和就业支出占比平均值分别为 36.60%、18.53% 和 44.88%，而 2015—2020 年分别为 36.08%、19.27% 和 44.65%。相对而言，河北省和天津市的社会保障和就业支出占比在 2017 年以后小幅增加。另外，京津冀人均社会保障和就业支出变异系数在 2015 年以前较为稳定，从 2015 年开始逐渐下降，表明社会保障和就业基本公共服务的协同发展得到了明显加强。

表 4-8　2007—2020 年京津冀三地社会保障和就业支出占比
及人均社会保障和就业支出变异系数

年份	北京市社会保障和就业支出占比	天津市社会保障和就业支出占比	河北省社会保障和就业支出占比	人均社会保障和就业支出变异系数
2007	37.43%	16.61%	45.96%	53.78%
2008	35.70%	18.03%	46.28%	48.87%
2009	35.09%	17.36%	47.55%	46.04%
2010	35.72%	17.83%	46.45%	46.34%
2011	37.38%	17.73%	44.89%	48.69%

---

[1] 习近平. 促进我国社会保障事业高质量发展、可持续发展 [EB/OL]. (2022-04-21) [2023-02-20]. http://www.qstheory.cn/zhuanqu/2022-04/21/c_1128580887.htm.

续表

年份	北京市社会保障和就业支出占比	天津市社会保障和就业支出占比	河北省社会保障和就业支出占比	人均社会保障和就业支出变异系数
2012	38.73%	18.36%	42.91%	50.64%
2013	38.23%	18.69%	43.08%	49.15%
2014	37.59%	19.17%	43.25%	47.49%
2015	39.38%	17.69%	42.93%	50.47%
2016	37.04%	19.55%	43.41%	46.56%
2017	35.64%	20.59%	43.77%	45.34%
2018	33.71%	20.39%	45.90%	42.45%
2019	35.36%	20.02%	44.62%	44.60%
2020	35.34%	17.37%	47.29%	42.52%

资料来源：EPS 数据库。

如表 4-9 所示，天津市在京津冀三地中的医疗卫生支出占比最低，2016年以后还表现出下降的趋势。2007—2015 年北京市医疗卫生支出占比由51.68%下降至33.66%，之后逐年回升。而河北省则在 2007—2020 年整体保持增长的趋势。特别地，从 2009 年开始，河北省的医疗卫生支出占比超过了北京市。2007—2015 年人均医疗卫生支出变异系数下降幅度最大，由81.99%下降至38.89%，说明这一时期三地的医疗卫生支出差异不断变小，而之后该变异系数出现了逐年上升的趋势。

表 4-9　2007—2020 年京津冀三地医疗卫生支出占比及人均医疗卫生支出变异系数

年份	北京市医疗卫生支出占比	天津市医疗卫生支出占比	河北省医疗卫生支出占比	人均医疗卫生支出变异系数
2007	51.68%	14.38%	33.94%	81.99%
2008	47.22%	13.64%	39.14%	74.21%
2009	42.13%	13.71%	44.16%	62.89%
2010	37.94%	14.23%	47.83%	52.41%
2011	36.44%	14.63%	48.93%	47.79%
2012	37.37%	15.46%	47.17%	48.53%
2013	35.14%	16.41%	48.45%	42.59%
2014	34.64%	17.34%	48.02%	40.92%

续表

年份	北京市医疗卫生支出占比	天津市医疗卫生支出占比	河北省医疗卫生支出占比	人均医疗卫生支出变异系数
2015	33.66%	17.72%	48.62%	38.89%
2016	34.63%	17.69%	47.68%	40.89%
2017	35.21%	14.99%	49.80%	42.08%
2018	35.66%	14.03%	50.31%	43.52%
2019	37.44%	13.86%	48.70%	47.98%
2020	37.89%	10.98%	51.13%	53.83%

资料来源：EPS 数据库。

　　生态是京津冀协同发展的三大重点领域之一，如表4-10所示，从人均环境保护支出变异系数看，该系数2010—2016年整体上呈上升趋势，随后才开始下降，这表明2016年三地的环境保护协同发展成效有所显现。2007—2020年北京市、天津市和河北省三地环境保护支出占比平均值分别为38.91%、11.54%和49.55%，而2015—2020年分别为41.89%、11.74%和46.37%。因此，河北省在京津冀地区环境保护事权中承担了更多的支出责任。

表4-10　2007—2020年京津冀三地环境保护支出占比及人均环境保护支出变异系数

年份	北京市环境保护支出占比	天津市环境保护支出占比	河北省环境保护支出占比	人均环境保护支出变异系数
2007	37.31%	7.46%	55.23%	70.29%
2008	28.88%	8.94%	62.18%	42.96%
2009	31.50%	7.78%	60.72%	52.42%
2010	29.96%	13.34%	56.70%	33.84%
2011	40.70%	13.88%	45.42%	58.02%
2012	40.56%	13.75%	45.70%	57.21%
2013	38.54%	13.51%	47.94%	52.46%
2014	45.91%	12.47%	41.62%	69.13%
2015	46.01%	11.09%	42.90%	71.87%
2016	52.53%	9.49%	37.99%	87.97%
2017	49.72%	11.95%	38.33%	76.76%
2018	44.41%	7.39%	48.20%	77.59%

续表

年份	北京市环境保护支出占比	天津市环境保护支出占比	河北省环境保护支出占比	人均环境保护支出变异系数
2019	29.31%	23.00%	47.69%	42.98%
2020	29.36%	7.53%	63.12%	44.32%

资料来源：EPS 数据库。

　　如表 4－11 所示，2007—2020 年北京市、天津市和河北省三地城乡社区事务支出占比平均值分别为 39.12%、37.59% 和 23.29%，而 2015—2020 年分别为 42.54%、32.31% 和 25.15%。可以看出，京津冀三地的城乡社区事务支出占比与当地的净流入人口呈正相关关系，即非户籍常住人口越多的地区，其城乡社区事务支出占比越高。从人均城乡社区事务支出变异系数来看，尽管该系数 2010—2014 年处于较高水平，但是从 2015 年开始出现明显下降，表明京津冀三地城乡社区事务支出差距在逐渐缩小。

表 4－11　2007—2020 年京津冀三地城乡社区事务支出占比及人均城乡社区事务支出变异系数

年份	北京市城乡社区事务支出占比	天津市城乡社区事务支出占比	河北省城乡社区事务支出占比	人均城乡社区事务支出变异系数
2007	42.35%	35.19%	22.46%	74.29%
2008	38.63%	35.76%	25.61%	73.30%
2009	45.86%	34.42%	19.72%	74.04%
2010	35.53%	42.89%	21.58%	83.19%
2011	31.88%	45.62%	22.50%	88.15%
2012	33.02%	45.25%	21.73%	86.82%
2013	32.84%	46.50%	20.66%	88.58%
2014	32.26%	46.83%	20.91%	89.46%
2015	41.58%	38.52%	19.91%	75.98%
2016	39.69%	40.62%	19.69%	78.73%
2017	43.60%	37.20%	19.20%	75.52%
2018	50.34%	22.68%	26.99%	68.58%
2019	41.66%	30.92%	27.42%	66.28%
2020	38.39%	23.91%	37.70%	53.66%

资料来源：EPS 数据库。

　　2020 年 10 月，党的十九届五中全会首次提出"保障性租赁住房供给"的概念，并且要求解决好大城市住房突出问题，大力增加保障性租赁住房供给，持续加强房地产市场调控。如表 4 - 12 所示，2010—2020 年，京津冀人均住房保障支出变异系数变化幅度非常大，并且没有出现明显的趋势性改变。其中河北省 2012—2016 年的住房保障支出占比大幅下降，2016—2019 年逐年提高，2020 年回落。而北京市和天津市在 2016 年以前整体上呈现上升趋势，但是 2016 年以后北京市有所下降，2020 年恢复 2017 年水平，天津市整体变化幅度较小，2020 年降低至 17.72%。

表 4 - 12　2007—2020 年京津冀三地住房保障支出占比及人均住房保障支出变异系数

年份	北京市住房保障支出占比	天津市住房保障支出占比	河北省住房保障支出占比	人均住房保障支出变异系数
2010	43.99%	6.07%	49.94%	85.14%
2011	25.03%	9.55%	65.41%	27.90%
2012	23.55%	5.04%	71.41%	49.18%
2013	24.43%	7.55%	68.02%	35.67%
2014	31.98%	7.44%	60.59%	51.72%
2015	33.48%	14.97%	51.54%	38.19%
2016	51.92%	18.74%	29.34%	72.75%
2017	38.22%	16.55%	45.23%	48.14%
2018	31.18%	21.78%	47.05%	41.74%
2019	24.78%	21.69%	53.54%	37.20%
2020	38.23%	17.72%	44.05%	48.27%

资料来源：EPS 数据库。

第 5 章

京津冀基本公共服务的政策 及比较分析

5.1 中央层面基本公共服务政策文件分析

5.1.1 "十三五"期间政策文件梳理

"十二五"以来，我国已初步构建起覆盖全民的国家基本公共服务制度体系，基本公共服务水平有所提升，但同时存在规模不足、质量不高、发展不平衡等短板。为进一步完善基本公共服务体系，推进均等化进程，国务院于2017年3月发布《"十三五"推进基本公共服务均等化规划》，其中的《"十三五"国家基本公共服务清单》列举了基本公共教育、基本劳动就业创业、基本社会保险、基本医疗卫生、基本社会服务、基本住房保障、基本公共文化体育、残疾人基本公共服务等八大领域的 81 个项目。每个项目均明确了服务对象、服务指导标准、支出责任、牵头负责单位等。

财政是基本公共服务不可或缺的资源保障。该文件明确指出，要健全财力保障机制，加大财政投入力度。优化转移支付结构，合理划分中央和地方财政事权与支出责任，适度增加和加强中央政府承担基本公共服务的职责和能力。改革转移支付制度，扩大和提高一般性转移支付规模和比例，对贫困地区进行适当倾斜，推进均等化进程。同时，提高资金使用效率，完善资金管理办法。

社会力量正逐渐成为基本公共服务的重要供给主体。要创新服务供给，加强政府和社会资本的合作。吸引社会力量参与，进一步规范和公开基本公共服务机构设立的基本标准、审批程序，严控审批时限，鼓励有条件的地方采取招标等方式确定举办或运营主体。同时，大力发展社会组织，提升社会组织承接政府购买服务的能力。

《"十三五"推进基本公共服务均等化规划》是"十三五"时期我国推进基本公共服务体系建设的综合性、基础性、指导性文件。在此之后，国务院办公厅发布了《基本公共服务领域中央与地方共同财政事权和支出责任划分改革方案》，进一步明确了基本公共服务保障的国家基础标准与支出责任主体。该文件将涉及人民群众基本生活和发展需要的义务教育、学生资助、基本就业服务等八项基本公共服务率先列入中央与地方共同财政事权范围，明确了各级财政的支出责任与分担方式，并参照当时的财政保障或中央补助标准，制定了义务教育公用经费保障、免费提供教科书、中等职业教育国家助学金、城乡居民基本养老保险补助等九项基本公共服务保障的国家基础标准。

2018 年 12 月，中共中央办公厅、国务院办公厅印发《关于建立健全基本公共服务标准体系的指导意见》。该文件在《"十三五"国家基本公共服务清单》的基础上增加了"优抚安置"类别，共提出了九个领域的国家基本公共服务质量要求。这些基本公共服务项目和质量要求主要以《"十三五"推进基本公共服务均等化规划》为基础，涵盖了其涉及的八大类具体服务项目，并结合实际情况进行了完善。该文件重点提出，要完善各级各类基本公共服务标准，构建涵盖国家、行业、地方和基层服务机构四个层面的基本公共服务标准体系；明确国家基本公共服务质量要求；合理划分基本公共服务支出责任，明确政府在基本公共服务中的兜底职能，明确中央与地方支出责任划分，制定中央与地方共同财政事权基本公共服务保障国家基础标准；创新基本公共服务标准实施机制，推进政府购买公共服务，鼓励开展创新试点示范。

2019 年年初，国家发展和改革委员会等十八部门联合印发《加大力度推动社会领域公共服务补短板强弱项提质量 促进形成强大国内市场的行动方案》。此方案旨在补齐基本公共服务短板，加快实现基本公共服务均等化，补强非基本公共服务弱项，着力增强人民群众公共服务供给，充分发挥有效市场和有为政府作用，提升公共服务质量水平，并且重点提出了社会力量积极参与公共服务供给的重要性与支持战略。

5.1.2 "十四五"期间政策文件梳理

"十三五"时期，在以习近平同志为核心的党中央坚强领导下，我国公共服务体系日益健全完善，基本民生底线不断筑牢兜实，基本公共服务供给水平全面提升，多层次多样化需求得到更好满足。"十四五"时期，我国进入新发展阶段，公共服务发展基础更加坚实，发展条件深刻变化，我国对基本公共服务发展的要求也进一步提高。《中华人民共和国国民经济和社会发展第十四个五年规划和2035年远景目标纲要》明确提出，到2035年，我国的基本公共服务要实现均等化；到2025年，我基本公共服务均等化水平明显提高，全民受教育程度不断提升，多层次社会保障体系更加健全，卫生健康体系更加完善。依据这一纲要，《"十四五"公共服务规划》于2022年1月出台，对"十四五"乃至更长一段时期公共服务的发展进行规划和指导。《"十四五"公共服务规划》主要涵盖幼有所育、学有所教、劳有所得、病有所医、老有所养、住有所居、弱有所扶、优军服务保障和文体服务保障等领域的公共服务。《"十四五"公共服务规划》指出，我国公共服务发展的主要目标为，到2025年，我国公共服务制度体系更加完善，政府保障基本、社会多元参与、全民共建共享的公共服务供给格局基本形成，民生福祉达到新水平。

需要注意的是，《"十四五"公共服务规划》根据服务供给的权责分类将公共服务分为基本公共服务和普惠性非基本公共服务两大类。其中，基本公共服务是保障全体人民生存和发展基本需要、与经济社会发展水平相适应的公共服务，由政府承担保障供给数量和质量的主要责任，引导市场主体和公益性社会机构补充供给。非基本公共服务是为满足公民更高层次需求、保障社会整体福利水平所必需但市场自发供给不足的公共服务，政府通过支持公益性社会机构或市场主体，增加服务供给、提升服务质量，推动重点领域非基本公共服务普惠化发展，实现大多数公民以可承受价格付费享有。《"十四五"公共服务规划》认为，对于可以完全由市场供给、居民付费享有的多样化、个性化、高品质的服务需求，可以作为公共服务体系的有益补充，政府主要负责营造公平竞争的市场环境，引导相关行业规范可持续发展，做好生活服务与公共服务衔接配合。

《规划》指出，既要推动基本公共服务均等化，推进基本公共服务标准体系建设，补齐义务教育、就业社保、医疗卫生、养老服务、住房保障、文化体育和社会服务等各个方面的短板，也要扩大普惠性非基本公共服务供给，推动托育服务、学前教育、县域普通高中建设、普惠型养老服务、优质医疗服务、住房条件改善等重点领域非基本公共服务扩容，全面提高公共服务水平。

综合来看，"十三五"时期对公共服务的关注内容主要集中在基本公共服务项目及基本公共服务保障的国家基础标准、各级财政支出责任划分与支持力度、创新基本公共服务标准实施机制与引导社会力量参与等方面；"十四五"时期在进一步推进基本公共服务均等化的同时加大了对普惠性非基本公共服务的关注力度，明确提出要通过统筹规划、构建多元供给格局、提高便利共享水平和健全要素保障体系等方式系统提升公共服务效能。可以看出，"十三五"和"十四五"时期关于基本公共服务领域的指导性文件存在一定的递进关系，其包含的项目范围有所扩大、基础标准进一步明确，并对重点领域有所侧重。

5.2　地区层面基本公共服务政策文件分析

5.2.1　北京市基本公共服务政策文件分析

2016 年 10 月 14 日，北京市政府发布《北京市"十三五"时期社会基本公共服务发展规划》，其主要目标包括调整优化社会基本公共服务资源布局，提高其与城市区域功能和人口分布的协调性。该文件提出，要从就业、社会保障、教育、医疗卫生、养老等方面构建牢固的社会基本公共服务体系，统筹资源，提高服务和管理智能化水平，完善多元参与、共建共享的体制机制，加大政府购买服务力度，引导社会力量参与。由于北京现有的基本公共服务水平相对较高，此次规划重点聚焦优化基本公共服务布局、构建规范体系、提升服务水平以及吸引社会力量参与等方面，至于基本公共服务清单、基本公共服务项目与标准、财政保障与支出责任等，并未过多涉及。各部门需结合国家规划与自身实际，确定本部门的基本公共服务项目与供给标准。

2021 年 12 月，北京市政府发布了《北京市"十四五"时期社会公共服务发展规划》，其所指的社会公共服务涵盖了教育、医疗卫生、文化、体育、养老、托育、社会福利、社会救助、劳动就业、社会保险、住房保障等方面，并根据公共服务供给的权责属性不同，将其分为基本公共服务、普惠性公共服务和生活服务。北京市在"十四五"时期的公共服务发展规划中明确提出，基本公共服务的供给责任必须由各级政府承担；普惠性公共服务的供给由政府通过支持市场主体或社会组织进行提供，政府主要承担引导供给、规范质量、调节价格等责任；生活服务完全由市场供给，政府主要承担营造公平有序的市场环境、引导产业规范发展等责任。

由于北京市并没有制定公共服务项目清单，因此目前在政府公开网站上可查询到的政策文件覆盖范围也并不广。可以看出，北京市各项公共服务政策并没有形成统一的体系，而是由各个部门分项负责。

5.2.2　天津市基本公共服务政策文件分析

2021 年 12 月，天津市人民政府办公厅印发《天津市基本公共服务标准体系建设"十四五"规划》。其中提到，"十四五"时期，以国家基本公共服务标准体系为依据，按照"幼有所育、学有所教、劳有所得、病有所医、老有所养、住有所居、弱有所扶"的要求，对"十四五"时期天津市基本公共服务标准体系建设作出总体安排，主要阐明基本公共服务的发展目标、重点任务、基本标准和保障措施；将天津市基本公共服务概括为基本公共教育、就业与社会保障、基本社会服务、基本健康服务、基本住房保障、基本公共文化体育和残疾人基本公共服务等七个领域，按照服务项目、服务对象、保障标准、支出责任、覆盖水平五个方面，制定义务教育阶段免除学杂费、最低生活保障、老年人健康管理等 94 项基本公共服务项目基本标准，明确建设高质量教育体系、完善养老保险制度、夯实社会救助体系等 40 项重点任务，以及学前教育普及普惠安全优质发展计划、全民社会保障信息化工程等 41 项保障工程。

与《国家基本公共服务标准（2023 年版）》相比，天津市新增了中等职业教育市政府助学金、城乡低收入家庭救助等 17 个服务项目，按照"尽力而为、量力而行"的原则，合理适度调整服务项目和保障标准，确保人群全覆盖、标准不攀高、财力有保障、服务可持续，在服务项目设计上，更加聚焦民生需求，在保障标准设定上，所有服务项目标准均达到或高于国家标准。该规划坚持以人民为中心，坚持新发展理念，坚持问题导向，坚持体现天津特色，力图推动天津市在 2025 年实现基本公共服务标准体系全面建立、供给水平显著提升、资源配置更趋均衡、保障机制更加完善等目标，完成学前三年教育毛入园率达到 93%、城镇调查失业率低于 5.5%、居民电子健康档案建档率高于 90% 等 27 项衡量基本公共服务整体发展水平的主要指标。

5.2.3　河北省基本公共服务政策文件分析

2018 年 6 月 3 日，依据《国务院关于印发"十三五"推进基本公共服务均等化规划的通知》和《河北省国民经济和社会发展第十三个五年规划纲要》，河北省人民政府印发了《河北省"十三五"推进基本公共服务均等化规划》。此项规划的主要目标为公共服务均等化水平稳步提高、标准体系全面建立、保障机制巩固健全、制度规范基本成型。其中包含《河北省"十三五"基本公共服务清单》，确定了基本公共教育、基本劳动就业创业、基本社会保险、基本医疗卫生、基本社会服务、基本住房保障、基本公共文化体育、残疾人基本公共服务等八个领域的 81 个项目。所有项目内容均依据法律、法规确定，在规划实施过程中，可结合经济社会发展状况，按程序对清单中的具体内容进行动态调整。清单中每个项目均明确服务对象、服务指导标准、支出责任、牵头负责部门。需要注意的是，与国家基本公共服务清单不同，河北省这一清单在基本公共文化体育领域减少了"少数民族文化服务"项目。在五项实施机制中，明确提出了财力保障机制。要求拓宽资金来源，增强县级财政保障能力，推动基本公共服务财政投入持续增加。优化转移支付结构，合理划分省与市、县财政事权、支出责任，强化省级在跨区域基本公共服务方面的职责。推进转移支付制度改革，扩大和提高一般性转移支付规模和比例，重点增加对贫困地区的转移支付，缩小地区间财力差距，提高资金使用效率。加快推进资金统筹使用，清理归并财政专项资金，盘活存量资金，完善资金管理办法，积极开展财政资金绩效评价。另外，多元供给机制也是一项重点内容。《河北省"十三五"推进基本公共服务均等化规划》提出要积极引导社会力量参与，推进政府购买服务，鼓励政府与社会资本合作，进一步扩大基本公共服务面向社会资本开放的领域范围，公平开放基本公共服务准入，拓宽社会力量进入渠道，探索财政资金对非公立基本公共服务机构的扶持政策。

此外，河北省人民政府办公厅还印发了《基本公共服务领域省与市、县共同财政事权和支出责任划分改革实施方案》，明确规定将中央已明确的八大类 18 项基本公共服务领域中央与地方共同财政事权确定为省与市、县共同财政事权；其他事项待分领域在中央与地方财政事权和支出责任改革方案出台后，再根据事权属性分别明确为省级财政事权或省与市、县共同财政事权。基于以上原则，河北省对义务教育类、学生资助类、基本公共就业服务类、基本养老保险类、基本医疗保险类、基本卫生计生类、基本生活救助类和基本住房保障类等八类基本公共服务的省以下共同财政事权保障标准和支出责任进行了明确，为推进基本公共服务均等化，建立权责清晰、财力协调、区域均衡、标准合理、保障有力的基本公共服务体系和保障机制提供了有力支撑。

2022 年 2 月，河北省发展和改革委员会等 21 部门联合印发了《河北省"十四五"公共服务规划》。这一文件概括分析了河北省公共服务的发展基础、发展环境，围绕幼有所育、学有所教、劳有所得、病有所医、老有所养、住有所居、弱有所扶、文体服务保障等内容设置了22项指标，提出到2025年，河北省公共服务制度体系更加完善，政府保障基本、社会多元参与、全民共建共享的公共服务供给格局基本形成，基本公共服务供给水平明显提升、普惠性非基本公共服务供给增效扩容、生活服务多样化个性化提质升级，民生福祉达到新水平。《河北省"十四五"公共服务规划》对促进河北省公共服务高质量发展，改善人民生活品质，增强人民群众获得感、幸福感、安全感具有十分重要的意义。

2022年4月，河北省人民政府又发布了《河北省养老服务体系建设"十四五"规划》，这一文件为人口老龄化背景下河北省的养老体系建设提供了指导和支撑。该文件提出要坚持"统筹谋划，均衡发展""以人为本，顺应趋势""兜好底线，广泛普惠""优化结构，提升质量""社会参与，市场运行""多方参与，共建共享"六项原则，健全基本养老服务保障体系，优化普惠型养老服务供给体系，打造多元化养老产业发展体系，完善全流程养老服务监管体系，构建老年人关爱服务体系，强化养老服务发展要素支撑，从而在2025年实现服务供给更充分、服务业态创新发展、监管机制不断健全、环境支持日益完善、要素保障持续增强等目标，最终显著提升老年人获得感、幸福感和安全感。

5.3 国家、北京、天津、河北政策的对比与分析

5.3.1 基本公共教育

从表5-1可以看出，在基本公共教育领域，北京市、天津市、河北省三地都是在国家标准的基础上设立地方标准，但是三地之间存在明显差别。河北省基本是按照国家标准来提供各项服务，并未单独设立更高的服务标准。而北京市与天津市则在国家标准基础上设立了更高的地方标准，各项补助金额有明显上升。（由于北京市并未公布基本公共服务清单，因而各项目设置是按照国家标准统一整理的。）另外，天津市额外提供中等职业教育市政府助学金，对象为本市中等职业学校全日制学历教育正式学籍一、二年级在校学生中未享受免学费政策且未获得国家助学金的在校学生（未在本市中等职业学校就读的联合办学学生不在天津市人民政府助学金资助范围），中等职业教育市政府助学金平均资助标准为每生每年500元，由市、区财政负担。

表 5 - 1　基本公共教育领域国家、北京市、河北省、天津市政策标准的对比

	国家	北京市	河北省	天津市
免费义务教育	对城乡义务教育学生免除学杂费，统一城乡义务教育学校生均公用经费基准定额。支出责任：中央和地方按比例分担。	小学人均 1 550 元、初中人均 1 650 元。	对城乡所有义务教育学生免除学杂费，免费提供教科书；统一城乡义务教育学校生均公用经费标准普通小学 685 元、普通初中 885 元。支出责任：中央和省、市、县财政按比例分担。	义务教育阶段义务教育免除学杂费；公办学校按照义务教育阶段"一费制"标准核定，民办学校按照小学和初中的生均公用经费定额标准减免；义务教育家庭经济困难学生生活补助：中央与地方按照 5∶5 比例分担，地方经费部分，由各区分担。义务教育公用经费保障：国家制定的义务教育公用经费基准定额，中央与地方按照 5∶5 比例分担，地方应分担部分，按照学校隶属关系由市、区分担，市财政对部分区财政按比例给予补助。
农村义务教育学生营养改善	在集中连片特困地区开展国家试点地区，中央财政提供每生每年 800 元的营养膳食补助，鼓励各地因地制宜开展地方试点。	无	在集中连片特困地区开展国家试点，在国家级扶贫开发工作重点县县开展省级试点。为试点地区学生提供营养膳食补助，根据财政部、教育部核定的试点地区学生实际在校天数进行补助。支出责任：国家试点县学生营养膳食补助所需资金由中央财政承担；省级试点所需膳食补助按中央财政所需资金由省级财政和县级财政按比例分级承担，中央财政给予奖励性补助。	无

续表

	国家	北京市	河北省	天津市
寄宿生生活补助	义务教育家庭经济困难寄宿学生小学生每生每年1 000元、初中生每生每年1 250元。支出责任：中央和地方财政按照5：5比例共同分担。	人均小学生每生每年3 000元，初中、特教、职民，高中生每生每年3 600元。	小学生每生每年1 000元、初中生每生每年1 250元。支出责任：中央和省、市、县财政按比例共同承担。	义务教育家庭经济困难寄宿生生活补助国家基础标准为小学生每生每年1 000元、初中生每生每年1 250元。支出责任：中央与地方按照5：5比例分担。地方应分担部分，由各区政府负担。
普惠性学前教育资助	减免保育教育费、补助伙食费，具体资助方式和资助标准由省级人民政府结合本地实际自行制定，中央财政对地方先行、中央补助"的原则开展相关工作。	学前教育资助标准分为甲、乙两等。甲等资助标准：凡持有《北京市最低生活保障金领取证》《北京市城市居民最低生活困难补助金领取证》《农村五保供养证》《中华人民共和国烈士证明书》《儿童福利证》的适龄儿童和残疾儿童、入园后免交保教费。乙等资助标准：凡持有《北京市低收入家庭救助证》的适龄儿童、入园后免交50%的保教费。	减免保育教育费、补助伙食费，资助标准原则上每生每年500~1 000元。具体资助标准由各市、县结合本地实际自行制定。支出责任：省、市、县财政负担，中央财政给予以奖补。	学前教育幼儿资助：对普惠性幼儿园3至6周岁的在园家庭经济困难儿童（含建档立卡家庭儿童、低保家庭儿童、特困救助供养儿童、革命烈士子女、孤儿和残疾儿童等）。资助标准则上每生每年资助1 500元。资助对象所在幼儿园全年收取保育费（保教费）低于1 500元的，按实际收费标准予以补助。支出责任：市、区政府负担。

续表

	国家	北京市	河北省	天津市
中等职业教育国家助学金	国家助学金每生每年2 000元，中央财政按区域确定家庭经济困难学生比例，西部地区按在校学生的20%确定，中部地区按在校学生的15%确定，东部地区按在校学生的10%确定。支出责任：中央和地方财政按比例分担。	一等助学金每生每年2 500元，二等助学金每生每年1 800元。	国家助学金每生每年2 000元，中央财政补贴60%。支出责任：省、市、县财政按比例分担。	服务对象为本市中等职业学校全日制教育学历学生中涉农专业学生和非涉农专业家庭经济困难学生。非涉农专业家庭经济困难学生按在校生10%的比例确定。平均资助标准为每生每年2 000元。支出责任：各级财政负担。
中等职业教育免除学杂费	按各省（区、市）人民政府及其价格、财政主管部门确定的学费免除标准免学费。公办中等职业学校，免学费补助资金与地方财政按比例分担资金。符合条件的民办中职学校，按照当地同类型、同专业公办学校免除学费标准予以补助。	免学费：按照规定的各专业学费标准免学费，最高免学费标准为每生每年2 800元。	11个市市区的学校平均每生每年2 300元，县（市）城区每生每年1 600元。省、市、县（市、区）政府及其价格主管部门批准的公办中等职业学校学费行政事业性收费高出补助标准，高出部分由同级财政统筹解决。民办学校按照当地同类型同专业公办学校免除学费标准同予补助，学费标准低于公办学校免学费标准的，按照民办学校实际学费标准予以补助。支出责任：中央财政补贴60%，省、市、县财政按比例分担。	本市中等职业学校全日制学历教育一、二、三年级在校生（含农村、含乡镇）、城市所有农村（含乡镇）学生、民族地区就读学生和戏曲表演专业免除学费（其他艺术类相关表演专业学生除外）。城市家庭经济困难学生在校生5%的比例确定。免学费标准按照其价格、财政主管部门批准的公办学校的学费价格执行（不含住宿费）。支出责任：各级财政负担。

续表

	国家	北京市	河北省	天津市
普通高中国家助学金	国家助学金平均资助标准为每生每年2 000元，具体资助标准由各地结合实际分档确定。	甲等伤残每生每年2 000元、乙等伤残每生每年1 200元，烈士子女、孤儿每生每年3 000元。但北京市政策文件中相关标准是：国家助学金标准为每生每月200元，家庭无经济来源的革命烈士子女、孤儿为每生每月300元，每年按10个月计发，用于享受政策学生的学习和生活支出。无法获知甲等伤残、乙等伤残的分类标准。	平均资助标准为每生每年2 000元，具体标准按实际分档确定。支出责任：中央财政分档补贴60%。省、市、县财政按比例分担。	服务对象为具有正式学籍的本市普通高中在校生中的家庭经济困难学生。平均资助标准为每生每年2 000元。支出责任：各级财政负担。
免除普通高中建档立卡等家庭经济困难学生学杂费	按各省（区、市）人民政府及其价格、财政主管部门确定的学费标准免除学杂费（不含住宿费）。中央财政逐省（区、市）核定免学杂费财政补助标准。符合条件的民办学校学生参照当地同类型公办学校免学杂费标准予以补助。	免除经济困难家庭普通高中每生每年700元、重点高中每生每年1 600元。	按省政府及价格、财政主管部门确定的学费标准免除学费。支出责任：中央财政按比例分担。省、市、县财政按比例分担。	服务对象为具有正式学籍的本市普通高中建档立卡等家庭经济困难学生（含非建档立卡的家庭经济困难学生、农村低保家庭学生、农村特困救助供养学生）。免学杂费，区人民政府及其价格、财政主管部门批准的公办学校学杂费执行（不含住宿费）。支出责任：各级财政负担。

备注：除上述八项之外，天津市额外提供中等职业教育市政府助学金，对象为本市中等职业学校全日制学历教育在校学生，二年级在校学生中未享受免学费政策且未获得国家助学金的在校学生（未在本市中等职业学校就读的联合办学学生不在天津市人民政府助学金资助范围），中等职业教育市政府助学金平均资助标准为每生每年500元，由市、区财政负担。

资料来源：根据国家和各地基本公共服务清单整理。

5.3.2　基本劳动就业创业

在基本劳动就业创业领域，三地与国家的政策文件中均未制定具体的财政保障标准，在项目设置与具体服务内容上也不存在较大差异，因而无须对各项具体内容进行对比。如表 5-2 所示，从项目设置来看，河北省的项目设置与服务内容基本与国家规定保持一致，天津市的服务项目与国家标准有所区别，天津市清单中未列出"大中城市联合招聘服务""劳动人事争议调解仲裁"，增加了"流动人员人事档案管理服务""生活费补贴"。而北京市由于缺少相应清单，因此无法获知全部项目。但是在实地调研中，课题组了解到在"就业见习服务"中，北京市政策文件中列出了具体的保障标准，并且在国家标准基础上进行了进一步提升与完善，而河北省、天津市未在此项中给出具体标准。

表 5-2　基本劳动就业创业领域国家、北京市、河北省、天津市政策标准的对比

国家	北京市	河北省	天津市
基本公共就业服务 创业服务 就业援助 就业见习服务 大中城市联合招聘服务 职业技能培训和技能鉴定 "12333"人力资源和社会保障服务热线电话咨询 劳动关系协调 劳动人事争议调解仲裁 劳动保障监察	就业见习服务 市级见习补贴标准为本市当年月最低工资，主要用于见习人员生活补贴、带教人员补贴、重大疾病和人身意外伤害保险。其中，带教人员补贴标准为每人每月 200 元，重大疾病和人身意外伤害保险费标准为每人 150 元。以上资金由市级财政资金予以保障。在市级见习补贴标准的基础上，各区可按月为见习人员发放区级见习补贴，所需资金由区级财政资金予以保障。	基本公共就业服务 创业服务 就业援助 就业见习服务 大中城市联合招聘服务 职业技能培训和技能鉴定 "12333"人力资源和社会保障服务热线电话咨询 劳动关系协调 劳动人事争议调解仲裁 劳动保障监察	就业信息服务 职业介绍、职业指导和创业开业指导 就业登记与失业登记 流动人员人事档案管理服务 就业见习服务 就业援助 职业技能培训、鉴定和生活费补贴 "12333"人力资源和社会保障电话服务 劳动关系协调 劳动用工保障

资料来源：根据国家和各地基本公共服务清单整理。

5.3.3 基本社会保险

如表5-3所示，在基本社会保险领域，各地依然是在国家标准基础上制定地方标准，在部分项目上地区间差距巨大。例如：在城乡居民基本养老保险项目上，北京的发放标准约为河北的9倍；在职工基本医疗保险项目上，各地的报销比例基本按照国家标准执行，但是河北省（以保定市为例）的职工基本医疗保险政策范围内住院费用医保基金支付比例稳定在87%左右，高于天津市（80%）、国家（75%）与北京市（85%）的支付比例。在其他项目上，各地并无明显差别。

5.3.4 基本医疗卫生

在基本医疗卫生领域，绝大部分项目未给出具体的财政保障标准。如表5-6所示，河北省与国家的项目设置相同。表中所列出的北京市的服务项目来自《北京市基本公共卫生服务项目服务目录》，与国家所列示的项目有一定差异。此外，北京市的部分数据是从调研中获取的。天津市的服务项目来自天津市公共服务清单，同样与国家的服务项目有一定差异。在所有项目中，唯有天津市公共服务清单中的"农村符合条件的计划生育家庭奖励扶助""计划生育家庭特别扶助"两项有具体标准。总体来看，天津市的项目设置较多，分类较为细致，在两项服务中给出了具体的保障标准。

5.3.5 基本社会服务

基本社会服务领域的服务项目较多，涉及范围也较广。如表5-7所示，天津市在国家项目清单之外增设了本市的服务项目。所有项目中设立了具体的财政保障标准的项目包括最低生活保障、特困人员救助供养、医疗救助、老年人福利补贴、困境儿童保障等项目。在这些项目中，河北省给出标准的并不多，而北京市和天津市基本给出了明确的保障标准。从三地的保障标准对比来看，天津市与北京市的保障标准是高于河北省的，它们标准的分类分档也更加明确。总体来看，天津市的服务清单更加全面，保障标准也较高。北京市文件中涉及的项目标准繁多，分类详细，保障标准较高。

表 5－3　基本社会保险领域国家、北京市、河北省、天津市政策标准的对比

	国家	北京市	河北省	天津市
职工基本养老保险	发放基本养老金，包括基础养老金和个人账户养老金，对改革前参加工作、改革后退休的参保人员增发过渡性养老金，建立基本养老金合理调整机制。用人单位上缴纳工资总额的20%，职工缴纳本人缴费工资的8%。在基本养老保险基金支出中支出不足时财政给予补助。	发放基本养老金，包括基础养老金和个人账户养老金，对改革前参加工作、改革后退休的参保人员增发过渡性养老金，建立基本养老金合理调整机制。	发放基本养老金，包括基础养老金和个人账户养老金，对改革前参加工作、改革后退休的参保人员增发过渡性养老金，建立基本养老金合理调整机制。支出责任：用人单位缴纳工资总额的20%，职工缴纳本人缴费工资的8%；基金收支缺口由基金和财政补助共同分担，基金结余不足时由财政予以兜底保障。	根据个人累计缴费年限、缴费基数、职工平均工资、个人账户金额、城镇人口平均预期寿命等因素综合确定养老金水平。支出责任：在职人员缴费由用人单位和职工本人共同承担；退休人员养老金由养老保险基金支付。
城乡居民基本养老保险	目前，国家确定的基础养老金最低标准为每人每月70元。根据经济发展和物价变动等情况，建立基础养老金水平合理调整机制。中央财政对中西部地区按国家确定的基础养老金标准给予全额补助，对东部地区给予50%补助。	2019年1月1日起符合按月领取城乡居民基本养老保险待遇的人员，基础养老金标准为每人每月800元。	发放基础养老金和个人账户养老金，目前全省基础养老金标准为每人每月90元。支出责任：在基本养老金支付基金中支出。中央财政对基础养老金最低标准（70元）给予全额补助，地方人民政府对参保人缴费给予补助。	基础养老金标准为：60至64岁人群不低于现行的312元/月，65岁及以上人群不低于现行的319元/月，今后动态调整。支出责任：由个人缴费、政府补贴、集体补助，政府的补贴构成。对符合条件的参保人员全额支付基础养老金、市级财政对参保人缴费给予补贴，并适时提高基础养老金最低标准。对长期限基础养老金。个人账户养老金由个人账户养老基金支出。适当加发年限基础养老金。

续表

	国家	北京市	河北省	天津市
职工基本医疗保险	政策范围内住院费用医保基金支付比例稳定在75%左右。用人单位缴纳工资总额的6%左右、职工缴费本人缴费工资的2%。具体由各统筹地区规定。	北京市城镇职工基本医疗保险具体标准如表5-4所示。	河北省（以保定市为例）城镇职工基本医疗保险具体标准如表5-5所示。支出责任：用人单位缴纳工资总额的6%左右、职工缴纳本人缴费工资的2%。	政策范围内住院费用医保基金支付比例稳定在80%左右。支出责任：用人单位和职工共同缴纳。
生育保险	基金支付生育期间的医疗费用和生育津贴。生育津贴按职工所在用人单位上年度职工月平均工资计发。用人单位按照不超过工资总额1%的比例缴纳生育保险费。累计结余超过9个月的统筹地区，应将费率控制在用人单位工资总额的0.5%以内。具体费率比例由各统筹地区规定。	基金支付生育期间的医疗费和生育津贴。生育津贴按职工所在用人单位上年度职工月平均工资计发。	基金支付生育期间的医疗费和生育津贴。生育津贴用人单位所在职工上年度月平均工资计发。支出责任：用人单位原则上按照不超过工资总额0.5%的比例缴纳生育保险费。	无
城乡居民基本医疗保险	整合城镇居民基本医疗保险和新型农村合作医疗保险。政策范围内住院费用医保基金支付比例稳定在75%左右、大病保险报销达到50%以上。个人缴费和政府补助相结合。	520元/人/年。	政策范围内住院费用报销比例稳定在75%左右、大病保险的报销比例达到50%以上。支出责任：个人缴费和政府补助相结合。	国家政策范围内住院费用医保基金支付比例在70%左右、大病保险的报销比例达到60%以上。支出责任：个人缴费与政府补助相结合，政府补助由各级财政分档按比例分担。

续表

	国家	北京市	河北省	天津市
失业保险	按照《失业保险条例》，城镇企业事业单位按照本单位工资总额的 2% 缴纳失业保险费，职工按照本人工资的 1% 缴纳失业保险费，农民合同制工人本人不缴纳失业保险费。按照《人力资源社会保障部 财政部关于阶段性降低社会保险费率的通知》，从 2016 年 5 月 1 日起，失业保险总费率在 2015 年已降低 1 个百分点基础上可阶段性降至 1%～1.5%。其中个人费率不超过 0.5%。降低费率的期限暂按两年执行。具体方案由各省（区、市）确定。	1. 失业保险金调整后的标准（2019 年最新标准）： （1）累计缴费时间满 1 年不满 5 年的，失业保险金月发放标准为 1 706 元； （2）累计缴费时间满 5 年不满 10 年的，失业保险金月发放标准 1 733 元； （3）累计缴费时间满 10 年不满 15 年的，失业保险金月发放标准为 1 760 元； （4）累计缴费时间满 15 年不满 20 年的，失业保险金月发放标准 1 787 元； （5）累计缴费时间满 20 年以上的，失业保险金月发放标准为 1 815 元； （6）从第 13 个月起，失业保险金月发放标准一律为 1 706 元。 2. 农民合同制工人一次性生活补助费标准由 1 372 元调整到 1 542 元。	对符合条件的失业人员支付失业保险金、基本医疗保险费、丧葬补助金和抚恤金等，对符合条件的企业给予各类稳定岗位补贴。 支出责任：用人单位按照本单位工资总额的 1.5% 缴纳失业保险费，职工按照本人工资的 0.5% 缴纳失业保险费。	用人单位按照本单位工资总额的 0.5% 缴纳失业保险费。职工按照本人工资的 0.5% 缴纳失业保险费。 支出责任：用人单位和职工共同缴纳。

续表

	国家	北京市	河北省	天津市
工伤保险	保障因工作遭受事故伤害或者患职业病的职工获得医疗救治和经济补偿，促进工伤预防和职业康复。工伤保险基金和用人单位按法定支付工伤医疗和康复费用、伤残津贴和补助、工亡补助等。工伤预防的宣传、培训等费用、劳动能力鉴定费用依法由工伤保险待遇基金和用人单位支付。	保障因工作遭受事故伤害或者患职业病的职工获得医疗救治和经济补偿，促进工伤预防和职业康复。工伤保险基金和用人单位按规定支付工伤医疗和康复费用、伤残津贴和补助、工亡补助等。	保障因工作遭受事故伤害或者患职业病的职工获得医疗救治和经济补偿，促进工伤预防和职业康复。工伤保险基金和用人单位按规定支付工伤医疗和康复费用、伤残津贴和补助、工亡补助等。支出责任：工伤预防的宣传、培训等费用、劳动能力鉴定费用和工伤保险待遇费用由法定工伤保险基金和用人单位支付。	健全完善预防、补偿、康复相结合的工伤保险制度体系，持续扩大工伤保险覆盖范围。支出责任：用人单位缴纳。

备注：除上述内容之外，天津市额外推行社会保障卡建设，对象为在本市参加社会保险的中国大陆公民、港澳台人员、华侨和外国人，通过线下申领渠道和线上申领渠道全面提供保障。线上渠道包括天津人力资源和社会保障局官方个人网厅、线下渠道包括全市各街道党群服务中心和各家社会保障卡银行网点，部署即时制卡设备，即时即时制卡即时发放。社会保障卡制卡本费和邮寄发卡的快递费用均由服务银行承担。

资料来源：根据国家和各地基本公共服务清单整理。

表 5 - 4　北京市城镇职工基本医疗保险住院待遇标准

人员类别	基金类别	起付线	报销比例				最高支付限额
			政策范围内费用	三级医院	二级医院	一级及以下医院	
在职职工	基本医保统筹基金	1 300 元（第二次及以后 650 元）	起付线～3 万元	85%	87%	90%	10 万元
			3 万元～4 万元	90%	92%	95%	
			4 万元以上	95%	97%	97%	
	大额互助基金	超出基本医保统筹基金限额以上	85%				40 万元
退休人员	基本医保统筹基金	1 300 元（第二次及以后 650 元）	起付线～3 万元	95.5%	96.1%	97%	10 万元
			3 万元～4 万元	97%	97.6%	98.5%	
			4 万元以上	98.5%	99.1%	99.1%	
	大额互助基金	超出基本医保统筹基金限额以上	90%				40 万元

资料来源：根据调研资料整理。

注：本表包含退休人员补充医疗保险的待遇。

表 5 - 5　保定市职工基本医疗保险住院待遇标准

基金类别	医疗机构类别	起付线			报销比例	最高支付限额
		一次	二次	三次及以上		
基本医保统筹基金	一级	500 元	400 元	300 元	85%	9 万元
	二级	900 元	800 元	700 元	87%	
	三级	1 200 元	1 100 元	1 000 元	89%	
大额补充医疗保险	—	超出基本医保统筹基金限额以上			88%	51 万元

资料来源：根据雄安新区调研资料整理。

表5－6 基本医疗卫生领域国家、北京市、河北省、天津市政策标准的对比

国家	北京市	河北省	天津市
居民健康档案	免费孕前优生健康检查（1 026元/对夫妻）	居民健康档案	健康教育与健康素养促进
健康教育	艾滋病毒感染者和病人随访管理	健康教育	基本药物供应保障服务
预防接种	社区艾滋病高危行为人群干预	预防接种	传染病及突发公共卫生事件报告和处理
传染病及突发公共卫生事件报告和处理	农村部分计划生育家庭奖励扶助（2 100元/人）	传染病及突发公共卫生事件报告和处理	慢性病患者健康管理
儿童健康管理	计划生育家庭特别扶助	儿童健康管理	结核病患者健康管理
孕产妇健康管理	食品药品安全保障	孕产妇健康管理	艾滋病病毒感染者和病人随访管理
老年人健康管理	基本药物制度	老年人健康管理	社区易感染艾滋病高危行为人群干预
慢性病患者健康管理	健康素养促进行动	慢性病患者管理	地方病患者健康管理
严重精神障碍患者管理	免费提供避孕药具	严重精神障碍患者管理	严重精神障碍患者健康管理
卫生计生监督协管	以下项目人均105元：	卫生计生监督管理	预防接种
结核病患者健康管理	居民健康档案	结核病患者健康协管	建立居民健康档案
中医药健康管理	健康教育	中医药健康管理	农村符合条件的计划生育家庭奖励扶助（80元/人/月）
艾滋病毒感染者和病人随访管理	预防接种	艾滋病毒感染者和病人随访管理	计划生育家庭特别扶助（独生子女死亡家庭夫妻每人每月发放720元、独生子女伤残家庭夫妻每人每月发放590元）
社区艾滋病高危行为人群干预	0～6岁儿童健康孕产妇健康管理	社区艾滋病高危行为人群干预	免费孕前优生健康检查
免费孕前优生健康检查	老年人健康管理	免费孕前优生健康检查	孕产妇健康服务
基本药物制度	慢性病管理	基本药物制度	基本避孕服务
计划生育技术指导咨询	严重精神障碍患者管理	计划生育技术指导咨询	儿童健康管理
农村部分计划生育家庭奖励扶助	传染病和突发公共卫生事件报告和处理	农村部分计划生育家庭奖励扶助	老年人健康管理
计划生育家庭特别扶助	结核病患者健康管理	计划生育家庭特别扶助	卫生监督协管服务
食品药品安全保障	中医药健康管理	食品药品安全保障	食品药品安全保障
	卫生计生监督协管		
	计划生育技术指导咨询		

资料来源：根据国家和各地基本公共服务清单整理。

表5-7 基本社会服务领域国家、北京市、河北省、天津市政策标准的对比

	国家	北京市	河北省	天津市
最低生活保障	按照共同生活的家庭成员人均收入低于当地最低生活保障标准的差额，按月发给最低生活保障金。地方人民政府负责，中央财政对困难地区适当补助。	城乡低保标准家庭月人均为1100元。	按照共同生活的家庭成员人均收入低于当地最低生活保障标准的差额给予救助；城乡低保标准年均增长10%以上。支出责任：市、县政府负责，中央和省财政对困难地区适当补助。	对家庭人均收入低于最低生活保障标准且财产符合本市相关规定的居民，按照每人每月1010元的保障标准，今后动态调整。支出责任：市、区财政负担，中央财政适当补助。
特困人员救助供养	提供基本生活条件；对生活不能自理的给予照料；办理丧葬事宜；对符合规定标准的住房困难的分散供养特困人员，给予住房救助；对在义务教育阶段就学的特困人员，给予教育救助；对在高中教育（含中职）、普通高等教育阶段就学的特困人员，根据实际情况给予适当教育救助。地方人民政府负责，中央财政对困难地区适当补助。	基本生活标准不低于本市最低生活标准的1.5倍，2019年的保障标准是1650元；照料护理标准按照具有生活自理能力、部分丧失生活自理能力、完全丧失生活自理能力分档制定，分别不低于本市当年最低工资标准的20%、40%、60%，目前北京最低工资标准是2200元，三个标准分别是440元、880元、1320元。	提供基本生活条件；对生活不能自理的给予照料；办理丧葬事宜；对符合规定标准的住房困难的分散供养特困人员，给予住房救助；对在义务教育阶段就学的特困人员，给予教育救助；对在高中教育（含中职）、普通高等教育阶段就学的特困人员，根据实际情况给予适当教育救助。支出责任：市、县政府负责，中央和省财政对困难地区适当补助。	服务对象：无劳动能力、无生活来源且无法定赡养、抚养、扶养义务人，或者其法定赡养、抚养、扶养义务人无赡养、抚养、扶养能力的老年人、残疾人、未成年人。保障标准：城市特困人员每人每月1870元；农村特困人员每人每月1870元集中供养，分散供养每人每月1530元。今后随低保标准动态调整。支出责任：市、区财政负担，中央财政适当补助。

续表

	国家	北京市	河北省	天津市
医疗救助	对重点救助对象参加城乡居民基本医疗保险的个人缴费部分进行补贴，对特困救助供养人员给予全额资助。对最低生活保障家庭成员给予的政策范围定点医疗机构住院费用中，对经过基本医疗保险、城乡居民大病保险、商业保险及各类补充医疗保险报销的个人负担限额内按不低于70%的比例给予救助。对重点救助对象经基本医疗保险、城乡居民大病保险、商业保险及各类补充医疗保险等报销后个人负担的合规医疗费用，直接予以补助；因病致贫重病患者等其他合规负担的部分予以支付，对超过家庭负担能力的部分予以救助。医疗机构对疾病应急救治所发生的费用，可向疾病应急救助基金申请补助。地方人民政府负责，中央财政适当补助。	社会救助对象医疗救助与因病致贫家庭医疗救助。 1. 资助参保。资助城乡特困、低保、低收入等社会救助对象参加城乡居民基本医疗保险。其个人缴费政全额由所在区财政全额负担。 2. 门诊救助。政策范围内个人负担部分由民政部门按照80%的比例给予救助，全年救助封顶线6 000元。 3. 住院救助。政策范围内个人负担部分由民政部门按照80%的比例给予救助，全年救助封顶线60 000元。 4. 重大疾病救助。政策范围内个人负担部分由民政政部门按照85%的比例给予救助，全年救助封顶线120 000元。 5. 生育救助。政策范围内个人负担部分。由民政部门按照孕期检查救助后，正常产住院分娩救助不超过1 200元，剖宫产住院分娩救助不超过2 600元，政府产住院即时结算。 6. 住院押金减免和出院即时结算。特困人员、低保对象在定点医疗机构可享受住院押金减免。 特困人员全额报销。 对于家庭自付的合规医疗费用，由民政部门按照3万元（含）以下30%，3万元以上5万元（含）以下40%，5万元以上50%的比例分段给予医疗救助。全年救助封顶线8万元。	对重点救助对象参加城乡居民基本医疗保险的个人缴费部分进行补贴。对特困救助供养人员给予全额资助；对最低生活保障家庭成员给予的政策范围定点医疗机构住院费用中，对经过基本医疗保险、城乡居民大病保险、商业保险及各类补充医疗保险报销的个人负担限额内按不低于70%的比例给予救助。对重点救助对象无充医疗救助，城乡居民大病保险、商业保险及各类补充医疗保险等报销后个人负担的合规医疗费用，直接予以补助；因病致贫重病患者等其他合规负担的部分予以支付，对超过家庭能力的部分予以救助。医疗机构对疾病应急救治所发生的费用，向疾病应急救助基金申请补助。 支出责任：省、市、县财政负责，中央财政给予补助。	对最低生活保障家庭成员、城乡特困人员及低保边缘家庭： 1. 资助参保。救助对象、个人缴费部分由市政府全额资助。 2. 门诊救助。救助对象门诊经基本医保报销后，特困对象个人负担部分政策范围内50%，特困供养人员封顶线500元，其他救助对象封顶线200元。 3. 住院救助。救助对象经基本医保、大病保险范围内住院政策报销后个人负担2万元以下部分救助60%、2万元（含）以上部分救助80%。 4. 重特大疾病救助。大病对象经基本医保和住院医疗救助报销后个人负担部分在2万元（含）以上的进行救助，救助比例50%，每年救助一次。救助封顶线10万元。 支出责任：市、区财政适当补助。

续表

	国家	北京市	河北省	天津市
临时救助	为救助对象发放临时救助金，根据临时救助标准和救助对象基本生活需要，发放衣物、食品、饮用水、提供临时住所；对给予临时救助金、实物救助后，仍不能解决救助对象困难的，可分情况提供转介服务。县级政府根据救助对象困难类型、困难程度、统筹考虑其他社会救助制度临时救助标准，合理确定临时救助标准，并适时调整。地方人民政府负责，中央财政对困难地区适当补助。	1. 发放临时救助金 2. 提供救助服务 （1）本市各级救助管理机构、慈善超市等，可根据临时救助困难情形，为本辖区内临时救助对象发放衣物、食品、饮用水等实物。 （2）本市各级救助管理机构可根据临时救助对象困难情形，为其提供临时住所，临时生活照料、心理疏导等救助服务；对突发急病的救助对象，可提供医疗服务。 （3）符合生活无着的流浪、乞讨人员救助条件的，乞讨人员救助，按照本市关于流浪、乞讨人员救助管理的有关规定，为其提供相应的救助服务。 3. 提供转介服务 对给予临时救助金和提供救助服务后，仍不能解决救助对象困难的，可分情况提供转介服务。	为救助对象发放临时救助金；根据临时救助标准和救助对象基本生活需要，发放衣物、食品、饮用水、提供临时住所；对给予临时救助金、实物救助后，仍不能解决救助对象困难的，可分情况提供转介服务。县级人民政府根据救助对象困难类型、困难程度、统筹其他社会救助制度保障水平，合理确定临时救助标准，并适时调整。支出责任：市、县政府负责，中央和省财政对困难地区适当补助。	1. 急难型救助对象：解决基本生活的，每人不超过 3 个月低保标准；解决医疗，每人不超过月的低保标准救治的救助对象，可分情况给予的救助金额，一次救治的救助对象给予的救助金额 2 万元。 2. 支出型救助对象：根据申请家庭生活必需品支出与自付费用的不同，给予低保标准救助。支出责任：市、区财政负担，中央财政适当补助。

续表

	国家	北京市	河北省	天津市
受灾人员救助	及时为受灾人员提供必要的食品、饮用水、衣被、取暖、临时住所、医疗防疫等应急救助；对住房损毁严重的受灾人员进行过渡性安置；及时核实本行政区域内居民住房恢复重建救助对象，并给予资金、物资等救助；受灾地区人民政府应当为因当年春荒或者冬寒造成生活困难的受灾人员提供基本生活救助。中央和地方人民政府共同负责。	1. 灾害应急救助，用于紧急抢救和转移安置受灾人员，解决受灾人员应急期无力兑现的吃、穿、住、医等临时生活困难。 2. 过渡期生活救助，用于帮助"因灾房屋倒塌或严重损毁无房可住、无生活来源、无自救能力"的受灾人员，解决灾后过渡期间的基本生活困难。 3. 倒塌、损坏农房恢复重建救助，用于帮助因灾的农村居民重建因灾倒塌或严重损坏的基本农房，维修因灾造成一般损坏的农房。 4. 旱灾临时生活救助，用于解决因旱灾造成生活困难的人员基本生活困难。 5. 遇难人员亲属抚慰，用于向因灾死亡（失踪）人员亲属发放抚慰金。	及时为受灾人员提供必要的食品、饮用水、衣被、取暖、临时住所、医疗防疫等应急救助；对住房损毁严重的受灾人员进行过渡性安置；及时核实本行政区域内居民住房恢复重建救助对象，并给予资金、物资等救助；受灾地区人民政府应当为因当年春荒或者冬寒造成生活困难的受灾人员提供基本生活救助。支出责任：中央和省、市、县政府共同负责。	对所有遭受自然灾害、基本生活受到影响的人员进行救助。灾后补助标准参照国家补助标准调整。现行标准执行。今后动态调整，受灾人员基本生活得到初步救助。10小时内，受灾人员基本生活得到初步救助。支出责任：市、区财政负担，中央财政适当补助。
法律援助	提供必要的法律咨询、代理、刑事辩护等无偿法律服务。地方人民政府负责，中央财政引导地方加大投入力度。	提供必要的法律咨询、代理、刑事辩护等无偿法律服务。《北京市法律援助条例》	提供必要的法律咨询、代理、刑事辩护等无偿法律服务。支出责任：市、县政府负责，中央、省加大引导力度。	对经济困难公民和符合法定条件的当事人，按照法律援助标准执行。支出责任：市、区财政负担。

续表

	国家	北京市	河北省	天津市
老年人福利补贴	对经济困难的高龄老年人，逐步给予养老服务补贴；对生活长期不能自理、经济困难的老年人，给予护理补贴。	1. 困境家庭老年人生活服务补贴（含享受低保待遇的老年人、领取北京市城市居民最低生活困境补助金的老年人，下同），补贴标准为每人每月 300 元；低保标准的老年人，属于本市计划生育特殊家庭且不符合条件的老年人，补贴标准为每人每月 100 元。 2. 失能老年人护理补贴：经能力综合评估为重度失能的老年人，残疾等级为一级的视力、智力、精神多重残疾老年人，肢体等残疾等级为一级的老年人中的多重残疾老年人，补贴标准为每人每月 600 元；残疾等级为二级的视力、智力、精神多重残疾老年人，肢体残疾等级为二级、三级残疾老年人，智力、精神残疾等级为一级、二级残疾老年人，言语的听力、二级残疾老年人，补贴标准为每人每月 200 元。 3. 高龄老年人津贴：80 周岁至 89 周岁的老年人，津贴标准不低于每人每月 100 元；90 周岁至 99 周岁的老年人，津贴标准不低于每人每月 500 元；100 周岁及以上的老年人，津贴标准不低于每人每月 800 元。	对经济困难的高龄老年人，逐步给予养老服务补贴；对生活长期不能自理、经济困难的老年人，给予护理补贴；对 80 周岁以上低收入老年人、百岁以上老年人的高龄津贴每人每月不少于 300 元。 支出责任：市、县政府负责，省级政府负责。	1. 困难老年人居家养老服务（护理）补贴：按照料评估等级，分别给予每人每月 200 元、400 元、600 元的居家养老服务（护理）补贴。 支出责任：市、区财政分担，1:1 比例分担。 2. 老年人助餐服务：老年餐：老年人在自愿申请的前提下给予午餐 5 元，每周 1 次，每天午餐 1 次，以助餐价格 3 元（每天午餐的助餐补贴，以助餐优惠的方式体现）的运营补贴；同时给予老人家食堂 2 元的运营补贴。 支出责任：市、区财政分担，4:6 比例分担。 3. 老年人福利补贴：每人每月 500 元。 支出责任：各区财政负担，市财政给予 40% 转移支付补助。

续表

国家	北京市	河北省	天津市
困境儿童保障			
为困境儿童提供基本生活服务、基本医疗、教育等服务。各地统筹责任，落实监护责任，困境儿童，致困原因、困难类型、困难程度，完善社会救助、社会保障等福利政策。	1. 对儿童福利机构集中养育的孤儿弃婴，按照每人每月2 000元标准发放生活费。 2. 对事实无人抚养儿童，按照每人每月1 800元标准发放生活费。 3. 对贫困家庭重病儿童和残疾儿童，在继续享受城乡低保分类救助待遇生活费的基础上，按照低保标准的40%发放生活费。纳入困境儿童生活保障范围的儿童，不再适用特困人员救助供养政策。享受城乡低保分类救助待遇的事实无人抚养儿童，在其本人享受的分类救助资金额度基础上补齐。 4. 对残疾等级为一级的视力、智力、精神残疾儿童和肢体、智力为二级的重度残疾儿童中的多重残疾儿童，按照每人每月300元标准给予护理补贴。 5. 对残疾儿童和残疾人等级为二级的视力、肢体残疾等级为二级、三级的智力、精神残疾儿童以及残疾等级为一级、二级的听力、言语残疾儿童，按照每人每月100元标准给予护理补贴。 6. 对0～3岁的困境家庭婴幼儿，参加重大疾病和意外伤害保险的，由区财政给予年度全额度费用补贴。	为困境儿童提供基本生活、基本医疗、教育等服务、落实监护责任。各地统筹型、困境儿童的致困原因，困难类型、困难程度，社会救助、社会福利等保障政策。 支出责任：市、县政府给予补助。	1. 特殊儿童群体基本生活保障：社会散居孤儿每人每月2 570元，集中供养孤儿每人每月2 590元。随低保标准调整。事实无人抚养儿童、艾滋病病毒感染儿童参照社会散居孤儿基本生活费全额执行。 2. 未成年人救助保护：提供临时基本食物、住处和急病医康助、心理辅导、教育矫治、文化教育、技术培训、返乡及安置服务。 3. 儿童福利机构集中供养成年孤儿社会安置保障：对经过评估，符合社会安置条件的成年孤儿给予一次性社会安置费15万元。 4. 困境儿童保障：为困境儿童提供基本生活保障、教育保障，落实困境儿童监护责任。为残疾的困境儿童提供康复等福利服务。 支出责任：第一项、第二项由市、区财政负担，第三项由市、中央财政负担，第四项由市、区财政适当补助，中央财政适当负担。

续表

	国家	北京市	河北省	天津市
农村留守儿童关爱保护	强化家庭监护主体责任；落实各县、乡镇人民政府和村（居）民委员会职责；加大教育部门和学校关爱保护力度；动员群团组织开展关爱服务；推动社会力量积极参与。	强化家庭监护主体责任；落实各县、乡镇人民政府和村（居）民委员会职责；加大教育部门和学校关爱保护力度；动员群团组织开展关爱服务；推动社会力量积极参与。	强化家庭监护主体责任；落实各县、乡镇人民政府和村（居）民委员会职责；加大教育部门和学校关爱保护力度；动员群团组织开展关爱服务；推动社会力量积极参与。支出责任：市、县政府负责。	按照《天津市人民政府关于加强农村留守儿童关爱保护工作的实施意见》等相关规定予以保障。支出责任：市、区财政负担，中央财政适当补助。
基本殡葬服务	为城乡困难群众以减免费用或成补贴方式提供遗体接运、暂存、火化、骨灰寄存等基本殡葬服务；为优抚对象及城乡困难群众免费或低收费及城乡困难群众提供免费生态节地生态安葬服务。	自然葬，减免费用2 800元。	为城乡困难群众以减免费用或成补贴方式提供遗体接运、暂存、火化、骨灰寄存等基本殡葬服务；为优抚对象及城乡困难群众提供低收费服务；为优抚对象及城乡困难群众提供免费节地生态安葬服务。支出责任：市、县政府负责。	1. 无丧葬补助居民丧葬补贴：对具有本市户籍，但不享受丧葬补助待遇的城乡居民，按每人1 800元补贴。 2. 节地生态安葬奖补：对本市户籍，2020年1月1日后申请办理节地生态安葬为每具骨灰1 000元；符合条件的服务对象且逝者遗体节地生态安葬选择火化60日内直接选择节地生态安葬，基本殡葬服务均由本市具有合法资质的殡葬服务单位提供，基本殡葬服务费用补贴标准为每具骨灰1 420元。 支出责任：第一项由市、区财政门纳入财政预算，区财政按照6：4比例分担。第二项由市财政负担。

续表

	国家	北京市	河北省	天津市
优待抚恤	建立完善优抚对象待遇与贡献相一致的优抚保障体系，将优抚对象优先纳入覆盖一般群众的救助、医疗、养老、住房以及残疾人保障等各项社会保障制度体系。	建立完善优抚对象待遇与贡献相一致的优抚保障体系，将优抚对象优先纳入覆盖一般群众的救助、医疗、养老、住房以及残疾人保障等各项社会保障制度体系。	建立完善优抚对象待遇与贡献相一致的优抚保障体系，将优抚对象优先纳入覆盖一般群众的救助、医疗、养老、住房以及残疾人保障制度体系。支出责任：中央和省、市、县政府分级负担。	从2021年到2025年，按照本市优抚对象优待抚恤补助自然增长机制，不断提高优待抚恤补助标准。支出责任：各级财政负担。
退役军人安置	自主就业的，在领取退役金后，按规定享受扶持就业优惠政策；其他分别采取安排工作、退休、供养等方式予以安置。	自主就业的，在领取退役金后，按规定享受扶持就业优惠政策；其他分别采取安排工作、退休、供养等方式予以安置。	自主就业的，在领取退役金后，按规定享受扶持就业优惠政策；其他分别采取安排工作、退休、供养等方式以安置。支出责任：中央和省、市、县政府共同负责。	自主就业退役士兵一次性经济补助标准，根据本市经济社会发展水适时调整。支出责任：市、区财政负担。

续表

	国家	北京市	河北省	天津市
重点优抚对象集中供养	建立完善优抚对象待遇与贡献相一致的优抚保障体系，依托优抚医院、光荣院，给予符合条件的重点优抚对象集中供养、医疗等保障。	建立完善优抚对象待遇与贡献相一致的优抚保障体系，依托优抚医院、光荣院，给予符合条件的重点优抚对象集中供养、医疗等保障。	建立完善优抚对象待遇与贡献相一致的优抚保障体系，依托优抚医院、光荣院，给予符合条件的重点优抚对象集中供养、医疗等保障。支出责任：中央和省、市、县政府共同负责。	对老年、残疾或者未满 16 周岁的烈士遗属、因公牺牲军人遗属和进入老年的残疾军人、复员军人、退伍军人、无法定赡养人、扶养人、抚养人或者抚养人无赡养、扶养、抚养能力且享受国家定期抚恤补助待遇的特殊群体实行集中供养。从 2021 年到 2025 年，根据本市经济社会发展水平，适时提高优抚对象集中供养保障水平。支出责任：各级财政负担。

备注：天津市另外还设置了流浪乞讨人员生活救助和退役军人就业创业服务。流浪乞讨人员生活救助的服务对象为离家在外、身陷生存困境、自身无力解决食宿、正处于或即将处于流浪乞讨状态的人员，天津市为其提供符合食品安全标准的食物，对在站内突发急病的及时送医救治，帮助与其亲属或者所在单位联系，对没有交通费返回其住所地或其所属单位服务的对象为退役军人，天津市规定各区退役军人事务部门每年至少组织 2 次退役军人专场招聘活动，费用由区财政负担。

资料来源：根据国家和各地基本公共服务清单整理。

5.3.6　基本住房保障

在基本住房保障领域，河北省与国家保障标准大体一致；北京市没有给出基本公共服务清单，但公共租赁住房和城镇棚户区住房改造两个项目在《中共北京市委 北京市人民政府关于全面深化改革提升城市规划建设管理水平的意见》中、农村危房改造项目在《北京市农村危房改造实施办法（试行）》中有较为详细的说明，此三项服务项目的保障标准基本是在国家标准基础上进行细化；而天津市基本住房保障项目与国家有较大差异，其取消了城镇棚户区住房改造项目。从三地的对比来看，北京市的保障标准较高，其分类分档标准也更为明确。

表5-8　基本住房保障领域国家、北京市、河北省、天津市政策标准的对比

	国家	北京市	河北省	天津市
公共租赁住房	实行实物保障与货币补贴并举，并逐步加大租赁补贴发放力度。	推进公共租赁住房货币化，通过向符合条件的家庭发放货币补贴等方式，鼓励保障家庭承租市场房源解决住房困难。优化政策性住房布局，轨道交通沿线、站点周边及上盖开发原则上要优先满足政策性住房用地需求，鼓励国有企业利用自有用地开发自住型商品住房和公共租赁住房。	实行实物保障与货币补贴并举，并逐步加大租赁补贴发放力度。支出责任：市、县政府负责，引导社会资金投入，省政府给予资金支持，中央给予资金补助。	为城镇中低收入住房困难家庭，本市环卫、公交系统非津户籍住房困难家庭提供公租房保障，实物保障与租赁补贴并举，按照本市住房租赁补贴或实物保障有关政策执行。相关标准按照本市有关政策适时调整。支出责任：市、区财政负担，中央适当补助。
城镇棚户区住房改造	实物安置和货币补偿相结合，具体标准由市、县级人民政府确定（有国家标准的，执行国家标准）。全国开工改造包括城市危房、城中村在内的各类棚户区住房2 000万套。	到2020年基本完成城镇棚户区住房改造工作，主要包括以下四种措施：创新统筹开发模式；统一房屋征收政策；高标准建设安置房；创新直管公房管理政策。	实物安置和货币化安置相结合。支出责任：政府给予适当补助，企业安排一定的资金，住户承担一部分住房改善费用。	无

续表

	国家	北京市	河北省	天津市
农村危房改造	支持符合条件的贫困农户改造危房，各省份确定不同地区、不同类型、不同档次的省级分类补助标准，中央财政给予适当补助，基本完成存量危房改造任务。地震设防地区结合危房改造，统筹开展农房抗震改造。	低保和低收入家庭、实行分散供养的特困人员家庭的补助面积为 3 间，每间 15 平方米，共计 45 平方米；享受定期抚恤补助的优抚对象家庭的补助面积为 3 间，每间 18 平方米，共计 54 平方米；超出补助面积部分资金由个人自行承担。	支持符合条件的贫困农户改造危房，确定不同地区、不同类型、不同档次的省级分类补助标准，基本完成存量危房改造任务。 支出责任：中央财政补助、省市县财政支持、个人自筹等相结合。	对符合条件的农村困难群众（唯一住房是危房的分散供养特困人员、低保户、困难残疾人户、因灾倒损户、其他困难户）危房实施改造，补贴标准按照本市农村危房改造有关政策执行，并随经济发展水平动态调整。 支出责任：市、区财政负担，中央适当补助。
备注：天津市基本公共服务清单中没有城镇棚户区住房改造项目。				

资料来源：根据国家和各地基本公共服务清单整理。

　　综合七个领域的对比分析来看，京津冀在基本就业创业、基本医疗卫生以及基本公共文化体育三个领域基本均未列出具体项目的财政保障标准。从它们的项目设置来看，三地都是以国家所设立的项目为基础进行调整。河北省的变动最小，仅有基本公共文化体育中的一项与国家项目不同。天津市的变动较大，其在国家项目基础上结合本地实际情况进行了增删，增加了基本公共教育、基本社会服务两个领域的项目设置，减少了基本住房保障、基本公共文化体育两个领域的项目设置，在基本劳动就业创业、基本社会保险、基本医疗卫生三个领域则有增有减、基本保持一致。由于北京市未公布基本公共服务清单，所以项目设置的对比无法进行。在基本公共教育、基本社会服务、基本社会保险领域，河北省的项目设置以及各项目的财政保障标准基本都与国家规定相同，调整内容较少，幅度较小。天津市的项目设置及其保障标准、北京市项目的保障标准都有一定的调整，而且两地自行调整的保障标准大多高于国家标准。

　　总体而言，在基本公共服务领域，天津市与北京市，尤其是天津市的项目设置更为具体、标准更为明确，其在中央层面基本公共服务清单的基础上，根据本地实际，进行了较大幅度的调整，因此相对于河北省，其提供的基本公共服务也可能更为契合辖区内民众需要。综上所述，在基本公共服务领域，河北省应在学习北京市、天津市先进经验的基础上，结合本地实际，细化基本公共服务项目设置，明确保障标准，加大保障力度，构建契合辖区内民众需要与经济发展需求的基本公共服务体系。

5.3.7　基本公共文化体育

在基本公共文化体育领域，国家及京津冀三地均未列出具体的财政保障标准，在项目服务内容方面也基本无差别，因而此处仅基于不同的项目设置进行对比分析。如表5-9所示，总体来看，河北省与国家的项目设置仅在"少数民族文化服务"一项上有区别。这是河北省基于自身的实际情况而删去了此项服务。基于天津市实际情况，天津市与国家的项目设置在"送地方戏、参观文化遗产"两项上有所区别。由于北京市尚未发布公共服务清单，因此此处列举了调研中能够获得的部分项目。总体来看，由于公共文化体育领域的项目特点，政府难以对其制定具体的财政保障标准。

表5-9　基本公共文化体育领域国家、北京市、河北省、天津市政策标准的对比

国家	北京市	河北省	天津市
公共文化设施免费开放	公共文化设施免费开放	公共文化设施免费开放	公共文化设施免费开放
送地方戏	参观文化遗产	送地方戏	送戏曲下乡
收听广播	公共体育场馆开放	收听广播	少数民族文化服务
观看电视	全民健身服务	观看电视	观看电视
观赏电影	（注意：其余项目在调研中未得到具体支出数据）	观赏电影	观赏电影
读书看报		读书看报	收听广播
少数民族文化服务		参观文化遗产	读书看报
参观文化遗产		公共体育场馆开放	公共体育设施开放
公共体育场馆开放		全民健身服务	全民健身服务
全民健身服务			

资料来源：根据国家和各地基本公共服务清单整理。

第6章	京津冀基本公共服务协同 发展现状

自京津冀协同发展战略提出以来，三地在基本公共服务协同发展方面已取得不少成绩，本章将从基本公共教育、基本劳动就业创业、基本社会保险、基本医疗卫生、基本社会服务、基本住房保障、基本公共文化体育等七个领域进行现状分析。

6.1 基本公共教育服务协同发展现状

本节从资源投入和结果的视角出发，选取生师比、生均教育经费支出、每百名学生拥有教学用计算机台数和高中毕业率四个指标考察京津冀三地在人力资源投入、财力资源投入、物力资源投入和教育效益方面的发展现状和发展差距。

考虑到学前教育、继续教育指标数据缺失和中等职业教育的特殊性质，本节暂且不予讨论，只研究九年义务教育和普通高中教育，由此分析京津冀三地基本公共教育服务协同发展现状。

6.1.1 生师比现状

生师比是指在校学生数量与学校专任教师数量的比值，该指标一定程度上反映了师资力量供给与学生需求之间的契合程度，合理的生师比有利于充分利用人力资源、提高教学质量。

由京津冀地区 2014—2020 年生师比数据（见图 6-1、图 6-2 和图 6-3）可知，北京市学生拥有老师数量相对较多，天津市次之，河北省最少。具体来说，小学阶段，北京市平均约 14 名学生拥有 1 名老师，天津市平均约 15

名学生拥有 1 名老师，而河北省平均约 17 名学生拥有 1 名老师；初中阶段，北京市平均约 8 名学生拥有 1 名老师，天津市平均约 10 名学生拥有 1 名老师，而河北省平均约 14 名学生拥有 1 名老师；高中阶段，北京市平均约 8 名学生拥有 1 名老师，天津市平均约 10 名学生拥有 1 名老师，而河北省平均约 13 名学生拥有 1 名老师。同时，河北省初中、高中教育阶段生师比大约达到了北京的 1.7 倍。这表明京津冀区域间教师资源配置不均等，北京市的基本公共教育教师资源配置最为充足，而河北省基础教育各阶段的师资队伍都有待扩充。从时间维度来看，河北省各个教育阶段的生师比均有所降低，但与北京市、天津市相比，其差距并未出现明显缩小趋势。

图 6 - 1　2014—2020 年京津冀地区小学生师比
资料来源：教育部网站教育统计数据。

图 6 - 2　2014—2020 年京津冀地区初中生师比
资料来源：教育部网站教育统计数据。

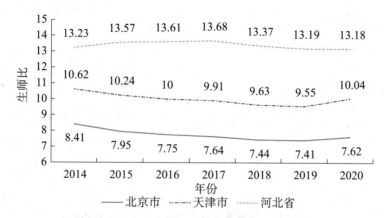

图 6 - 3　2014—2020 年京津冀地区高中生师比

资料来源：教育部网站教育统计数据。

6.1.2　生均教育经费支出现状

生均教育经费支出一方面是基本公共教育服务赖以发展的财力资源，对地区基本公共教育服务的发展具有十分重要的作用；另一方面也折射出地方政府在财政方面对基本公共教育的重视程度①。如图 6 - 4、图 6 - 5 和图 6 - 6 所示，从北京市、天津市、河北省的生均教育经费支出的数据来看，三地的生均教育经费支出差距显著，北京市生均教育经费支出一枝独秀，天津市次之，河北省最低，呈现出明显的梯度。以 2020 年为例，天津市小学生均教育经费支出是北京市的 53.23%，是河北省的 1.93 倍；天津市初中生均教育经费支出是北京市的 48.44%，是河北省的 2.23 倍；天津市高中生均教育经费支出是北京市的 39.71%，是河北省的 1.91 倍。此外，从时间维度来看，天津市、河北省两地生均教育经费支出差距在逐渐缩小，但北京市与其他两地之间的生均教育经费支出差距则整体上有扩大趋势。

6.1.3　每百名学生拥有教学用计算机台数现状

本节选取每百名学生拥有教学用计算机台数作为指标衡量政府在基本公共教育服务上投入的物力资源，该指标可以反映出地区的办学条件，尤其是

---

① 鲁继通. 京津冀基本公共服务均等化：症结障碍与对策措施 [J]. 地方财政研究，2015（9）：70 - 75.

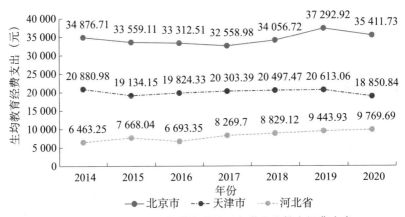

图 6-4　2014—2020 年京津冀地区小学生均教育经费支出

资料来源：历年《中国教育经费统计年鉴》。

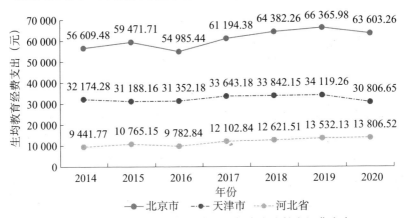

图 6-5　2014—2020 年京津冀地区初中生均教育经费支出

资料来源：历年《中国教育经费统计年鉴》。

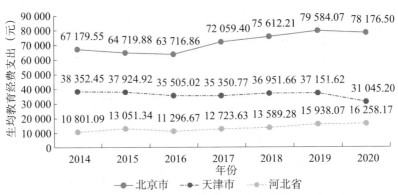

图 6-6　2014—2020 年京津冀地区高中生均教育经费支出

资料来源：历年《中国教育经费统计年鉴》。

信息化环境①。如图 6 - 7、图 6 - 8 和图 6 - 9 所示，北京市、天津市、河北省的每百名学生拥有教学用计算机台数依次递减，津冀两地较为相近，但与北京市存在较大差距。2020 年，北京市每百名小学生拥有教学用计算机台数是天津的 1.40 倍，是河北的 1.68 倍；每百名初中生拥有教学用计算机台数是天津的 1.80 倍，是河北的 2.23 倍；每百名高中生拥有教学用计算机台数是天津的 3.32 倍，是河北的 7.59 倍。从时间维度来看，初中、高中的差距都在扩大，且高中的差距呈现持续扩大的趋势。从 2014 年至 2020 年，三地小学的每百名学生拥有教学用计算机台数差距整体上有所缩小，2020 年北京市与河北省之间的差距较 2014 年缩小了约 5 台，但初中、高中的每百名学生拥有教学用计算机台数的差距都扩大了，分别扩大了约 4 台和 41 台。不过，北京市与津冀的每百名初中生拥有教学用计算机台数的差距呈现先扩大后缩小的趋势，而北京市与津冀的每百名高中生拥有教学用计算机台数的差距则呈现持续扩大的趋势。值得关注的是，北京市高中的每百名学生拥有教学用计算机台数从 2016 年开始就高于 100 台，2020 年数据更显示出人手 1.3 台，其智能化教学条件远远超过北京市小学、初中以及津冀两地的小学、初中和高中。

图 6 - 7　2014—2020 年京津冀地区小学每百名学生拥有教学用计算机台数

资料来源：教育部网站教育统计数据。

图 6 - 8　2014—2020 年京津冀地区初中每百名学生拥有教学用计算机台数

资料来源：教育部网站教育统计数据。

① 曹浩文. 京津冀基本公共教育服务差距缩小了吗?：基于 2014 至 2016 年数据的对比 [J]. 教育科学研究，2018（9）：17 - 22.

图 6 - 9　2014—2020 年京津冀地区高中每百名学生拥有教学用计算机台数
资料来源：教育部网站教育统计数据。

6.1.4　高中毕业率现状

本节选择高中毕业率对基本公共教育服务情况进行评价，采用王晨苗的高中毕业率的计算公式（t 年高中毕业率＝t 年毕业生数$/t-1$ 年预计毕业生数[①]），根据教育部网站公布的毕业生数、预计毕业生数测算京津冀三地 2014—2020 年的高中毕业率，结果如图 6 - 10 所示。

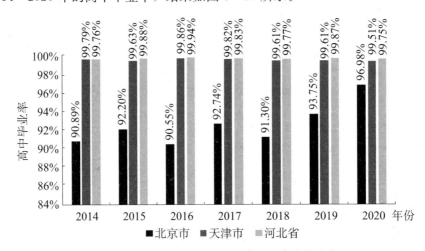

图 6 - 10　2014—2020 年京津冀地区高中毕业率
资料来源：教育部网站教育统计数据。

京津冀三地的高中毕业率均高于 90%，其中津冀两地的高中毕业率都接近 100%，北京的高中毕业率相对较低，但在稳步提高，并于 2020 年超过了

[①] 王晨苗．京津冀基本公共教育服务均等化研究 [D]．保定：河北大学，2018.

95％。这一数据似乎与现实情况背道而驰，本研究认为北京市存在大量流动人口是造成这一结果的重要原因。具体来说，流动人口子女虽能在北京市高中上学，但由于户籍限制，无法在北京市参加高考，只得中途回到户籍所在地完成剩下的高中教育和参加高考。这也就导致了北京市的高中毕业率低于天津市、河北省两地的高中毕业率。

总体来看，京津冀地区基本公共教育资源配置不均匀，北京市在教育资源方面具有较大优势，河北省无论是人力、财力还是物力资源均明显落后于北京市、天津市，有较大提升空间。从时间维度来看，京津冀基本公共教育服务差距在 2014—2020 年并未缩小，反而扩大了，尤其是反映信息化教学环境的高中每百名学生拥有教学用计算机台数，其差距持续大幅扩大。

6.2　基本劳动就业创业服务协同发展现状

《"十三五"推进基本公共服务均等化规划》中提出基本劳动就业创业服务四项重点任务，分别是公共就业服务、创业服务、职业培训、劳动关系协调和劳动权益保护[①]。本节从以上视角出发，在曹浩文[②]、鲁继通[③]、张海枝[④]等的研究基础上，选取典型指标作为京津冀地区基本劳动就业创业服务均等化现状分析的依据。具体指标如下：人均就业与社会保障支出、在岗职工平均工资。

本节选取《京津冀协同发展规划纲要》正式颁布的前一年即 2014 年作为起始分析年份，将数据可获得的最新年份即 2020 年作为终止年份，分析2014—2020 年京津冀三地基本劳动就业创业服务的发展情况。人均就业与社会保障支出、在岗职工平均工资的数据来源于历年《中国统计年鉴》。

从基本劳动就业创业服务体系来看，京津冀三地在省（市）、市（区）级都以管理为主，行政流程较为规范，但在基层行政单位建设上存在一定差距。北京市、天津市现已基本实现城乡一体化，基层服务设施建设较为完善，但

---

① 2017 年国务院颁布《"十三五"推进基本公共服务均等化规划》。

② 曹浩文. 京津冀基本公共教育服务差距缩小了吗？：基于 2014 至 2016 年数据的对比 [J]. 教育科学研究，2018 (9)：17 - 22.

③ 鲁继通. 京津冀基本公共服务均等化：症结障碍与对策措施 [J]. 地方财政研究，2015 (9)：70 - 75.

④ 张海枝. 我国公共就业服务均等化水平的统计评价 [J]. 统计与决策，2013 (24)：44 - 46.

河北省相对来说，在基层行政单位的服务意识、服务流程规范性、服务人员建设、经费保障等方面都存在明显不足，一定程度上阻碍了河北省基层劳动就业创业服务的发展。

6.2.1　人均就业与社会保障支出现状

京津冀地区基本劳动就业创业服务财政支出规模逐年扩大，但地区间差距也在逐渐扩大。如图 6-11 所示，2014—2020 年北京市人均就业与社会保障支出从 2 365.73 元增长至 4 823.48 元，翻了一番有余；天津市、河北省也都提高了约一倍。这一定程度上说明京津冀三地政府对基本劳动就业创业的重视程度有所提高，积极落实财政资金，保障居民就业创业。但同时也可以看出，北京市、天津市、河北省在基本劳动就业创业服务方面的财政资金支出规模呈现递减趋势，2020 年北京市人均就业与社会保障支出数额达到河北省的 2.55 倍；且自 2018 年开始北京市与天津市、河北省两地的差距逐年扩大。这表明京津冀三地的基本劳动就业创业服务支出存在明显的区域差距，北京市的支出规模远超天津市和河北省，并且三地间差距有进一步扩大的趋势。

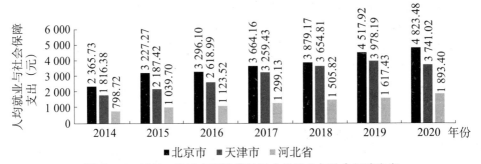

图 6-11　2014—2020 年京津冀地区人均就业与社会保障支出

资料来源：历年《中国统计年鉴》。

6.2.2　在岗职工平均工资现状

考虑到地区经济发展因素对工资的影响，将《中国统计年鉴》中的在岗职工平均工资去除地区居民消费价格指数后，得到如下数据。如图 6-12 所示，2014—2020 年京津冀三地的在岗职工平均工资都有所提高，北京市增幅最大，河北省增长较为缓慢。去除地区居民消费价格指数后，京津冀三地在岗职工平均工资仍然呈现依次递减的趋势，地区间差距较大且在持续扩大。以 2020 年为例，河北省在岗职工平均工资仅为北京市在岗职工平均工资的零头。

图 6-12　2014—2020 年京津冀地区在岗职工平均工资

资料来源：历年《中国统计年鉴》。

6.3　基本社会保险服务协同发展现状

6.3.1　医保结算情况

根据《京津冀医保协同发展 2022 年工作要点》，京津冀三地将继续扩大跨省异地就医门诊慢特病直接结算定点医疗机构数量，推动扩大异地就医定点医疗机构互认范围，探索取消京津冀区域间异地就医门诊备案手续等，推进京津冀门诊联网直接结算。按照国家统一部署和要求，河北省将积极扩大廊坊市北三县、雄安新区、迁安、曹妃甸、固安、涞水等承接非首都功能疏解项目重点地区的跨省异地就医门诊直接结算定点医疗机构数量[1]。截至 2021 年底，天津市具有住院资质的 420 家定点医疗机构全部接入国家异地就医平台，实现异地联网直接结算；1 013 家定点医疗机构提供门诊费用跨省直接结算服务，联通区域从京津冀三地扩展到全国各省（区、市）；已有 16 家定点医疗机构通过国家平台联调测试，启动门诊慢特病治疗费用跨省直接结算试点试运行，扩面工作稳步推进[2]。

---

① 《京津冀医保协同发展 2022 年工作要点》印发 [EB/OL]. (2022-07-21) [2022-09-25]. http://he.people.com.cn/BIG5/n2/2022/0721/c192235-40047306.html.

② 市医保局推进落实"12393"18 项措施 全面深化京津冀医保协同发展 [EB/OL]. (2022-03-03) [2022-09-25]. http://www.tj.gov.cn/sy/zwdt/bmdt/202203/t20220303_5818970.html.

6.3.2 药品和医用耗材集中采购情况

天津市依托天津市医药采购中心，打造以京津冀为核心、多省份共同参与的"3+N"医药产品集中带量采购平台，先后开展了包括人工晶体、糖尿病高血压常用药、冠脉扩张球囊、药物球囊等在内的9批次药品和医用耗材集中带量联盟采购。其中，人工晶体平均降价46.4%，冠脉扩张球囊平均降价90%，10种高血压、糖尿病等群众常见用药平均降价71.46%，降价效果显著，切实减轻了人民群众看病就医负担[①]。

6.3.3 城镇职工基本养老保险情况

从京津冀三地城镇职工基本养老保险参保人数来看（见表6-1、表6-2、表6-3、图6-13），2016—2020年三地参保人数逐年上升。从城镇职工基本养老保险基金收支与累计结余情况来看（见表6-1、表6-2、表6-3、图6-14），2016—2020年三地基金收入、支出与累计结余基本呈先上升后下降的趋势，在2019年达到峰值后于2020年有所回落。

表6-1 2016—2020年北京市城镇职工基本养老保险情况

指标	2020年	2019年	2018年	2017年	2016年
城镇职工参加基本养老保险人数（万人）	1 777.82	1 748.24	1 685.78	1 604.49	1 546.64
在职职工参加基本养老保险人数（万人）	1 466.44	1 445.63	1 392.24	1 321.36	1 271.25
离退人员参加基本养老保险人数（万人）	311.37	302.61	293.54	283.13	275.39
城镇职工基本养老保险基金收入（亿元）	2 160.63	2 760.63	2 553.87	2 222.96	2 249.01
城镇职工基本养老保险基金支出（亿元）	1 953.27	1 698.29	1 519.16	1 394.31	1 479.35
城镇职工基本养老保险基金累计结余（亿元）	5 763.30	6 018.53	5 298.18	4 394.88	3 566.23

资料来源：国家统计局网站。

---

① 市医保局推进落实"12393"18项措施 全面深化京津冀医保协同发展［EB/OL］.（2022-03-03）［2022-09-25］. http://www.tj.gov.cn/sy/zwdt/bmdt/202203/t20220303_5818970.html.

表 6－2　2016—2020 年天津市城镇职工基本养老保险情况

指标	2020 年	2019 年	2018 年	2017 年	2016 年
城镇职工参加基本养老保险人数（万人）	730.83	695.57	683.16	655.02	639.03
在职职工参加基本养老保险人数（万人）	496.47	469.26	462.2	441.23	430.42
离退人员参加基本养老保险人数（万人）	234.37	226.31	220.96	213.78	208.61
城镇职工基本养老保险基金收入（亿元）	854.54	1 021.17	1 120.31	894.30	751.37
城镇职工基本养老保险基金支出（亿元）	1 061.25	1 000.52	1 059.90	836.12	750.07
城镇职工基本养老保险基金累计结余（亿元）	358.58	556.46	530.31	463.16	397.73

资料来源：国家统计局网站。

表 6－3　2016—2020 年河北省城镇职工基本养老保险情况

指标	2020 年	2019 年	2018 年	2017 年	2016 年
城镇职工参加基本养老保险人数（万人）	1 737.88	1 654.52	1 586.06	1 535.81	1 403.14
在职职工参加基本养老保险人数（万人）	1 257.81	1 187.85	1 130.70	1 102.00	1 011.84
离退人员参加基本养老保险人数（万人）	480.06	466.67	455.36	433.81	391.30
城镇职工基本养老保险基金收入（亿元）	1 683.65	2 437.38	2 125.71	1 439.15	1 221.28
城镇职工基本养老保险基金支出（亿元）	1 981.57	2 425.67	2 020.26	1 411.63	1 269.44
城镇职工基本养老保险基金累计结余（亿元）	641.59	910.02	870.41	735.16	707.63

资料来源：国家统计局网站。

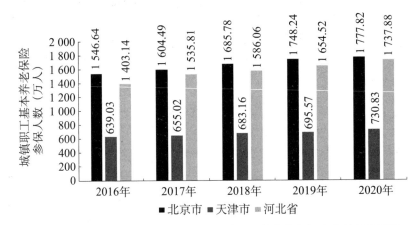

图 6 - 13 2016—2020 年京津冀地区城镇职工基本养老保险参保人数情况

资料来源：国家统计局网站。

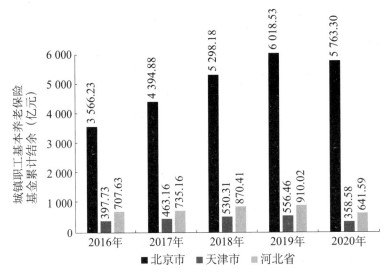

图 6 - 14 2016—2020 年京津冀地区城镇职工基本养老保险基金累计结余情况

资料来源：国家统计局网站。

6.3.4 城乡居民社会养老保险情况

从京津冀三地城乡居民社会养老保险参保人数来看（见表 6 - 4、图 6 - 15），2016—2020 年北京市参保人数逐年下降，而天津市、河北省参保人数逐年上

升。从城乡居民社会养老保险基金收支与累计结余情况来看（见表 6－4、
图 6－16），2016—2020 年三地基金收入、支出与累计结余均呈上升趋势。

表 6－4   2016—2020 年京津冀地区城乡居民社会养老保险情况表

地区	指标	2020 年	2019 年	2018 年	2017 年	2016 年
北京市	城乡居民社会养老保险参保人数（万人）	200.80	204.70	209.00	213.10	215.70
	城乡居民社会养老保险实际领取待遇人数（万人）	92.40	90.80	88.90	86.60	85.40
	城乡居民社会养老保险基金收入（亿元）	68.90	68.10	55.90	45.90	41.70
	城乡居民社会养老保险基金支出（亿元）	64.30	58.50	47.30	37.60	30.20
	城乡居民社会养老保险基金累计结余（亿元）	170.00	165.50	155.80	147.30	139.00
天津市	城乡居民社会养老保险参保人数（万人）	169.70	164.50	161.20	156.50	134.50
	城乡居民社会养老保险实际领取待遇人数（万人）	84.10	82.20	81.80	79.50	77.50
	城乡居民社会养老保险基金收入（亿元）	66.20	60.70	61.00	78.50	72.50
	城乡居民社会养老保险基金支出（亿元）	49.10	45.30	41.30	36.20	30.70
	城乡居民社会养老保险基金累计结余（亿元）	296.40	279.40	264.00	244.30	202.00
河北省	城乡居民社会养老保险参保人数（万人）	3 546.10	3 524.10	3 511.60	3 474.10	3 446.00
	城乡居民社会养老保险实际领取待遇人数（万人）	1 078.00	1 052.10	1 024.10	996.50	969.40
	城乡居民社会养老保险基金收入（亿元）	238.50	222.60	194.80	162.70	141.60
	城乡居民社会养老保险基金支出（亿元）	162.20	153.30	146.50	120.70	103.60
	城乡居民社会养老保险基金累计结余（亿元）	485.00	408.70	339.40	291.10	249.20

资料来源：国家统计局网站。

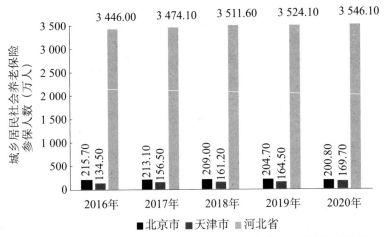

图 6-15　2016—2020 年京津冀地区城乡居民社会养老保险参保人数情况
资料来源：国家统计局网站。

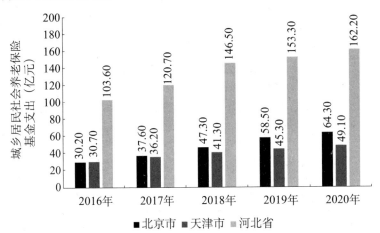

图 6-16　2016—2020 年京津冀地区城乡居民社会养老保险基金支出情况
资料来源：国家统计局网站。

6.3.5　一般公共预算收支情况

如表 6-5 所示，2020 年，北京市、天津市、河北省一般公共预算支出分别为
2 948 亿元、3 151 亿元、9 023 亿元。其中，就业和社会保障支出分别为 203 亿元、
519 亿元、1 413 亿元，分别占各地区一般公共预算支出的 6.89%、16.47%、
15.66%，北京地区就业和社会保障支出占比较低；卫生健康支出分别为 220 亿元、
176 亿元、817 亿元，分别占各地区一般公共预算支出的 7.46%、5.59%、9.05%，
河北地区卫生健康支出占比相对较高，天津地区占比相对较低。

表 6 - 5　2020 年京津冀地区一般公共预算收支情况

	北京市	天津市	河北省
一般公共预算收入（亿元）	3 025	1 923	3 827
一般公共预算支出（亿元）	2 948	3 151	9 023
就业和社会保障支出（亿元）	203	519	1 413
卫生健康支出（亿元）	220	176	817

资料来源：北京市、天津市、河北省三地 2020 年政府决算报告。

6.4　基本医疗卫生服务协同发展现状

6.4.1　医疗卫生基本情况

1. 北京市基本情况

北京市城市副中心重点项目加快建设，服务京津冀，实现优质医疗卫生资源共建共享，着力打造京津冀协同发展的先行示范区。北京大学人民医院通州院区于 2021 年 12 月正式开诊。首都医科大学附属安贞医院通州院区建设正在积极推进，预计 2024 年内开诊。

积极推进优质市属医疗卫生项目疏解，促进医疗卫生资源均衡布局。2019 年 7 月，首都医科大学附属北京友谊医院（顺义院区）主体工程开工，2023 年下半年投入使用。北京积水潭医院回龙观院区二期扩建工程是优化提升回天地区医疗服务能力的重点民生工程之一，二期扩建工程已全面封顶，二次结构施工阶段 2023 年底完工[①]。首都医科大学附属北京友谊医院（通州院区）于 2019 年 6 月正式开诊，结束了城市副中心没有三甲医院的历史；二期工程计划 2024 年投入使用。首都医科大学附属北京口腔医院迁建工程在北京市丰台区完成结构封顶，2023 年底具备搬迁条件，2024 年全院搬入新址。2022 年 7 月，国家儿童医学中心正式宣布"北京儿童医院亦庄院区项目获批正式启动"，新院区已明确定位为"妇儿中心"，已于 2023 年开工，2024 年投入运行。2021 年 8 月，首都医科大学附属北京同仁医院亦庄院区二期全面启用，按照规划，崇文门院区将承载三分之一门诊量，亦庄院区承载三分之二门诊量，满足北京市东南部地区及周边患者就医需求。

---

① 床位将达 1000 张 积水潭医院回龙观院区二期扩建工程全面封顶 [EB/OL]. （2022 - 07 - 19）[2023 - 01 - 16]. https://t.ynet.cn/baijia/33084815.html.

2. 天津市基本情况

截止到 2021 年底，天津市已有 9 家三甲医院与河北省 40 多家医院和北京市 5 家医院分别建立合作联盟；67 所医疗机构加入京津冀临床检验结果互认名单，互认项目达 43 项；50 所医疗机构加入京津冀医学影像资料共享名单，共享项目达 20 项①。在明确天津市医师多点执业无须报备基础上，放宽京冀执业医师护士来津注册条件，北京市和河北省医护人员无须备案即可在天津市任何一所医疗、预防、保健机构执业。同时，已有北京市和河北省医师、护士共计 447 人次在天津市医疗机构进行执业并备案，促进了三地医师、护士人员合理流动②。

2008 年，天津市滨海新区人民政府与北京大学医学部共建天津市第五中心医院。2020 年年底，天津市第五中心医院聘任 12 位北京大学医学专家担任普通外科、心内科等学科行政主任，4 名北京大学医学专家担任名誉主任，由他们负责学科全面工作，还有 10 余个学科由北京大学医学专家担任顾问。2021 年，该院儿科学被评为天津市医学重点建设学科，普通外科学成为天津市医学重点发展学科。该院心内科、骨科、妇产科、医学影像科、病理科等也引入了北京大学各附属医院优质资源。合作共建之后，该院医疗病种翻了一倍，已达 2 800 余种，四级手术增长了 8 倍，复杂病症、罕见病症诊断能力进一步提高③。

2021 年 5 月，天津市政府与中国医学科学院北京协和医学院签署合作协议。作为天津市和中国医学科学院北京协和医学院合作共建的中国医学科技创新体系核心基地天津基地项目之一，北京协和医学院天津医院也是天津市积极主动承接北京非首都功能、促进京津冀协同发展的重要举措。目前北京协和医学院天津医院一期工程已经交付使用④。

3. 河北省基本情况

雄安新区北京协和医院的定位为国家医学中心，2022 年 3 月财政部发布

---

① 北京协和医学院天津医院年底建成开诊 [EB/OL]. （2022 - 05 - 27）[2023 - 01 - 17]. https：//baijiahao. baidu. com/s? id=1733949832625123466&wfr=spider&for=pc.

② 金台资讯. 京津冀医疗卫生协同发展成效显著 [EB/OL]. （2022 - 03 - 05）[2023 - 01 - 17]. https：//baijiahao. baidu. com/s? id=1726424188523789029&wfr=spider&for=pc.

③ 实现跨越发展 全心服务患者天津市第五中心医院努力打造省市级医学中心 [EB/OL]. [2023 - 01 - 20]. http：//k. sina. com. cn/article_3546332963_d360bf23020017bwe. html.

④ 北京协和医学院天津医院年底建成开诊 [EB/OL]. （2022 - 05 - 27）[2023 - 01 - 17]. https：//baijiahao. baidu. com/s? id=1733949832625123466&wfr=spider&for=pc.

了项目可行性研究报告（代项目建议书）编制公开招标公告，2023 年 6 月开工建设，2025 年 6 月竣工。

北京大学人民医院怀来院区由北京大学人民医院全面托管，怀来县委县政府与北京大学人民医院深入对接沟通，展开深度合作，全力推动北京大学人民医院怀来院区建设。2022 年 7 月 1 日上午，北京大学人民医院怀来院区开诊仪式在怀来院区举行，怀来院区正式开诊。

2017 年 8 月，北京市与河北省共同签署战略合作协议。北京市以"交钥匙"方式在雄安新区启动"三校一院"项目建设，以实际行动支持北京教育、卫生优质资源落地雄安新区。其中，"一院"是指受雄安新区和北京市共同委托，首都医科大学宣武医院对雄安宣武医院进行托管，为雄安新区提供优质服务。雄安宣武医院是北京市政府在雄安新区起步区援建的一家大型三级综合医院，未来将是雄安新区启动区的区域医疗中心。该医院已经于 2023 年 10 月开始运营。

以国家区域医疗中心医疗、教学和科研区为主要建设内容的北京大学第三医院崇礼院区二期项目于 2021 年 5 月正式开工，至 2024 年 5 月，科创中心主体结构封顶。作为全国首批 10 个国家区域医疗中心试点项目之一，该项目是首个被国家体育总局冬季运动管理中心授予"中国冰雪运动员医疗基地"称号的项目，也是"十四五"期间国家发展和改革委员会、国家卫生健康委员会和河北省的重点项目，对京津冀协同发展和国家绿色冰雪医疗康养产业链的发展具有重要意义。

2019 年 2 月，廊坊市政府与中国医学科学院肿瘤医院签署战略合作协议，合作建设中国医学科学院肿瘤医院分院。该项目是国家发展和改革委员会等四部委深入实施健康中国战略、着力推进区域医疗中心建设试点名单的首个项目，是国家卫生健康委员会批准设立的华北地区首个拥有质子治疗中心的医院项目，也是河北省实施京津冀协同发展战略、承接北京非首都功能疏解的首个医疗卫生项目。该项目将有力推进北京非首都功能有序疏解，解决肿瘤患者看病难、住院难的问题。

6.4.2　医疗卫生服务指标实现情况

2020 年，北京市人均预期寿命为 80.18 岁，天津市为 78.89 岁，河北省为 74.97 岁。与我国 2020 年 77.26 岁和 2025 年 78.30 岁的目标相比，北京市和天津市已达到预期目标，河北省还有提升的空间。

对照国家"十四五"社会发展和基本公共服务主要指标，北京市、天津市、河北省三地 2020 年每万人拥有执业（助理）医师数、每万人拥有注册护士数等指标，基本已达到国家提出的 2025 年目标（见表 6-6）。

表 6-6　2020 年国家和京津冀地区医疗卫生主要公共服务指标情况

单位：人

指标	国家	北京市	天津市	河北省
每万人拥有执业（助理）医师数	29	49	36	32
每万人拥有城市执业（助理）医师数	43	72	41	36
每万人拥有农村执业（助理）医师数	21	—	—	26
每万人拥有卫生技术人员数	76	126	82	70
每万人拥有城市卫生技术人员数	115	184	97	87
每万人拥有农村卫生技术人员数	52	—	—	52
每万人拥有注册护士数	33	54	31	27
每万人拥有城市注册护士数	54	79	37	39
每万人拥有农村注册护士数	21	—	—	17

资料来源：国家统计局网站。

6.4.3　城镇基本医疗保险情况

从京津冀城镇基本医疗保险参保人数来看（见表 6-7、表 6-8、表 6-9、图 6-17），2016—2020 年三地参保人数逐年上升。从城镇基本医疗保险基金收支和累计结余情况来看（见表 6-7、表 6-8、表 6-9、图 6-18），近 5 年北京市、天津市基金收入、支出基本呈先上升后下降趋势，在 2019 年达到峰值后于 2020 年有所回落，河北省则一直呈上升趋势，三地基金累计结余呈逐年上升趋势。

表 6-7　2016—2020 年北京市城镇基本医疗保险情况

指标	2020 年	2019 年	2018 年	2017 年	2016 年
城镇基本医疗保险年末参保人数（万人）	2 140	2 083	2 018	1 771	1 709
城镇职工基本医疗保险年末参保人数（万人）	1 742	1 683	1 629	1 569	1 518
城镇在岗职工基本医疗保险年末参保人数（万人）	1 427	1 377	1 332	1 283	1 240

续表

指标	2020 年	2019 年	2018 年	2017 年	2016 年
城镇退休人员基本医疗保险年末参保人数（万人）	315	306	297	286	278
城镇居民基本医疗保险年末参保人数（万人）	398	400	389	202	191
城镇基本医疗保险基金收入（亿元）	1 491.26	1 553.64	1 320.70	1 065.75	9 37.91
城镇职工医疗保险基金收入（亿元）	1 380.47	1 483.56	1 208.96	1 040.13	912.10
城镇居民医疗保险基金收入（亿元）	110.79	70.07	111.74	25.63	25.81
城镇基本医疗保险基金支出（亿元）	1 246.30	1 320.00	1 077.67	920.07	793.57
城镇职工医疗保险基金支出（亿元）	1 166.99	1 226.14	974.67	898.00	776.59
城镇居民医疗保险基金支出（亿元）	79.31	93.86	103.00	22.07	16.98
城镇基本医疗保险基金累计结余（亿元）	1 353.75	1 108.79	852.55	609.52	463.83
城镇职工医疗保险基金累计结余（亿元）	1 299.41	1 085.93	805.90	571.62	429.49
城镇居民医疗保险基金累计结余（亿元）	54.34	22.86	46.65	37.90	34.35

资料来源：国家统计局网站。

表 6 - 8　2016—2020 年天津市城镇基本医疗保险情况

指标	2020 年	2019 年	2018 年	2017 年	2016 年
城镇基本医疗保险年末参保人数（万人）	1 164	1 137	1 117	1 089	1 067
城镇职工基本医疗保险年末参保人数（万人）	618	595	575	554	536
城镇在岗职工基本医疗保险年末参保人数（万人）	401	383	368	353	340
城镇退休人员基本医疗保险年末参保人数（万人）	218	212	208	201	195
城镇居民基本医疗保险年末参保人数（万人）	546	542	542	534	531

续表

指标	2020 年	2019 年	2018 年	2017 年	2016 年
城镇基本医疗保险基金收入（亿元）	370.39	392.22	367.82	357.52	310.85
城镇职工医疗保险基金收入（亿元）	324.32	333.01	308.10	303.55	263.48
城镇居民医疗保险基金收入（亿元）	46.07	59.21	59.71	53.97	47.36
城镇基本医疗保险基金支出（亿元）	340.39	351.51	320.43	274.21	255.22
城镇职工医疗保险基金支出（亿元）	294.70	303.68	277.94	240.13	225.82
城镇居民医疗保险基金支出（亿元）	45.69	47.83	42.50	34.08	29.40
城镇基本医疗保险基金累计结余（亿元）	413.13	377.98	329.89	282.51	199.20
城镇职工医疗保险基金累计结余（亿元）	311.70	276.93	242.84	212.67	149.25
城镇居民医疗保险基金累计结余（亿元）	101.43	101.05	87.06	69.84	49.95

资料来源：国家统计局网站。

表 6-9　2016—2020 年河北省城镇基本医疗保险情况

指标	2020 年	2019 年	2018 年	2017 年	2016 年
城镇基本医疗保险年末参保人数（万人）	6 939	6 938	6 914	6 883	6 672
城镇职工基本医疗保险年末参保人数（万人）	1 136	1 079	1 030	987	974
城镇在岗职工基本医疗保险年末参保人数（万人）	787	742	706	675	668
城镇退休人员基本医疗保险年末参保人数（万人）	348	337	325	312	306
城镇居民基本医疗保险年末参保人数（万人）	5 803	5 859	5 884	5 896	5 698
城镇基本医疗保险基金收入（亿元）	998.38	980.62	838.54	749.60	678.15

续表

指标	2020年	2019年	2018年	2017年	2016年
城镇职工医疗保险基金收入（亿元）	511.83	504.72	416.87	387.68	351.57
城镇居民医疗保险基金收入（亿元）	486.55	475.90	421.67	361.91	326.58
城镇基本医疗保险基金支出（亿元）（亿元）	868.90	833.65	739.51	616.55	587.62
城镇职工医疗保险基金支出（亿元）	410.62	389.95	334.13	305.41	272.39
城镇居民医疗保险基金支出（亿元）	458.28	443.70	405.38	311.14	315.23
城镇基本医疗保险基金累计结余（亿元）	1 183.43	1 053.98	889.77	790.48	645.77
城镇职工医疗保险基金累计结余（亿元）	922.13	820.92	688.47	605.48	512.70
城镇居民医疗保险基金累计结余（亿元）	261.29	233.06	201.29	185.00	133.07

资料来源：国家统计局网站。

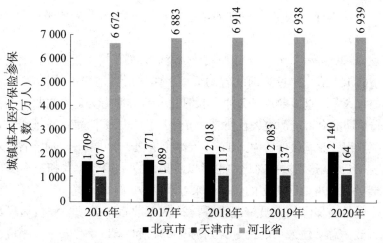

图 6-17 2016—2020 年京津冀地区城镇基本医疗保险参保人数

资料来源：国家统计局网站。

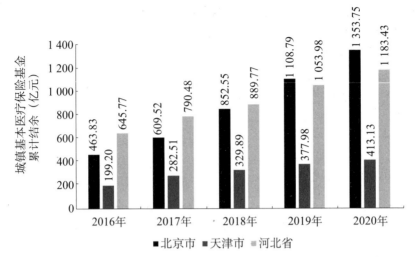

图 6-18　2016—2020 年京津冀地区城镇基本医疗保险基金累计结余

资料来源：国家统计局网站。

6.5　基本社会服务协同发展现状

基本社会服务涉及范围广，服务项目也较多，但对基本社会服务的研究主要集中于基本养老服务这一方面，主要是由于基本养老服务涉及面最大，也最容易对社会稳定造成影响。

如表 6-10 所示，从 2018 年城镇单位就业人员平均工资来看，北京市大约是天津市的 1.4 倍，超过了河北省的 2 倍，体现出三地职工的收入差距明显。如此大的收入差距直接导致了天津市和河北省的劳动力为追求高收入而涌向北京市，造成津冀人力资源流失且使北京市患上了"大城市病"。失业率方面，北京市城镇登记失业率最低，为 1.4%，天津市次之，为 3.5%，河北省失业率最高，为 3.7%。从这项数据对比中也可以看出北京市相较津冀拥有更多的工作机会，会吸引周边地区更多的劳动力来寻求就业。

从享受社会保障的人员情况来看，2018 年北京市城镇、农村居民最低生活保障人数占总常住人口的比重分别为 0.36% 和 0.20%，天津市相应的比重为 0.69% 和 0.59%，河北省相应的比重为 0.47% 和 2.13%。可以看出河北省的农村居民最低生活保障人数占总常住人口的比重远远超过京津，这体现出相较于京津，河北省的城乡二元结构更加明显。

在各种社会保险参保情况方面，北京市和天津市的企业职工基本养老参保率和企业职工基本医疗保险参保率较高，河北省远低于京津。而北京市和天津市城乡居民基本养老保险参保率和城乡居民基本医疗保险参保率却低于河北省，表明河北省依靠国家来满足其基本保障的人口较多。此外，京津冀的失业保险参保率、工伤保险参保率、生育保险参保率呈三级阶梯状，表明北京市的就业和社会保障体系最完善，河北省则亟待提高。在社会福利救济机构方面，北京市每万常住人口拥有收养性福利单位数最高，天津市次之，河北省最低，考虑到河北省孤、老、幼、残的发生率较高，应继续推进河北省收养性福利单位的建设。

表 6－10　2018 年京津冀地区就业和社会保障情况

项目		北京市	天津市	河北省
就业	职工最低工资（元/月）	2 120	2 050	1 380
	城镇单位就业人员平均工资（元/年）	145 766	100 731	68 717
	城镇登记失业率（%）	1.4	3.5	3.7
社会保障	城镇居民最低生活保障人数占总常住人口的比重（%）	0.36	0.69	0.47
	农村居民最低生活保障人数占总常住人口的比重（%）	0.20	0.59	2.13
	城乡居民基本养老保险参保率（%）	9.8	10.1	46.2
	城乡居民基本医疗保险参保率（%）	9.3	34.3	78.4
	企业职工基本养老保险参保率（%）	69.8	42.1	11.7
	企业职工基本医疗保险参保率（%）	72.3	35.6	13.1
	失业保险参保率（%）	53.9	19.9	7.0
	工伤保险参保率（%）	51.5	25.4	11.4
	生育保险参保率（%）	47.7	19.1	9.8
	每万常住人口拥有收养性福利单位数（个）	0.32	0.19	0.15

资料来源：根据北京市、天津市和河北省的统计数据整理。

截至 2019 年年末，北京市提供住宿的养老机构有 564 个，比上年 12 月的 672 家减少了 16.07%，提供住宿的养老机构服务床位数 107 999 张，比上年 12 月的 150 926 张减少了 28.44%；不提供住宿的社区养老照料机构和设施有 897 个，比上年 12 月的 23 个增加了 3 800%；不提供住宿的社区日间照料床位数有 13 130 张，比上年 12 月增加了 137.13％，社区日间照料人数 3 488 人，比上年 12 月增长了 88.44％；不提供住宿的社区留宿照料床位数有 4 152 张，比上年 12 月增加了 34.98％，社区留宿照料人数 1 385 人，比上年 12 月增长了 8.37％①。

天津市 2019 年建成 109 个老年日间照料服务中心，年末全市有养老机构 364 个，老人家食堂 1 565 家；而其在 2019 年 3 月发布的《2018 年天津市国民经济和社会发展统计公报》中明确说明，2018 年天津市建成老年日间照料中心 30 个，医养结合覆盖 95％以上养老机构，截至 2018 年年末，全市老年日间照料服务中心（站）达 1 301 个、床位 1 万张②。

再看河北省的官方网站所公布的政府文件。2020 年 2 月河北省统计局官方发布的《河北省 2019 年国民经济和社会发展统计公报》没有公布任何养老机构数、养老机构床位数、日间照料场所数等有关养老服务设施的数据。2017 年，河北省有城镇养老服务机构 415 个，床位 69 642 张，工作人员 10 073 人，年末收养人数 32 902 人；有农村养老服务机构 494 个，床位 77 077 张，工作人员 7 181 人，年末收养人数 33 502 人。

从养老床位数来看，根据国家统计局官方发布的《中国统计年鉴 2019》中"分地区提供住宿的民政机构床位数（2018 年）"版块，2018 年北京市、天津市、河北省三地分别拥有养老床位数 10.50 万张、4.90 万张、16.90 万张，平均每千名老年人口拥有养老床位数分别为 31.14 张、22.22 张、30.09 张。不得不说，这个数字与上一年度相比、与"十二五"规划完成数比，都是在逐渐增长的。但是，2018 年京津冀三地的老年人口数分别约为 364.80 万人、259.10 万人、1 496.20 万人，如果按照国际上 5％的老年人需要机构养老的标准来推算的话，则京津冀三地至少分别需要大约 18.24 万张、12.95 万张、74.81 万张养老床位，这比三地实际现有的养老床位数高出许多，而且即使是 2020 年三地均完成"十三五"关于养老床位建设的规划，三地的养老床位数也与这个需求数相去甚远。

2021 年 11 月 14 日，京津冀三地民政部门共同签署《京津冀民政事业协同发展合作框架协议》。未来，京津冀三地将在养老保险、殡葬、救助、防灾等十大领域共同合作发展。其中，在社会保障、养老保险等方面，三地将做

---

① 北京市民政局.2019 年社会服务统计季报表（四季度）［EB/OL］.（2020 - 01 - 20）［2022 - 10 - 28］.https：//mzj.beijing.gov/cn/art/2020/1/20/art _ 263 _ 476112.html.

② 天津市统计局.2019 年天津市国民经济和社会发展统计公报［EB/OL］.（2020 - 07 - 05）［2022 - 10 - 28］.https：//stats.tj.gov.cn/tjsj - 52032/tjgb/202007/t20200705 - 2780580.html.

好政策制度对接。上述协议提出，京津冀三地将协同规划布局养老机构，一道鼓励养老服务业积极向北京市外疏散转移，探索跨区域养老新模式，开展跨区域购买养老服务试点。

6.6　基本住房保障服务协同发展现状

6.6.1　京津冀住房市场现状

当前京津冀城市群房价断层明显，市场发育极不均衡，难以形成有序的地区住房消费梯度，具体表现在三方面：

一是北京市住房价格居高不下，新就业人群等面临的住房压力始终难以缓解。北京市作为我国的政治、经济和文化中心，拥有强大的经济、人口、资源等优势，其房地产市场成熟度远高于津冀二地，房价长期处于领跑地位。2016—2018 年，北京市平均房价高达 52 648 元/平方米，为天津市和廊坊市房价的 3～4 倍，约为衡水市房价的 10 倍。同期北京市低收入群体年人均可支配收入为 21 197 元，居高不下的房价导致北京市中低收入群体、新就业人群的住房需求难以得到满足，甚至挤压实体经济，对居民心理、社会稳定产生不利影响，严重阻碍了城市群内社会资源有效配置。

二是天津市、廊坊市、保定市等北京市周边城市住房价格与北京市存在断崖式落差，没有形成合理的住房消费梯度。截至 2020 年，天津市、廊坊市、保定市等环京城市平均房价介于 10 000 元/平方米和 20 000 元/平方米之间，在京津冀城市群中处于较高水平，但均不足北京市房价的 35%，其市场发育程度和资源集聚能力与北京市差距较大。由于这些城市吸引北京市人才转移定居、就业的拉力不足，再加上住房政策限制等因素，北京市住房需求难以有效转出，有序的地区住房消费梯度难以形成。

三是河北省其他城市住房市场较少受到北京市的影响，住房市场发展较慢。河北省其他城市除石家庄、张家口二市受省会资源、冬奥会政策等利好因素影响房价稍高外，其余均低于 9 000 元/平方米，与北京市房价存在极大差异，不仅其住房市场发育程度较低，而且住房市场供需两端动力均不足，尚未具备承接北京市转移住房需求的能力。

从图 6-19 中可以看到，天津市、河北省的财政住房保障支出增长整体上较为稳定，相对应的北京市财政住房保障支出在 2016 年出现了异常的大幅

增长。由于 2016 年北京市房价快速上涨以及人口持续涌入，北京市在 2017
年开展了"疏解整治促提升"专项行动，进一步强化 2014 年提出的疏解首都
非核心功能的方案；同年 4 月 1 日，国家设立雄安新区，用于集中疏解北京
非首都功能，北京市财政住房保障支出的压力逐步回落。虽然京津冀三地都
投入了大量财政资金用于住房保障，但京津冀租金差距大、租价比都偏低，
仍然不利于京津冀城市群合理住房消费梯度的形成。

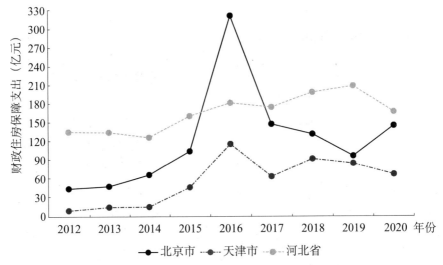

图 6-19　2012—2020 年京津冀地区财政住房保障支出

　　从租金水平来看，2016—2018 年来，天津、石家庄等城市住房租金水平
不足北京市的 40%，与北京市差距较大，表明其住房真实消费需求与其经济
行政地位不匹配。廊坊市下辖的香河县、大厂回族自治县和三河市三地是河
北省的"飞地"，拥有得天独厚的地理位置优势，理论上是优先承接北京市住
房真实消费需求的地区，但其房价水平高于廊坊市平均水平，租金水平低于
廊坊市平均水平，说明其住房市场中的住房投机需求较高，真实住房消费需
求较低，尚未发挥承接北京市转移人口的作用。保定市下辖的雄安新区租金
水平高于保定市平均水平，显示出地理优势和战略地位已经成为其吸引人口
和扩大住房消费需求的重要因素。

　　河北省各城市租价比均低于 4.50%，表明其住房市场中的住房投机需求
旺盛，城市群住房市场整体处于不健康状态。廊坊市、保定市租价比最低，
分别为 1.60% 和 1.68%；廊坊市下辖的香河县、大厂回族自治县和三河市租
价比约为 1%，低于廊坊市平均水平。巨大的住房市场投资需求，不利于城市
群合理住房需求的形成。廊坊、保定二市租价比低于北京市，天津市、石家

庄市、张家口市、秦皇岛市租价比均低于京津冀城市群平均水平。这种情况
表明：一方面，京津冀地区整体住房市场发育不健康；另一方面，北京市周
边住房市场形成的洼地，可能成为投机行为较为严重的地区。

与长三角、珠三角城市群相比，京津冀城市群住房市场协调程度整体较
低，具体表现为两方面：

一是京津冀城市群租金水平、房价水平断层最为明显。天津、石家庄等
城市租金和房价水平均低于北京的40%，而长三角和珠三角城市群的二级城
市租金水平均超过其一级城市的50%，房价水平均高于其一级城市的40%，
租金和房价水平相比京津冀地区更加均衡。

二是京津冀城市群租价比整体最低。京津冀城市群平均租价比为2.25%，
长三角和珠三角城市群分别为2.62%和2.30%，表明京津冀城市群整体住房市
场发展不如长三角和珠三角城市群健康，其住房市场中的投机需求更为旺盛。

6.6.2　基本住房保障政策协同发展现状

在"房住不炒"的政策背景下，各地实行了因城施策的做法，京津冀各
城市房地产调控政策各自独立，局限于调控单个城市房地产市场，缺乏房地
产市场调控城际协调机制，阻碍了住房梯度消费体系构建。目前房地产调控
政策有所松动，同时"租购并举"的政策也初见成效。

现阶段，天津和河北各城市人才住房补贴多针对高层次人才，如沧州市
针对全职在沧州市工作的国际顶尖人才将给予每人200万元安家费，针对新
毕业大学生等群体多通过公租房解决其住房需求，住房保障方式单一，政策
吸引力不足。廊坊、保定、张家口等市人才住房保障没有实质性政策落地，
人才购房补贴缺位，人才引进的政策吸引力过低，难以形成有效的人才拉力，
不利于人才要素在城市群范围内流通。

6.7　基本公共文化体育服务协同发展现状

6.7.1　基本公共文化服务

从国家层面来看，我国近年来继续加强文化建设与发展的顶层设计，继
续完善相关政策制度，为京津冀地区文化协同发展指明了前进的方向。而从
京津冀地区来看，三地政府为推进京津冀文化协同发展，继续加强文化方面

的互相补充，不断完善京津冀区域文化协同发展机制。同时，京津冀注重文化产业与其他产业的互相交融，尤其是文化产业与旅游业的互相促进，通过激发文化方面的潜力来带动经济增长，又以经济增长促进文化繁荣。

1. 顶层设计方面

从发布时间来看，早期的顶层制度设计以国家层面为主，2018 年以后三地地方性或区域性政策陆续推出。

从主要内容看，政策主要聚焦于传统文化的保护、传承、传播与创新，在旨在促进传统文化产业良性发展的部分政策中，北京市突出了北京市的政治文化中心优势，天津市的政策主要聚焦于本地传统文化产业的保护，河北省结合自身传统革命老区的优势，出台了红色文化政策。此外，三地也同时聚焦于文化进农村的推进、当地旅游的发展，以及文化产业与旅游产业的融合发展。近年来国家和京津冀地区发布的主要基本公共文化服务政策文件见表 6 - 11。

表 6 - 11　2017—2020 年国家和京津冀地区主要基本公共文化服务政策汇总

	文件名称	发布部门	发布时间
国家	《关于实施中华优秀传统文化传承发展工程的意见》	中共中央办公厅、国务院办公厅	2017
	《中宣部 文化部 教育部 财政部关于新形势下加强戏曲教育工作的意见》	中宣部、文化部、教育部、财政部	2017
	《国家艺术基金"十三五"时期资助规划》	文化部办公厅	2017
	《文化部"十三五"时期文化产业发展规划》	文化部	2017
	《关于戏曲进乡村的实施方案》	中宣部、文化部、财政部	2017
	《文化部办公厅关于进一步做好戏曲进校园工作的通知》	文化部办公厅	2017
	《国务院关于同意将河北省蔚县列为国家历史文化名城的批复》	国务院	2018
	《中国非遗品牌计划》	非遗品牌大会	2018

续表

	文件名称	发布部门	发布时间
国家	《文化和旅游部办公厅关于开展"中华优秀传统艺术传承发展计划"2019年度戏曲专项扶持工作的通知》	文化和旅游部办公厅	2019
	《关于促进旅游演艺发展的指导意见》	文化和旅游部	2019
	《2019年全国基层文化和旅游公共服务队伍培训工作计划》	文化和旅游部	2019
	《2019年文化和旅游志愿服务工作方案》	文化和旅游部、中央文明办	2019
	《文化和旅游规划管理办法》	文化和旅游部	2019
	《国务院办公厅关于同意建立大运河文化保护传承利用工作省部际联席会议制度的函》	国务院办公厅	2019
	《曲艺传承发展计划》	文化和旅游部	2019
	《关于促进文化和科技深度融合的指导意见》	科技部、中央宣传部、中央网信办、财政部、文化和旅游部、国家广播电视总局	2019
	《国务院关于核定并公布第八批全国重点文物保护单位的通知》	国务院	2019
	《公共文化服务领域基层政务公开标准指引》	文化和旅游部办公厅、国家文物局办公室	2019
	《文化和旅游部办公厅关于公布国家级非物质文化遗产代表性项目保护单位名单的通知》	文化和旅游部办公厅	2019
	《长城、大运河、长征国家文化公园建设方案》	中共中央办公厅、国务院办公厅	2019
	《国家级非物质文化遗产代表性传承人认定与管理办法》	文化和旅游部	2019

续表

	文件名称	发布部门	发布时间
北京市	《关于做好核心区历史文化街区平房直管公房申请式退租、恢复性修建和经营管理有关工作的通知》	北京市住房和城乡建设委员会、北京市东城区人民政府、北京市西城区人民政府	2019
	《北京市非物质文化遗产条例》	北京市人民代表大会	2019
	《关于推动北京影视业繁荣发展的实施意见》	中共北京市委办公厅、北京市人民政府办公厅	2019
	《北京市老年人文化旅游奖励资金管理办法（试行）》	北京市文化和旅游局	2019
	《北京市提升广播电视网络视听业国际传播力奖励扶持专项资金管理办法（试行）》	北京市广播电视局	2019
	《北京市博物馆展览备案管理规定》	北京市文物局	2019
	《北京市大运河文化保护传承利用实施规划》	北京市政府	2019
天津市	《天津市传统工艺振兴实施意见》	天津市文化广播影视局、天津市工业和信息化委员会、天津市财政局	2017
	《天津市人民政府办公厅关于成立天津市大运河文化带建设规划编制领导小组和天津市实施道路文明畅通提升行动计划领导小组的通知》	天津市人民政府办公厅	2018
	《天津市人民政府办公厅关于进一步加强我市文物安全工作实施方案的通知》	天津市人民政府办公厅	2018
	《天津市公共文化服务保障与促进条例》	天津市人民政府	2018
	《天津市西青区人民政府办公室关于印发西青区支持文化繁荣发展政策意见（试行）的通知》	天津市西青区人民政府办公室	2018
	《天津市人民政府办公厅关于印发天津市振兴老字号工作方案（2018—2020年）》	天津市人民政府办公厅	2018

续表

文件名称	发布部门	发布时间
《市国资委党委 市国资委关于印发振兴市管国有企业老字号工作方案的通知》	天津市国有资产监督管理委员会	2019
《天津市保护性建筑认定标准》	天津市规划和自然资源局	2019
《市商务局 市财政局关于印发 2019 年天津市支持老字号创新发展项目申报指南的通知》	天津市商务局、天津市财政局	2019
《天津市开展戏曲进乡村实施方案》	中共天津市委宣传部、天津市文化和旅游局、天津市财政局	2019
《市住房城乡建设委关于进一步加强历史风貌建筑修缮和装饰装修管理工作的通知》	天津市住房和城乡建设委员会	2019
《天津市人民政府办公厅关于调整成立天津市大运河文化保护传承利用暨长城、大运河国家文化公园建设领导小组的通知》	天津市人民政府办公厅	2020
《河北省落实中华优秀传统文化传承发展工程的实施意见》	河北省委办公厅、省政府办公厅	2017
《关于八路军一二九师司令部旧址保护规划的核准意见》	河北省文物局	2018
《河北省人民政府关于公布第六批省级文物保护单位的通知》	河北省人民政府	2018
《河北省人民政府办公厅关于进一步做好文物安全工作的实施意见》	河北省人民政府办公厅	2018
《河北省农村电影放映工程实施和监管规范（试行）》	河北省新闻出版广电局	2018
《河北省人民政府关于邯郸市大名县金滩镇、石家庄市井陉县南障城镇小梁江村等 42 个河北省历史文化名镇名村保护规划的批复》	河北省人民政府	2019
《2020 年京津冀文化和旅游协同发展重点工作方案》	河北省文化和旅游厅	2020
《河北省文化和旅游厅关于公示 2020 年全国基层戏曲院团网络会演推荐剧目的公告》	河北省文化和旅游厅	2020

（表格第一列分别为"天津市"和"河北省"的分组标识）

139

2. 具体项目的协同发展情况①

（1）传统文化。

京津冀三地地缘相近，人缘相亲，历史渊源深厚，具备较好的文化协同发展基础。近年来，三地以传统戏剧展演和非遗民俗文化类活动为主，充分发挥政府的引导作用和深厚的历史文化资源优势，不断激发民间活力，推动三地传统文化交融发展。

在戏剧方面，三地各有特色，主要的戏剧剧种有京剧、评剧、河北梆子，北京市表现突出，河北省与北京市、天津市相比仍有很大差距。从演出数量看，2016 年京津冀三地传统戏剧展演数量为 60 余场，在种类上，评剧和京剧演出数量最多，共有 31 部，河北梆子与曲剧演出数量较少，合计 11 部。在演出地点上，天津市有 34 场演出，占演出的绝大多数，北京市有 7 场，河北省仅有 1 场，是在省会石家庄市。2017 年京津冀三地传统戏剧展演有 200 余场，与 2016 年相比明显增多，河北梆子的演出明显增加。从演出地点来看，北京市的传统戏剧展演场次最多，有近 110 场；其次是天津市，共计 60 余场；河北省数量仍然最少，共计 20 余场。此外，2017 年京津冀三地联合举办传统戏剧展演共 11 场。2018 年三地传统戏剧展演和联合传统戏剧演出都略有增加。2020 年在新冠疫情的影响下，京津冀三地的文化活动受到严重冲击，下半年才逐渐复苏，2020 年京津冀的线上文化活动得到快速发展，京津冀三地的传统戏曲线上展出共计 700 余场，与线下演出数量相近，从而成为演出的重要组成部分。2020 年传统戏曲线下演出约为 854 场，数量相较以往有大幅下降。其中北京市共有 545 场演出，仍然是演出最多的地区，其次为天津市，有 232 场，河北省仅有 77 场。

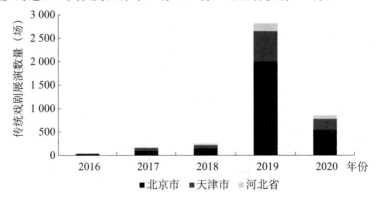

图 6 - 20　2016—2020 年京津冀三地传统戏剧展演数量

资料来源：2017—2020 年研究报告《京津冀文化协同发展建设现状、特点、问题及对策》。

_____

① 本部分数据来源于 2017—2020 年研究报告《京津冀文化协同发展建设现状、特点、问题及对策》。

在大型民俗活动方面，由于其本身容量大和稳定性高的特点，大型民俗文化展演的数量较传统戏剧展演有较大幅度减少。2016 年三地共展演 17 场，与传统戏剧不同，大型民俗文化展演主要聚集在北京市与河北省。2017 年三地共展演 30 余场，较 2016 年有较大提升，其中春节期间共举办 12 场。2018 年、2019 年展演数量与 2017 年基本持平，但三地合办的展演数量有明显提升，说明京津冀区域基本公共文化协同发展正在稳步推进。2020 年受新冠疫情影响，原来在春节举办的大型民俗文化展演数量大幅减少，大批活动转为在线上举行，同样取得了较好的成效。

（2）现代文化。

与传统文化不同，现代文化的传播与发展主要依托演唱会、音乐会、话剧、展览等形式。京津冀作为首都经济圈，是我国现代文化先进地区代表之一，也是世界了解中国文化的窗口之一，现代文化展演在京津冀地区同样有着较大影响力。

如图 6-21 所示，2017 年，京津冀三地相关演出共 4 000 余场，主要为演唱会、话剧、音乐会、儿童剧。从演出地点来看，北京市一年演出近 2 000 场，天津市约 1 700 场，河北省与其差距较大，仅有 400 余场。

2018 年、2019 年京津冀举办的现代文化类展演数量较 2017 年有大幅上升，2018 年举办近 4 300 场展演，2019 年增幅最大，约 25 000 场，其中北京市 2019 年举办的展演超过 20 000 场，天津约 4 000 场，河北近 700 场。

2020 年受新冠疫情影响，大量现代文化展演转为线上表演，与此同时在抗击疫情的伟大斗争中，出现了一种新的艺术——"抗疫艺术"，人们以此表现中华民族团结一心的顽强精神，以及爱好和平、勤劳勇敢、自强不息的民族精神。

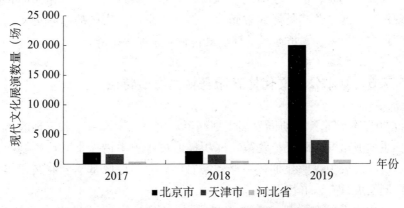

图 6-21　2017—2019 年京津冀三地现代文化展演数量

资料来源：2017—2020 年研究报告《京津冀文化协同发展建设现状、特点、问题及对策》。

6.7.2 基本公共体育服务

从顶层设计方面来看，基本公共体育服务领域的政策以国家层面为主，地方性政策明显少于基本公共文化服务领域。从具体项目的协同发展情况来看，其主要成就体现在以下三个方面：

第一，群众性体育赛事使京津冀三地体育产业得到快速发展。近年来，京津冀三地一系列群众性体育赛事的成功举办，推动了京津冀三地体育产业的快速发展，比如，京津冀体育舞蹈公开赛、京津冀羽毛球冠军挑战赛、京津冀滑雪挑战赛、京津冀龙舟冠军挑战赛、京津冀全民健身交流大会等的成功举办，使京津冀基本公共体育服务的协同发展迈上新台阶，其中较为知名的是京津冀（国际）户外运动挑战赛。2020年、2021年受新冠疫情的影响，赛事举办次数大幅回落，例如2019年北京市共举办国际体育赛事27项、全国赛事22项，2020年分别为1项、6项；2021年开始回升，分别为9项和22项。相较国际性和全国性赛事举办次数的下降，北京市的跨省市赛事项目数不断攀升，2019—2021年三年分别为0项、7项和15项。

第二，京津冀三地的体育场馆为体育产业的可持续发展注入活力。京津冀地区拥有丰富的体育场馆资源，根据全国体育场地普查数据，京津冀三省市的体育场馆有10万余个，京津冀体育场馆实时订约平台已经上线，京津冀体育一卡通服务开始推行，京津冀体育场馆协同发展联盟业已成立，京津冀三地体育场馆资源的利用率得到了有效提升。

第三，京津冀三地的体育产业形式得到进一步的扩展。受冬奥会的影响，原本不受关注的冰雪运动逐渐成为大众喜闻乐见的运动项目，相关体育产业链实现良性发展。尤其是河北省张家口市、北京市延庆区的冰雪运动产业发展速度加快，滑雪场、滑冰场的建设规模得到了大幅提升。

6.7.3 基本公共文化体育服务协同发展特点

自2015年《京津冀协同发展规划纲要》出台以来，京津冀三地签署或出台了一系列战略框架协议与政策，并积极通过各项举措探索对接机制与合作模式，协同发展步伐明显加快。整体来看，京津冀地区基本公共文化体育服务的协同发展具有以下特点：

一是文化形式多样化。京津冀三地文化体育形式百花齐放，文化展览、歌舞剧等轮番上演，传统文化得以弘扬，现代文化得以传播。此外，还出现了新的文化形式——"抗疫文化"。

二是传播模式不断丰富。例如，受新冠疫情的影响，线下文化活动和体育赛事受到严重冲击，其数量大幅下降，线上活动则开始兴起，并逐渐成为重要的形式。学习强国 App、微信公众号、短视频 App 以及网络直播 App 成为基本公共文化服务的重要平台。

三是参与主体多元化。基本公共文化体育服务协同发展过程中，既有三地主流媒体与宣传部门的联动，也有高校、研究机构对区域特色文化资源的不断挖掘；不仅鼓励引导公众积极参与文化体育活动，而且新模式的出现也使不少年轻人被吸引，开始主动走进其中。

四是区域间差距仍然明显。北京市作为全国的政治与文化中心，在文化体育资源上具有明显优势，因此在京津冀协同发展中一直处于领先地位；河北省虽然拥有丰富的文化资源，经济水平也在不断提高，但与北京市、天津市相比仍然存在一定差距。

| 第7章 | 影响京津冀基本公共服务协同发展的因素分析 |

7.1 SWOT-PEST 分析法的使用

7.1.1 SWOT-PEST 分析法的基本含义

20 世纪五六十年代，SWOT 模型开始兴起。总的来说，SWOT 分析模型是将组织内部和外部环境的各种因素进行梳理与综合，在此基础上分析组织的优势（S）和劣势（W）、面临的机遇（O）和威胁（T）的一种分析方法。一般来说，优势因素和劣势因素属于组织的内部环境因素，是某一组织在自身发展过程中积累的资源或者存在的问题等，属于主动因素，主要有管理、组织、财务、人力资源等不同范畴；机遇和威胁则属于组织的外部环境因素，是组织外部对组织的发展具有直接有利或者不利影响的因素，属于客观因素，主要包括政治、经济、社会、技术、人口等外部环境因素。利用 SWOT 分析法对组织的需求或战略进行选择时，不仅要考虑组织目前的和历史的状况，更要考虑组织在发展过程中内部和外部环境因素的变化。

PEST 是一种分析企业所处的宏观环境的模型。宏观外部环境包括影响一切行业或企业的各种宏观力量。所谓 PEST，即政治（P）、经济（E），社会（S）与技术（T）。政治环境主要包括政治定位、政策变化等；经济环境主要包括宏观层面的国民收入水平、失业率、GDP 水平和微观层面的消费者收入水平等；社会环境主要包括人口规模、社会需求、居民的受教育程度、价值观念、宗教信仰、风俗习惯等；技术环境主要包括政府对技术发展的支持度、技术的适用性等。

SWOT 分析法侧重于对组织内部环境的分析，PEST 分析法则侧重于对外部环境的分析。SWOT-PEST 分析模型从一种综合的角度出发，将组织所面对的外部宏观环境、内部微观环境结合起来，系统地分析组织在面临政治、经济、社会、技术等方面的机遇和威胁时组织所具有的优势和劣势，构建 SWOT-PEST 分析矩阵，找出影响组织战略的关键因素，形成科学的、合适的战略决策方案。

7.1.2　SWOT-PEST 分析模型的方法和程序

SWOT 分析模型包括优势、劣势、机遇、威胁四个基本要素，它是一种进行分析判断的定性工具，由于组织所处的环境比较复杂，归纳起来较为烦琐，因而引入 PEST 分析模型，从而对组织所处的外部环境进行明确。具体而言，SWOT-PEST 分析法的一般步骤如下所示：

第一步，组织内部环境分析。通过对组织自身的人力、物力、财力以及核心竞争力等多种内部和外部资源进行综合分析，发现自身的优势和劣势，从而进一步分析影响这种格局的关键因素。

第二步，组织外部环境分析。组织是在动态的环境中运行的，外部环境的变化势必影响组织发展战略的选择，因此对外部环境的分析是组织进行决策的重要组成部分。通过对外部环境变量的分析，找出外部环境中存在的机遇与威胁，并确定影响外部环境的关键因素。

第三步，构造 SWOT-PEST 矩阵。将各个影响因素按照影响程度的大小进行排列，找出其中比较重要的影响因素，采用列表的方法构建矩阵。其他相对次要的因素可以用来辅助决策。

SWOT-PEST 分析矩阵如表 7-1 所示。

表 7-1　SWOT-PEST 分析矩阵

		政治（P）	经济（E）	社会（S）	技术（T）
内部因素	优势（S）	SP	SE	SS	ST
	劣势（W）	WP	WE	WS	WT
外部因素	机遇（O）	OP	OE	OS	OT
	威胁（T）	TP	TE	TS	TT

7.1.3 形成决策方案

从 SWOT-PEST 分析矩阵中可以看出，组织共有 S、W、O、T 四种要素，每种策略存在 4 种方案，一共有 16 种方案。S 类策略着重于对优势因素的分析，试图通过组织决策使这些优势因素发挥最大作用；W 类策略着重于对劣势因素的分析，试图通过决策使劣势因素得到消除或者使其影响最小化；O 类策略着重于对机遇因素的分析，试图通过决策充分利用这些机遇因素；T 类策略着重于对威胁因素的分析，试图通过决策化解威胁或使威胁所造成的影响最小化。

影响京津冀基本公共服务协同发展的因素既包括京津冀三地内部的因素，也包括与外部环境相关的因素，且这些因素是复杂多样的，与政治方面、经济方面、社会方面和技术方面都相关。因此，本章将使用 SWOT-PEST 分析法来分析京津冀基本公共服务协同发展的影响因素。

7.2 京津冀基本公共服务协同发展的 SWOT-PEST 组合分析

7.2.1 基本公共服务水平提升的 PEST 政治因素分析

1. 优势分析

党的十八大以后，京津冀协同发展上升为重大国家战略。2014 年，国务院成立了京津冀协同发展领导小组。2015 年 6 月，中共中央、国务院印发《京津冀协同发展规划纲要》，明确指出，促进基本公共服务均等化是推动京津冀协同发展不可或缺的重要内容，要把京津冀作为一个区域整体统筹规划公共服务，未来要形成京津冀优势互补、互利共赢的社会公共服务发展新格局，进一步明确了京津冀三地的功能定位以及协同发展的目标、空间布局和重点领域等。2016 年，《中华人民共和国国民经济和社会发展第十三个五年规划纲要》提出要"坚持优势互补、互利共赢、区域一体，调整优化经济结构和空间结构"，推动京津冀协同发展。2017 年 3 月，国务院发布《"十三五"推进基本公共服务均等化规划》，其中包含《"十三五"国家基本公共服务清单》。2017 年，党的十九大报告再次强调，要"以疏解北京非首都功能为'牛鼻子'推动京津冀协同发展，高起点规划、高标准建设雄安新区"。2022 年 1月，国家发展和改革委员会等 21 部门印发《"十四五"公共服务规划》，提出要助力城乡区域协调发展，健全城市群公共服务便利共享制度安排和成本共担、利益共享机制，推动京津冀、长三角、粤港澳大湾区和成渝等主要城市群率先实现基本公共服务常住人口全覆盖，逐步实现区域间服务标准相互衔接、服务信息互联互通、服务事项异地享有。

政府对基本公共服务的重视程度日益提高，政策上大力支持基本公共服务的均等化发展，一系列关于基本公共服务的文件相继出台。京津冀地区作为我国区域协同治理的先行区域，具有重大的示范意义和战略意义。随着相关政策研究的不断深入，京津冀区域协同发展中的基本公共服务协同发展和均等化问题越来越得到重视。除国家层面的规划以外，三省市在此基础上根据自身情况出台了相应的规划和服务清单。2018 年 6 月 3 日，河北省印发《河北省"十三五"推进基本公共服务均等化规划》，确定了基本公共教育、基本劳动就业创业、基本社会保险、基本医疗卫生、基本社会服务、基本住房保障、基本公共文化体育、残疾人基本公共服务等八个领域的 81 个项目。2018 年 12 月，中共中央办公厅、国务院办公厅印发了《关于建立健全基本公共服务标准体系的指导意见》，指出要在保持国家标准水平基本稳定的前提下统筹考虑经济社会发展水平、城乡居民收入增长情况、行业发展实际需要、财政保障能力、重大技术创新应用等因素，对服务项目、服务对象及内容、质量标准、支付方式等适时调整[①]。2021 年 12 月，《天津市基本公共服务标准体系建设"十四五"规划》指出，要明确提供基本公共服务的质量水平和支出责任，以标准化促进基本公共服务均等化、普惠化、便捷化。2022 年 4月，《北京市基本公共服务实施标准（2021 年版）》正式印发，首次明确界定北京市基本公共服务范围，明确了政府兜底保障范围和服务标准。

2. 劣势分析

目前，京津冀基本公共服务协同发展尚处于探索阶段，京津冀区域整体合作协调机制还不健全，缺乏稳定的合作框架和对话机制支撑。一方面，三地政府间缺乏平等协商的协调机制；另一方面，区域层面也缺乏纵向的协调

---

① 中共中央办公厅 国务院办公厅印发《关于建立健全基本公共服务标准体系的指导意见》[EB/OL].（2018 − 12 − 12）[2022 − 11 − 20]. http：//www.gov.cn/xinwen/2018 − 12/12/content_5348159. htm.

机制，尤其是缺乏高层合作磋商机制。近年来，京津冀地区仅仅在一些重要领域进行了高层双边互访和多边协商，但一直未能建立一套正式的高层协调机制。在区域合作协调组织机构方面，京津冀发展和改革委员会区域工作联席会议的职能属性使其并不具备决策和管理的性质，调控能力有限。当前的京津冀区域治理模式具有明显的行政权力运行单向性。京津冀严格遵照"中央政府—省级政府—城市政府"的规则协作运行，很难自觉形成一种"城市政府—区域共同体—城市政府"的谈判协调式制度安排。这导致三地的横向联系较弱，不能通过有效的协商谈判来解决区域共同的利益问题。

此外，京津冀地方政府分属于三个不同的行政区域，受制于区域间各行政主体的正常利益诉求、地方政府能力局限及短期行为等因素，京津冀三地在推动基本公共服务共建共享的具体规划及操作路径方面认识存在一定差异，所考虑的重点因素有所不同，配套的政策保障支持力度并不一致，这些都会影响区域合作和有效协调。另外，分税制引致的地方保护主义对区域合作的直接影响很大，各地政府间的竞争意识很强。在区域协调发展的考核机制方面，以区域协同发展的质量和效益为中心的区域统一的考核评价体系尚未建立。各地政府多从本地政绩考核和地方利益出发，导致区域合作在地方层面比较被动。此外，由于互利共赢的利益分享机制缺位，京津冀地区未能在各方利益结合点和合作切入点上取得重大突破，三地在推动区域基本公共服务一体化建设中缺乏足够的参与动力。因此，京津冀基本公共服务协同发展的实质性进展与预期效果仍有差距，区域协同发展的整体利益与京津冀地区社会经济发展的共同目标尚未充分实现。

3. 机遇分析

目前，京津冀区域已建立了多层次、宽领域的协作关系，京津冀协同发展也正向纵深推进，开始迈向均衡、包容、协调发展的新阶段。回顾发展进程可以发现，京津冀区域一体化合作发展的突出成果首先表现为合作领域的扩大，即京津冀地区合作由少量的物资协作、产业合作等经济领域的合作逐渐拓展至公共服务领域的合作，其次表现为合作深度的拓展，即京津冀一体化合作正从过去短期的、暂时的区域层次的合作性行动及计划发展为长期的、常态化的国家层次的合作性发展战略。根据功能主义外溢理论的解释，不论是京津冀区域合作领域的扩大还是合作深度的拓展均属于外溢，京津冀区域在经济领域越来越紧密的一体化深度协作逐渐外溢为对基本公共服务协同发展的客观需求。2015 年《京津冀协同发展规划纲要》指出，要把京津冀作为一个区域整体统筹规划公共服务，未来要形成京津冀优势互补、互利共赢的社会公共服务发展新格局。2019 年，习近平总书记在京津冀考察时明确提出要促进基本公共服务共建共享；天津市政府也将京津冀基本公共服务共建共享列为天津市"五社联动"的目标之一。

因此，京津冀区域经济一体化为基本公共服务协同发展提供了动力，而实现基本公共服务协同发展也成为解决区域经济协同发展问题的基础支撑，推动京津冀基本公共服务共建共享顺应了区域经济一体化与京津冀协同发展战略的内在要求。由此可见，京津冀基本公共服务协同发展正成为落实京津冀协同发展战略的必然措施。

4. 威胁分析

我国已步入改革深水区。相较西方发达国家，我国基本公共服务的发展仍处于起步阶段，时间紧迫，任务艰巨。虽然中央针对基本公共服务已经出台了一系列规划和文件，但是目前在基本公共服务领域仍然没有一个相对完善的法制环境，没有严格的法律条文作为依托，配套的法律法规十分不健全，各地在提供基本公共服务时具有较大的临时性和随意性。京津冀要在较短的时间内从各自为政的状态达到基本公共服务协同发展的高标准状态，只能摸着石头过河，需要一个不断实践、不断试错的过程。

目前各类社会组织已成为民间社会发展的重要力量，为基本公共服务供给模式改革创造了有利条件。但是，从现行的基本公共服务制度安排来看，基本公共服务供给主体单一的问题还没有从根本上得到解决，政府仍是主要的供给者，其他社会主体参与提供基本公共服务的机制不健全。从未来长期的发展来看，如果政府部门的职能转变停滞不前，那么也会影响到基本公共服务的有效供给。

7.2.2　基本公共服务水平提升的 PEST 经济因素分析

1. 优势分析

《京津冀协同发展规划纲要》提出三地应当因地制宜地优化产业结构，找准自身战略定位，配合国家的发展政策，改善现阶段的经济状况。该文件还提到京津冀协同发展的远期目标是，到 2030 年，首都核心功能更加优化，京津冀区域一体化格局基本形成，区域经济结构更加合理，生态环境质量总体良好，公共服务水平趋于均衡，成为具有较强国际竞争力和影响力的重要区域，在引领和支撑全国经济社会发展中发挥更大作用。该文件还指出，三省市定位应服从和服务于区域整体定位，尤其是河北省可以积极承接首都产业功能转移和京津科技成果转化，改造提升传统优势企业，推动产业转型升级，大力发展先进制造业、现代服务业和战略性新兴产业，建设新型工业化基地和产业转型升级试验区，同时，积极培养满足本地发展需要的专业技术人才，积累人力资源，改变高端劳动力外流的现状。经济差距的缩小有利于从根本上缩小三地的财力差距，从而为基本公共服务均等化以及基本公共服务协同发展提供资金保障。

2. 劣势分析

之所以京津冀基本公共服务难以均衡发展，主要是因为地区间财力不均衡。鉴于地方政府财政的独立性，财力水平的差距不可避免地导致三地政府支出偏好的差异。例如，当北京市考虑将更多的支出向基本公共服务和环境保护倾斜时，河北省仍热衷于将资金用于招商引资和产业升级。当财力情况和发展思路差异较大时，京津冀自然难以在目标上达成共识，也难以真正做到协同发展。

财力投入不同是京津冀基本公共服务水平存在差距的主要原因。以2016—2018 年京津冀三地的教育、社会保障和就业、医疗卫生与计划生育、节能环保、城乡社区、农林水、交通运输、住房保障八类基本公共服务人均财政支出水平为例，通过对比可以发现京津冀三地基本公共服务的财力投入水平差异很大。北京市基本公共服务的人均财力投入水平最高，除了城乡社区支出之外，其余七类支出显著高于天津市和河北省。其中，北京市的平均人均节能环保支出和交通运输支出是河北省的 4 倍以上，是天津市的 3 倍以上；人均社会保障和就业支出以及人均住房保障支出均不低于河北省的 3 倍；其余各项支出均超过河北省的 2 倍。相较之下，河北省基本公共服务的人均财政支出水平最低。在八类基本公共服务类型中，河北省除了人均农林水支出与天津市持平之外，其余各项的支出水平均显著低于北京市和天津市。其中，城乡社区方面，河北省的人均财政支出仅为天津市和北京市的七分之一。而且近几年三地人均财政支出差距不仅没有缩小，反而呈现出显著的扩大趋势，尤其是河北省与北京市、天津市两地之间的差距。

三地财力投入主要来源于本地的税收收入，因而其很大程度上是由自身经济发展的基本面所决定的。北京市和天津市的人均地区生产总值大幅高于河北省，此外，十多年来河北省与北京市、天津市之间的差距呈现出不断扩大的趋势。除了人均地区生产总值外，区域的产业结构也能够辅助反映出京津冀之间的经济发展水平差距。2018 年，北京市和天津市的第一产业占比都低于 1％，其中北京市的第三产业占比超过 80％，是其经济高速增长的核心动力；而河北省的第一产业占比仍达 10％左右，第三产业占比不足 50％。此外，京津冀三地基本公共服务的提供缺乏市场与社会力量的参与，基本公共服务供给方式较为单一，难以缓解财政资金紧张的局面。

3. 机遇分析

《京津冀产业转移指南》有助于充分发挥三地的比较优势，引导产业有序转移和承接，促进京津冀形成空间布局合理、产业链有机衔接、各类生产要素优化配置的发展格局。京津冀各方在推进基本公共服务协同发展过程中可以从观念和政策层面达成共识，继而加强合作协调并最终推动实现基本公共服务政策和保障标准的趋同。与此同时，京津冀三地尤其是河北省在京津冀一体化过程中需积极补齐自身基本公共服务的"短板"，努力提高保障标准。河北省可以主动承接并调整优化产业结构，发挥其产业布局的区位优势，借助税收优惠吸引优质企业入驻，优化产业结构，以培育税源、增加财政收入。京津冀三地可以依托京津冀区域间经济发展水平的逐渐均衡和公共财政的再分配机制，推动形成基本公共服务供给共同体，以便有效保障京津冀三地的基本公共服务水平能够随着区域经济的高度一体化发展而逐渐朝着区域均等化的理想状态发展。

4. 威胁分析

在京津冀基本公共服务水平的巨大差异的背后，本质上是三地之间存在显著的财力失衡问题。北京市的人均财政收入始终最高，天津市次之，而河北省则明显偏低。导致这一现象的因素十分复杂，主要包括三地的经济发展水平、区域税收政策、转移支付机制、财权事权匹配等。

我国税收政策的一大特色就是各地具有因地制宜制定税收优惠政策的权力。因此，财政收入相对充裕的地区的政府为了争取更多的税源，会出台更多的税收优惠政策以吸引更多的企业驻扎和资本流入，从而形成马太效应，即富裕地区税收优惠力度大，吸引资本流入，税源扩大，从而财政收入充盈，更加富裕；而贫穷地区税收优惠力度不足，资本外流，税源缩小，从而财政收入下降，更加贫穷。虽然我国曾出台过一些清理地方税收优惠政策、整顿税源竞争乱象的法律法规，但效果并不明显。

此外，现行总机构纳税的企业所得税制度也进一步扩大了京津冀三地的税源差异。北京市作为首都具有资源集中优势，各企业总机构纷纷希望在此扎根，而分设各地的企业分支机构都需要汇总至北京市缴纳企业所得税，天津市、河北省也不例外。北京市因此获得了更为充裕的税源，导致其他两地尤其河北省与北京市之间的财政收入差距进一步拉大。

7.2.3 基本公共服务水平提升的 PEST 社会文化因素分析

1. 优势分析

基本公共服务均等化是突出我国社会主义制度优势的重点所在，亦是和谐社会主义建构视角下必须要解决的重要问题。对此，京津冀在诸多方面做了有益探索，基本公共服务均等化的推进也取得了一定成效，区域经济一体化战略的实施以及国家自上而下的一体化政策推动为三地基本公共服务事业的发展提供了很好的机遇与条件。自京津冀协同发展战略提出以来，特别是随着基本公共服务协同发展的提出，国家及三地政府切实努力扩大基本公共服务供给，在京津冀基本公共服务共建共享方面，尤其是在体现疏解北京非首都核心功能的教育、医疗卫生、养老服务、社会保障等重要领域取得了若干新进展和新突破。这些探索为促进京津冀基本公共服务均等化和区域经济社会发展积累了宝贵经验。

当前，我国政府积极改善民生，坚持以满足人民日益增长的美好生活需要为根本出发点和落脚点，致力于保障和改善民生。京津冀作为高质量发展的城市群，把提升基本公共服务放在了很高的位置，依托"功能互补、区域联动、轴向集聚、节点支撑"的布局思路，以"一核、双城、三轴、四区、多节点"为骨架，推动有序疏解北京非首都功能，构建以重要城市为支点，以战略性功能区平台为载体，以交通干线、生态廊道为纽带的网络型空间格局，促进社会公共资源的优化配置，提高基本公共服务水平。

2. 劣势分析

随着社会的发展，广大社会成员的公共需求层级提高、范围扩大，但是三地基本公共服务资源不均衡制约了基本公共服务协同发展的进程。从社会公共服务方面看，2010 年以来，京津冀地区的教育、医疗卫生、社会保障等均呈现不断完善之势，但京津冀区域间的基本公共服务资源不均衡状况依然非常突出。以医疗资源为例，京津冀区域间的医疗资源配置不均衡现象十分显著。河北省医疗资源人均拥有量严重低于京津两地。近年来，尽管京津冀地区的教育事业得到快速发展，但优质教育资源在北京、天津两市的高度集聚状况依旧没有发生明显改变，北京、天津两市在普通高等教育和研究生教育方面的优势非常突出，而河北省的教育发展仍然主要集中在基础教育方面。京津两地在高等教育领域可谓名校云集，而河北省省级重点高校只有河北工业大学一所。在基础教育领域，京津两地凭借其教育现代化优势，早已涌现出一大批全国闻名的优质幼儿园、小学和中学。相比之下，河北省在全国层面具有影响力的优质特色学校则较为少见。总而言之，相较北京市和天津市，河北省整体的基本公共服务资源较为匮乏，尤其是优质基本公共服务资源更为稀缺。这种基本公共服务资源的不均衡状态，既导致北京市对周边地区的虹吸效应依然明显，也增大了河北省补基本公共服务短板、三地缩小基本公共服务落差的难度，进而延缓了京津冀地区基本公共服务共建共享进程。

此外，京津冀目前仅有少数政策性的文件，各地区尚未进行相关基本公共服务均等化立法，区域间基本公共服务均等化法律体系也未形成，给京津冀三个地区的居民获得平等享有基本公共服务的权利的进程造成了更大阻碍。

3. 机遇分析

基本公共服务作为公共产品，具有公益性、社会性、群体性的特点，其受益对象是广大人民群众。随着我国经济发展水平不断提高，居民可支配收入不断增加，民众已经不满足于当前的基本公共服务状况，对基本公共服务的需求层次越来越高，从被动接受基本公共服务演化成主动提出需求。京津冀整体的定位是"以首都为核心的世界级城市群、区域整体协同发展改革引领区、全国创新驱动经济增长新引擎、生态修复环境改善示范区"，随着京津冀协同发展的持续推进，其人口结构将更加多元化，民众的社会需求也会日益多样化。政府面对公众日益增加的多样化、高质量、深层次的社会需求，及时提高基本公共服务水平，建立动态调整机制，积极引进社会多元主体参与，不仅能够有效缓解基本公共服务供给与需求之间的矛盾，还能够减轻政府负担，促进政府职能转型，为建设服务型政府提供良好的发展机会。

4. 威胁分析

从京津冀的经济社会发展情况看，在较短时间内快速实现完全一致的基本公共服务水平是不大现实的。这决定了应分步骤、分阶段地有序推进三地基本公共服务均等化。应在合作共赢的利益协调机制下，以《京津冀协同发展规划纲要》对公共服务一体化的时间节点要求以及京津冀经济发展水平为依据，采用渐进开放的协同发展方式，在保障及尊重三地利益的基础上，既实现基本公共服务制度规则在区域间的无缝对接，又以一定标准缩小区域基本公共服务差距并逐步推进其一体化发展。京津冀地区整体的辐射带动作用，对于推动城乡、区域、经济社会和资源环境协调发展，提升区域基本公共服务整体水平具有重要意义。三地既要考虑如何提升自身的基本公共服务水平，又要推动京津冀地区的协同发展，这也是一个亟须解决的难题。此外，从当前我国基本公共服务供给的实践来看，政府既是基本公共服务的唯一供给方，又是唯一的评估主体，在提供基本公共服务的过程中缺乏社会主体的参与，这不仅会导致政府负担大大增加，而且会导致基本公共服务提供的质量和水平难以得到保障，进而使基本公共服务供给的实际效果大打折扣。

7.2.4 基本公共服务水平提升的 PEST 技术因素分析

1. 优势分析

京津冀协同发展战略实施以来，三地在交通、教育、医疗等基本公共服务领域取得了突破性成绩。京津冀教育文化深度融合。截至 2018 年年底，北京市 16 个区对口帮扶河北省 23 个教育贫困县。2019 年 1 月，京津冀教育部门在雄安新区发布了《京津冀教育协同发展行动计划（2018—2020 年）》，提出将进一步推进京津冀教育协同发展。同年 9 月北京市支持雄安新区建设的"三校一院"交钥匙项目正式开工，这也是雄安新区启动区首批启动的项目。京津冀医疗卫生合作持续推进。近年来，京津冀医疗卫生合作成为一种常态，由单一医务人员流动向机构合作迈进，从专家坐诊、科室协作、人员进修扩展到共建共管、整体托管、专科联盟等机构深度合作。京津冀三地的重点医疗项目合作持续推进，北京市已有多家医院与河北省医院建立合作关系。京津冀医疗卫生合作的推进不仅缓解了北京市、天津市医疗机构的压力，而且也使河北省患者异地就医的比重逐年下降。京津冀社会保障合作持续深化。近年来，京津冀三省市和中央有关部门制定了一系列政策措施，大力促进京津冀三地社会保障协同发展。2014 年 8 月，北京市与河北省签订《京冀医疗保险合作备忘录》，推动医保机构互认。2015 年，北京市、天津市分别与河北省签订了《推动人力资源和社会保障工作协同发展合作协议》和《推动人力资源和社会保障事业协同发展合作协议》，解决了三地在异地就医、定点医疗机构互认、享受待遇、监管服务等方面的问题。2018 年 7 月，随着《京津冀工伤保险工作合作框架协议》的颁布，京津冀三地工伤保险工作实现互联互通互认。同年 10 月，《津冀跨省异地就医门诊医疗费用直接结算工作备忘录》的签署，标志着津冀两地在异地就医门诊医疗费直接结算工作的政策、经办、监管和信息化等方面达成初步共识并取得实质性进展，为推进津冀乃至全国异地就医门诊医疗费直接结算提供了有益的经验。京津冀基础设施建设协同发展持续加快。京津冀三省市全部市区、部分郊区公交线路和轨道线路交通一卡通终端改造已完成，京津冀互联互通卡已覆盖三地所有地级以上行政区。随着京沈高铁、京雄城际铁路、张大高铁建成通车，轨道上的京津冀粗具规模。京秦高速、津石高速等一大批重大交通项目稳步推进。京津冀生态环境协同发展持续深入。京津冀紧密合作，协同保护生态环境，在生态建设和污染防治方面取得了一定的成绩。京津风沙源区是全国防沙治沙的重点地区，截至 2021 年，京津风沙源治理工程累计完成治理总面积超过 1 000 万公顷。雄安新区加大"千年秀林"项目建设力度，预计未来森林面积将达百万亩。《白洋淀生态环境治理和保护规划（2018—2035 年）》明确指出，构建雄安新区"一淀、三带、九片、多廊"的生态空间格局，打造蓝绿交织、清新明亮、水城共融的生态城市。2019 年年初，京津冀签署了新一轮的协同发展合作框架协议，确定了未来三年生态环保领域重点合作内容。三地将在环境标准统一、重污染应急联动、环境执法监管等重点领域，北京城市副中心、雄安新区、北京大兴国际机场等重点区域继续加强合作，深化大气污染联防联控，持续推进水污染共治。

《北京市"十二五"时期社会公共服务发展规划》明确提出应发挥市场和社会的作用，强调要充分利用市场机制，支持和引导社会力量参与基本公共服务的投资、建设、管理和运营。《北京市"十三五"时期社会基本公共服务发展规划》进一步将完善多元参与、共建共享的体制机制作为社会基本公共服务领域五大发展重点之一。《北京市"十四五"时期社会公共服务发展规划》还针对群众高品质服务需求，提出发展纯市场化供给的生活服务，推动健康、养老、托育、文化、体育等重点领域服务业品牌化、连锁化发展，提升服务国际化水平，政府主要负责营造公平有序的市场环境，引导产业规范发展。经过细化分层分类，北京市进一步明确了政府职责，也向市场主体传递了更加清晰的导向信号，更有利于实现有效市场和有为政府相结合，更好满足市民多层次生活需求。现阶段，京津冀已在基本公共服务的多元主体协同发展上有不少的实践。根据财政部政府和社会资本合作中心项目管理库提供的数据，截至 2019 年 1 月底，北京市共有 60 个政府和社会资本合作入库项目，天津市有 33 个，河北省有 344 个。同时，京津冀交通一体化、生态环境协同治理等区域发展项目已经步入正轨，充分利用政府、市场和社会的多元治理模式，清晰界定各级政府、市场与社会之间的责任关系，有效利用主体优势，均衡三地支出压力，实现高效率高质量的基本公共服务供给。

2. 劣势分析

在服务体系建设方面，缺乏一门式综合服务平台，服务便利性不足、效率较低。随着社会转型的加快，居民对基本公共服务的需求逐渐多元化、复杂化，变化速度也逐渐提高，但是目前我国在基本公共服务领域缺乏标准化的动态调整机制，使得政府供给与民众需求错配，导致了公共资源的浪费。

鼓励竞争、忽视合作的财税体制加剧了京津冀基本公共服务非均等化。改革开放以后，为加快各地经济发展，刺激各地发展经济的积极性，秉承"效率优先、兼顾公平"的指导思想，我国突出了财政体制的竞争和效率导向。尽管该财政体制促进了我国各地经济的发展，但是重效率、轻公平，提倡地方竞争、忽视地方合作的问题加大了各地之间的财政差距。具体到京津冀地区，就是中央与地方事权划分不清晰、支出责任划分不明确。河北省处于为京津服务的地位，长期向京津输送资源，并且承担保护京津周边生态环境的任务及相应财政支出责任，却未能得到相应的利益补偿以及足额的转移支付资金支持，使河北省经济性、民生性的财政支出被挤占。在竞争导向型的财税体制下，京津冀地区的财政布局以及财税利益竞争长期处于不平等的状态，造成区域间内出现了基本公共服务不均等的现象。

3. 机遇分析

在基本公共服务的发展模式上，德国、日本等发达国家的研究和实践开始较早，其基本公共服务已经形成了较为成熟的管理模式。我国长三角城市群、粤港澳大湾区城市群和成渝城市群等作为国内主要城市群，其基本公共服务的发展历程对于京津冀地区也具有一定的借鉴意义。

随着大数据技术的逐步应用和推广，在未来有条件通过现代信息手段及时掌握社会公众对基本公共服务的需求，从而以需求作为导向，提供个性化、精准化的基本公共服务，解决当前存在的需求信息不对称问题。信息网络技术的应用，还有利于健全基本公共服务评估和社会参与体系，强化对基本公共服务的过程质量管理，解决当前存在的评价体系不完善的问题，提升服务水平。

4. 威胁分析

由于我国基本公共服务的供给模式与发达国家并不完全一致，因此我们并不能简单照搬西方政府基本公共服务供给方式，我们需要综合分析与改进，因地制宜地学习与借鉴。长三角城市群、粤港澳大湾区城市群等由于所处的地理位置和实际情况与京津冀地区存在差异，其所形成的发展模式也不能完全适用，因此京津冀地区基本公共服务供给水平的提升必须在已有实践的基础上总结经验，避免不足之处，实现真正的本土化创新。同时京津冀基本公共服务均等化缺乏统一的规划和标准，共建共享机制也未建立，各地区之间缺乏有效的衔接和沟通，没有形成有效的基本公共服务均等化绩效评估体系，无法将基本公共服务均等化纳入政府工作绩效考核中。

7.2.5　京津冀基本公共服务协同发展的 SWOT-PEST 矩阵构建

前文从政治、经济、社会、技术角度对京津冀基本公共服务协同发展的优势、劣势、机遇和挑战进行了分析，我们依据影响大小与轻重缓急排序，制作了京津冀基本公共服务协同发展的 SWOT-PEST 矩阵，优先排列影响京津冀地区基本公共服务协同发展的直接、重要、紧迫、意义深远的因素，间接、次要、短暂、迟缓的因素则排在相对靠后的位置，深入分析京津冀地区在基本公共服务协同发展方面存在的优势和发展机遇以及劣势和存在的风险。

表 7-2　京津冀基本公共服务协同发展的 SWOT-PEST 矩阵

	政治（P）	经济（E）	社会（S）	技术（T）
优势（S）	国家与政府出台文件，进行政策鼓励。	《京津冀协同发展规划纲要》有利于缩小经济差距，从根本上缩小三地的财力差距，从而为基本公共服务均等化以及协同发展提供资金保障。	坚持以满足人民日益增长的美好生活需要为根本出发点和落脚点，保障和改善民生。	京津冀协同发展战略实施以来，三地在交通、教育、医疗等基本公共服务方面取得了突破性成绩。部分区域发展项目已经步入正轨，充分利用了政府、市场和社会多元治理模式。
劣势（W）	京津冀基本公共服务协同发展尚处于探索阶段，京津冀区域整体合作协调机制还不健全，缺乏稳定的合作框架和对话机制。	三地经济发展的基本面差异较大，财力投入主要来源于本地的税收收入，因而给公共财政资金带来了较大压力；基本公共服务提供缺乏市场与社会力量的参与。	京津冀各地区尚未进行相关基本公共服务均等化立法，区域间基本公共服务均等化法律体系也未形成，给京津冀三个地区的居民获得平等享有基本公共服务的权利的进程造成了更大阻碍。	鼓励竞争、忽视合作的财税体制加剧了京津冀地区基本公共服务非均等化。

续表

	政治（P）	经济（E）	社会（S）	技术（T）
机遇（O）	京津冀区域经济越来越紧密的一体化深度协作逐渐外溢为对基本公共服务协同发展的客观需求。	《京津冀产业转移指南》有助于充分发挥三地的比较优势，从而推动京津冀三地的基本公共服务水平随着区域经济的高度一体化发展而逐渐朝着区域均等化的理想状态发展。	人口数量和规模的变化以及社会需求的升级对基本公共服务水平提升提出了新的要求。	借鉴国内外先行地区的经验教训；大数据技术的逐步应用和推广。
威胁（T）	目前基本公共服务供给缺乏相对完善的法制环境，没有严格的法律条文作为依托，各地在提供基本公共服务时具有较大的临时性和随意性。	各地具有因地制宜制定税收优惠政策的权力。因此不同地区出台的税收优惠政策可能形成马太效应，进一步拉大三地间的财政收入差距。	从京津冀的经济社会发展情况看，在较短时间内三地达到完全一致的基本公共服务水平难度较大；第三方评估和社会组织参与状况不够乐观。	结合京津冀的实际情况，进行基本公共服务协同发展本土化创新的难度较大。

资料来源：根据《京津冀协同发展规划纲要》的内容整理。

由矩阵分析可知，目前京津冀推动基本公共服务协同发展虽然存在一定劣势，也面临一些外部风险，但是相对于劣势和风险，其拥有的优势和面临的机遇更大，这为基本公共服务协同发展战略性推进提供了依据和条件。

7.3 不同基本公共服务的特殊影响因素分析

上一节利用SWOT-PEST分析法对京津冀基本公共服务协同发展整体进行了分析，然而对于不同的基本公共服务，还有一些特殊因素会影响其协同发展。本节主要利用SWOT分析法对基本公共教育、基本医疗卫生、基本养老服务这三类典型的基本公共服务协同发展的影响因素进一步进行分析，以探究京津冀地区这三类基本公共服务协同发展的优势和劣势及其所面临的发展机遇和挑战。

7.3.1　基本公共教育

1. 优势分析

长期以来，京津冀地缘相近、人缘相亲，有着深厚的历史渊源，教育领域的合作和交流也一直很活跃，区域间教育部门之间也在不断探索中形成了一些富有特色的合作交流机制。三地政府对基本公共教育的重视程度日益提高，政策上大力支持基本公共教育的协同发展，一系列关于基本公共教育的文件相继出台。在"十三五"期间，三地教育部门在《京津冀协同发展规划纲要》指导下不断探索和总结工作经验，签署各类合作协议 168 个；结合新阶段、新形势、新要求，签署《"十四五"时期京津冀教育协同发展总体框架协议（2021—2025 年)》，提出了 6 个方面的重点任务，涉及基本公共教育领域协同发展的主要有：采取教育集团、学校联盟、结对帮扶、开办分校等方式，推动更多京津基础教育学校到河北省开展合作办学，联合开展冰雪运动、校园足球等交流活动；持续组织实施"中小学骨干校长教师赴京跟岗学习"项目，共同组织开展三地高校思政工作者交流研讨活动。此外，北京市教育部门与雄安新区签署《关于雄安教育发展合作协议（2021—2025 年)》，涉及11 项合作内容，涉及基本公共教育领域协同发展的主要有：切实发挥北京市优质教育资源的辐射带动作用，全面提升雄安新区教育质量，深化四所学校援建工作；双方坚持深入交流，坚持政策集成，实现雄安新区与北京市教育的优势互补、联动发展。

京津冀地区教育资源丰富，其基本公共教育生均公共财政预算教育事业费远高于全国平均水平，基本公共教育供给总量相对较高；从其内部来看，虽然河北省的生均公共财政预算教育事业费、生均公共财政预算公用经费仍与北京市、天津市存在一定的差距，但其教育投入努力程度很高，公共财政教育支出占公共财政支出比例较高，公共财政教育支出增长快于财政经常性收入增长（见表 7-3）。基本公共教育服务作为具有公共性、普惠性、基础性、发展性四个主要特征的基础性公共服务，与全体人民群众最关心、最直接、最现实的切身利益密切相关，京津冀三地向来重视教育，因此三地教育协同发展回应了人民的呼声与需要。

表 7-3 京津冀地区公共财政教育支出情况

项目	地区	2015 年	2016 年	2017 年	2018 年	2019 年	2020 年
公共财政教育支出（亿元）	北京市	847.43	882.29	955.70	1 020.72	1 125.36	1 128.00
	天津市	464.23	425.80	434.61	448.04	466.81	440.53
	河北省	1 001.07	1 115.58	1 246.63	1 354.50	1 515.72	1 581.74
公共财政教育支出占公共财政支出比例（%）	北京市	14.77	13.77	14.01	13.66	15.19	15.85
	天津市	14.36	11.51	13.25	14.44	13.13	13.98
	河北省	17.77	18.44	18.84	17.53	18.24	17.53
公共财政教育支出增长率（%）	北京市	0.15	4.11	8.32	6.80	10.25	0.23
	天津市	-14.51	-8.28	2.07	3.09	4.19	-5.63
	河北省	17.96	11.44	11.75	8.65	11.90	4.36
公共财政教育支出与财政经常性收入增长率之差（%）	北京市	-18.94	-8.59	-0.84	0.08	11.40	4.01
	天津市	-20.72	-9.45	-0.44	3.29	4.43	1.80
	河北省	15.00	4.54	1.18	0.23	1.35	8.83

2. 劣势分析

京津冀区域间基本公共教育服务供给不均衡，北京市各区之间、天津市各区之间、河北省各市县之间以及三地之间的教育资源配置均存在较大差异，尤其是师资配置。虽然当前义务教育均衡发展一定程度上有效缩小了城乡差距，但一部分优秀师资仍可能出于追求更高的生活水平等原因向发展水平较高的地区流动。而且教育成果的评价具有明显的结果导向性，正如"一考定终身"的高考制度，在应试教育背景下，许多学生为了获得更好的教育资源向教育发展较好的地区流动。这些因素都会影响政策的均衡效果。基本公共教育服务的供给不仅是简单的硬件供给，还包含许多诸如师资力量等软件的供给，它是一项长期事业，需要久久为功。

基本公共教育服务的承担主体是政府。在当前的财政分权体制下，地方政府承担了更多的职责。由于京津冀三地经济发展水平和财政收入水平的差距相对较大，三地在提供基本公共教育服务时的能力差距也较大。如 2016 年北京市的小学、初中和普通高中生均公共财政预算教育事业费分别是河北省的约 3.5 倍、4.3 倍和 4.7 倍，生均公共财政预算公用经费分别是河北省的约 5.5 倍、6.2 倍和 7.6 倍。在京津冀协同发展的财政保障机制尚未建立的背景下，仅凭三地当前各自为政的财政体制，难以实现基本公共教育服务均等化的目标。

3. 机遇分析

基本公共教育服务协同发展是京津冀协同发展重大国家战略的组成部分，是为京津冀协同发展提供高质量人力资源和促使其长效发展的重要途径。在中央强力推动之下，京津冀三地形成了协同发展的共识，京津冀基本公共教育服务协同发展迎来重要机遇。在北京疏解非首都功能的大背景下，部分教育资源通过迁移或联合办学等方式向河北省转移，尤其是向雄安新区转移，可以在一定程度上弥补河北省基本公共教育服务的不足。

教育信息化、数字化极大地促进了京津冀基本公共教育服务协同发展。依托互联网、卫星网、广播电视网、移动通信网等公共信息基础设施，教育资源能够以相对较低的成本，高效地向农村、边远地区等教育发展薄弱的地区扩散，扩大优质教育资源覆盖面，从而促进教育公平、提高教育质量。诸如慕课（MOOC）等灵活、开放的新型在线课程模式，能够共享优质教育资源，具有方便大规模学生自主学习的优势，极大增强了优质教育资源的可获得性，在一定程度上解决了区域发展不均衡及部分地区学校师资结构性缺编等问题。此外，大数据、云计算等在教学、科研中的广泛应用，也为促进教育优质均衡发展提供了有力支持和保障。

我国已有的推进区域教育服务协同发展的创新实践对新形势下推动京津冀基本公共教育服务协同发展具有重要借鉴意义。在跨行政区推进基本公共教育服务协同发展方面，长三角和珠三角地区起步较早，特别是两地立足于我国的体制基础和政策环境，积累了一些重要经验。早在 2003 年江苏、浙江和上海长三角两省一市就发布了《关于加强沪苏浙教育合作的意见》，在交流机制和工作组织方面开展探索，其中，基本公共教育领域合作内容包括定期举行教育合作交流活动，推进三地优质教育资源共享，共同探索中小学课程教材改革和中考、高考制度改革等；此后，安徽也加入长三角教育合作中，四省市成立了长三角教育联动发展协调领导小组，制定了相关规划和政策，并在国家层面得到认可。

4. 威胁分析

京津冀基本公共教育服务协同发展仍然存在一些制度性障碍，如各级学校招生录取制度、区域财政制度、区域户籍制度等，这些制度都具有较强的区域保护性，因而不能很好地适应跨省市的区域协同发展。尤其是招生录取制度，在基本公共教育领域，当下政策设计的一个重要内容就是限制异地就学，这在一定程度上也加大了区域协同发展的难度。

《京津冀协同发展规划纲要》颁布以来，京津冀三地在基本公共教育服务协同发展方面取得了一些成果，如教师校长培训、数字资源共享、合作办学、组建教育合作联盟、为疏解产业转移人口在承接地提供入学和升学便利等，但这些都是一些眼前最急迫、短期内最容易出成果的工作。诸如建立教育服务协同发展体制机制等一些基础性和长期性的工作则相对没有得到重视。有学者指出，京津冀基本公共教育服务协同发展存在"重发展，轻改革"的问题。究其原因，在基本公共教育领域，目前的协同发展更多属于外溢性帮扶，而非"共同体"式的共同发展，这也是由基本公共教育改革的系统性特征决定的。破除基本公共教育领域制度性的痼疾，需要更多的顶层设计和强有力的推动。

7.3.2　基本医疗卫生

1. 优势分析

京津冀地区基本医疗卫生资源总量丰富，但存在省市间不均衡问题，协同发展有利于提高基本医疗卫生资源利用效率，实现优势互补、资源共享和互惠互利，同时缓解大城市人满为患导致的"看病难"和基层医疗资源紧张导致的"看病难"问题。

京津冀三地地缘相近，在基本医疗卫生领域合作密切，且方式途径多样。一是共建共管。早在 2014 年，在北京市、河北省两地政府的推动下，北京朝阳医院与河北燕达医院就启动了重点医疗合作项目；此后，河北燕达医院又先后与北京天坛医院、首都儿科研究所附属儿童医院、北京中医医院等签署了合作协议。二是跨省托管。2015 年，北京儿童医院与保定市儿童医院举行了签约仪式，保定市儿童医院挂上了"北京儿童医院保定医院"的标牌，实行所有权和管理权分开；此外，天津市滨海新区政府与北京大学医学部也制定并实施了"全面合作、委托管理"的第二个五年合作计划。三是专科引进。合作医院之间通过共建专科、人才进修、科研教学等形式展开全方位的协同合作，如张家口市第一医院的"北京天坛医院（张家口）脑科中心"项目等。四是加强智库建设。北京市、天津市、河北省等地医疗卫生部门共同发起成立卫生计生智库网络，有效促进了医疗卫生人员的科研协同合作，为三地基本医疗卫生发展提供了智力支持。此外，京津冀三地还通过举办各类会议和论坛，加强基本医疗卫生领域医护人员、管理者的沟通学习。多种方式推进京津冀基本医疗卫生协同发展，既提高了弱势地区基本医疗卫生的水平、扩大了优质医疗卫生资源的覆盖区域，让人民群众能享受到便捷优质的医疗服务，又缓解了优质医疗资源聚集地区的就诊压力，对北京推进疏解非首都功能具有十分重要的意义。

2. 劣势分析

京津冀三地基本医疗卫生协同发展机制尚不成熟。在协调机构方面，虽然成立了京津冀卫生计生协调工作小组，但其发挥的作用不够突出，当前更多的是京津冀三地医疗卫生部门的协同合作，缺少一个更为完善的"代表各方共同利益、共享各方信息、制定区域公共政策、执行区域规划的组织机构"[①]。在利益协调方面，关于医疗卫生领域跨省合作的责、权、利，京津冀三地还缺乏一套完善的机制来规范和调节，影响了协同合作的进程。在信息共享方面，京津冀三地信息建设水平存在较大差异，信息共享的积极性不足，信息共享机制亟待完善。

京津冀三地存在明显的医疗卫生资源配置不均，不仅不同地区之间、城乡之间的医疗卫生资源存在差异，而且不同等级的医疗机构之间在服务标准、管理理念等方面也有着较大差异。京津冀三地医疗卫生队伍在协同意识和协同能力方面也存在欠缺。相关调查显示，京津冀三地医疗卫生水平和医护人员水平存在较大差异，而且部分医疗卫生人员，尤其是行政管理人员，还未意识到协同发展的重要意义，对协同发展缺乏足够的重视。

3. 机遇分析

国家规划和政策支持为京津冀三地基本医疗卫生协同发展奠定了基础。《全国医疗卫生服务体系规划纲要（2015—2020 年）》提出，在京津冀等具备一体化发展条件的区域，可以探索打破行政区划的限制，跨区域统筹设置医疗卫生机构，推动资源优化调整，实现大区域范围内资源共享，提高资源配置效率。国家和京津冀三地在卫生资源配置、人才队伍建设、卫生事业投入、信息技术应用、社会力量办医、融资渠道等方面制定了较为全面的规划与政策，提供了良好的政策环境。

医疗联合体为京津冀三地基本医疗卫生协同发展提供了模板和范例。当

---

① 蔡祎．京津冀医疗卫生一体化中的地方政府协同研究 [J]．北京经济管理职业学院学报，2019，34（3）：18 - 24.

前我国医疗体制改革的中心是"保基本、强基层、建机制"。在这一基本背景下，中央和各地开始推进医疗联合体建设，即将区域间医疗资源进行整合，由一所三级医院联合若干所二级医院和社区卫生服务中心组成医疗联合体，目的是引导患者分层次就医，而非一味涌向三级甲等医院，以实现强强联合、以强扶弱、共同发展。这对如何在整个京津冀地区内实现基本医疗卫生协同发展具有重要的借鉴意义。

随着我国经济和社会发展水平不断提高，加之我国老龄化进程不断加快，人民群众对生命健康越来越重视，对医疗卫生服务的需求的水平和质量也越来越高，这就倒逼医疗卫生供给体制的改革。只有实现医疗卫生资源共享与合理配置，明确区域间不同地区、不同层级的医疗机构的功能定位，才能真正提高医疗卫生服务效率。

4. 威胁分析

政策及制度环境支持力度仍然不够。京津冀三地经济发展不均衡，在属地化的管理体制下，经济基础直接决定各地政府对医疗卫生事业的财政投入、医疗服务价格等。京津冀基本医疗卫生协同发展离不开相关政策的指导和保障，需要三地以更大的改革力度破除医疗卫生体制中阻碍协同发展的因素。

人民群众的就医观念和选择复杂多样、不可控制。京津冀三地基本医疗卫生协同发展的落脚点是为人民群众生命健康服务，然而作为服务接受方的群众可能并不一定按照政策规划选择就医。随着交通日益便捷，医保制度不断完善以及基本医疗卫生协同发展带来一系列利好政策，异地就医门槛大大降低，人民群众的就医观念有所转变，倾向于到拥有优质的医疗资源、医疗技术服务水平较高的地区或机构就诊，而这种就医观念的转变和医疗卫生需求质量的提升，会扩大医疗机构之间的发展差距。这需要基本医疗卫生协同发展政策的深入人心和人民群众就医观念的转变，然而，这并非一日之功。

7.3.3 基本养老服务

1. 优势分析

京津冀三地基本养老服务协同发展具有突出的协同优势。

首先，三地基本养老服务在结构上是互补的。北京市和天津市两地经济发达，医疗、人才等资源相对集中，但是在基本养老服务方面存在人口资源载荷较重、养老成本较高等问题，而且其自然生态环境由于经济开发强度高和人口规模大而不适宜养老。河北省经济发展相对落后，人才、科技等发展资源相对匮乏，但土地、人力资源相对低廉，而且部分地区生态环境良好、医疗资源配置充足。京津冀三地可以通过资金、人才、技术等要素的规模化规划、配置和运营，发挥各自优势，优化资源布局，缓解养老困境，促进养老服务业的转移与发展。

其次，三地基本养老服务协同发展具有较大的成本优势。资源的互补可以极大地降低养老成本，尤其是土地成本和人力成本。相较于在北京市和天津市，在河北省建设养老服务机构成本较低，比较适合承接前两者的养老服务转移。而且京津冀三地地缘相近，交通便捷，不仅方便老年人享受优质养老资源，而且方便子女探望。同时，河北省在公共基础设施等方面也在不断加快与京津两地的有效对接，为河北省承接养老服务产业转移提供了区位优势。

最后，三地基本养老服务协同发展已经有了较好的试点基础。如异地养老的床位运营补贴政策，三地民政部门共同签署的《京津冀养老工作协同发展合作协议（2016 年—2020 年）》明确规定，北京市针对试点机构实行床位运营补贴政策，所需经费由北京市级财政全额负担，津冀两地收住京籍老年人的试点机构床位运营补贴经费纳入北京市民政局年度部门预算，采取"先服务后补助"的形式发放。这些试点能够有效避免政策推行中可能面临的浪费时间、资源等问题，成功的探索经验能够为后续政策的推行、推广提供极大的借鉴价值。

2. 劣势分析

京津冀基本养老服务协同发展的突出劣势之一就是三地养老服务政策、补贴、福利差异大。各地政府给予养老服务行业的补贴大多带有区域性质，这一定程度上影响了三地基本养老服务协同发展。此外，三地在经济发展水平、公共服务提供能力等方面也存在差异，这就导致三地提供的区域性养老服务、福利政策等存在显著差异。而且京津冀三地在养老服务补贴方面存在补贴水平与补贴对象的双重差异，多数政策的服务对象仅限于在本地居住或拥有本地户籍的老年人，在一定程度上限制了三地老年人异地养老的意愿与选择，进而增大了三地基本养老服务协同发展的难度。此外，河北省的医疗服务资源和养老服务配套设施也与其他两地存在较大差异。

专业化人才队伍匮乏、结构失衡也是京津冀基本养老服务协同发展的一大劣势。专业技能人才是影响养老服务发展的重要资源和关键因素，养老服务队伍的专业化程度直接影响养老服务的质量。当前，京津冀养老服务人才队伍组建仍然存在供给落后于需求、结构性失衡、队伍素质水平较低等突出问题。根据北京市民政局 2017 年年初发布的《关于加强养老服务人才队伍建设的意见》，该市共有在岗养老护理员 7 000 人左右，缺口达 2.31 万人。天津市、河北省也存在类似情况，甚至更为严重。而且养老服务从业人员具有社会地位低、收入待遇低、学历水平低、劳动强度大和职业风险高、年龄偏高、流动性高的特征，也不利于三地基本养老服务协同发展。

3. 机遇分析

随着我国人口老龄化状况不断加剧，养老服务日益成为我国重大的民生问题，京津冀三地的老龄人口规模和结构也对三地基本养老服务协同发展提出了迫切的需求。2021 年，京津冀三地老龄化率已经分别达到了 14.20%、14.75%、14.92%，均已进入深度老龄化社会。京津冀三地庞大的老年群体对养老服务提出了更高的要求，同时，也为三地基本养老服务协同发展提供了机遇。

基本养老服务协同发展是京津冀协同发展重大国家战略的组成部分，在中央强力推动和京津冀三地形成协同发展共识的情况下，京津冀基本养老服务协同发展迎来重要机遇。国家和京津冀三地给予的政策支持，为三地基本养老服务协同发展提供了许多优势条件，北京市为疏解非首都功能而提出的部分规划政策为河北省承接养老服务转移带来政策利好。京津冀三地民政部门 2016 年 9 月联合出台《京津冀养老服务协同发展试点方案》，将天津市武清区养老护理中心、河北省三河市燕达国际健康城、中标集团河北高碑店养老项目纳入首批试点，明确了在床位运营补贴、承接政府购买养老服务项目、金融服务、医养结合、人才培养、支持试点机构配套举措等六大方面的扶持政策。

4. 威胁分析

一些制度因素仍然制约着京津冀基本养老服务协同发展，如医疗保险、各类养老服务补贴津贴、土地使用等方面的制度。由于历史和现实等多方面的因素，这些制度与区域财政、区域户籍制度安排关系密切，具有十分强的局域保护性、内恰性，最为突出的例子就是医疗保险制度的区域碎片化。

老年人深受传统文化的影响，有较强的安土重迁思想，多数人养老观念尚未转变，关于异地养老存在一定的思想观念障碍。这在一定程度限制了北京市和天津市两地老年人选择异地机构养老。而养老观念的转变是一个较为长期的过程，需要政府、社会等多方的积极引导，更需要高质量的异地养老服务保障吸引老年人群体。

此外，三地政府相关部门管理人员对基本养老服务协同发展也存在观念障碍。在非本地资本兴建养老机构、非本地户籍老年人是否应该得到补贴等具体问题上，三地部分相关部门工作人员仍然存在认识偏差，而这一认知差异必然影响当地养老服务的发展，也会影响到试点政策的复制和推广。

第8章

**京津冀协同发展政策出台
成效与问题分析**

8.1 京津冀协同发展政策成效实证检验

8.1.1 模型设定

自从 2014 年提出京津冀协同发展战略以来，中央政府与京津冀各级政府
制定、实施了一系列政策，让进行京津冀协同发展战略对地方公共服务供给
效率的影响的准自然实验成为可能，本节将采取双重差分法（DID）对此进行
分析。DID 是通过对比政策实施对实验组与对照组的影响之间的差异分析政
策实施对分析对象造成的影响。

为了检验京津冀协同发展战略对地方公共服务供给效率的影响，构造如
下模型：

$$Eff_{it} = \alpha + \beta_1 DID_{it} + \sum_{k=2} \beta_k contralvariables + \mu_i + \lambda_t + u_{it}$$

其中，被解释变量为 Eff_{it}，为省份 i 在 t 年的公共服务供给效率。$Treat_{it}$ 是
处理组变量，用于判断该省份是否属于实验组，属于实验组则为 1，属于对照
组为 0，即北京市、天津市、河北省 $Treat_{it}$ 取 1，其余省份取 0。$Period_{it}$ 为判
断该省份是否处于实施京津冀协同发展战略时期的虚拟变量，2014 年以后已
经实施京津冀协同发展战略，因此 $Period_{it}$ 取值为 1，未实施时取值为 0。
DID 为解释变量，是 $Treat_{it}$ 和 $Period_{it}$ 的交互项，即政策实施的处理效应，β_1
是重点关注的系数，其反映了在实施能耗双控政策后对照组与实验组的政策
效果是否存在差异。$contralvariables$ 为控制变量，μ_i 为省份个体固定效应，λ_t

为时间固定效应，u_{it} 为随机扰动项。本模型以及后续回归模型采取 Newey-West 稳健标准误控制异方差问题。在此基础之上，为了探究实证结果的稳健性，使用 PSM-DID 的方法进行稳健性检验。

京津冀协同发展战略政策效应可能存在滞后性，因此本节将政策实施时间向后推移一年或两年，构造相应 DID 模型，通过处理效应变动判断政策影响的滞后性。此外，为了进一步探究政策效应在时间上的动态差异，借鉴范子英等[①]的做法，对京津冀协同发展战略政策效应做进一步检验，检验模型如下所示：

$$Eff_{it}=\alpha_0+\sum_{t=2011}^{2019}\alpha_t Treat_i \times Year_t+\sum_{k=1}\beta_k contral variables +\mu_i+\lambda_t+u_{it}$$

其中，系数 α_t 为各年平均政策效应。

由于实验组、对照组的选择具有一定的指向性，难以满足完全随机抽取的实验要求，因此 DID 要求对照组与实验组存在平行趋势，即在政策实施之前对照组与实验组的公共服务供给效率应当随时间有相同的变化趋势与幅度，否则处理效应估计有偏。为此需要采用事件研究法进行平行趋势检验。

8.1.2　变量选取

本节选取 2011 年到 2019 年中国 30 个省、自治区（不含西藏自治区）、直辖市作为研究对象，省份数据来自 CRNDS 数据库，存在的缺失值通过 CS-MAR 数据库以及各地统计年鉴进行填补。

1. 地方公共服务供给效率

被解释变量为地方公共服务供给效率（Eff），基于以往的研究成果、数据可获得性等，从教育、医疗、基础设施等三方面在对人力资本与产业要素流动具有重要影响的因素中，选取公共服务供给的投入与产出指标衡量公共服务供给效率。选取人均城市建设财政支出与公共部门就业人数作为投入指标，选取每万人教师人数、每万人执业医师数、人均道路长度、人均用水量、建成区绿化覆盖率以及人均用电量作为期望产出指标。

---

① 范子英，彭飞，刘冲. 政治关联与经济增长：基于卫星灯光数据的研究 [J]. 经济研究，2016，51 (1)：114−126.

使用 SBM 模型测算地方公共服务供给效率，SBM 模型是一种非径向、非角度的方法，它通过投入与产出的松弛变量直接测度生产的效率水平。

SBM 模型假设含有 n 个 DMU，每个 DMU 包含三个元素：投入、期望产出、非期望产出，依次表示为 $x_i \in R_m, y_i^d \in R^{s_1}, y_i^{ud} \in R^{s_2}$，定义投入矩阵 $X = [x_1, x_2, \cdots, x_n] \in R^{m \times n}, Y^d = [y_1^d, y_2^d, \cdots, Y_n^d] \in R^{s_1 \times n}, Y^{ud} = [y_1^{ud}, y_2^{ud}, \cdots, y_n^{ud}] \in R^{s_2 \times n}$，假设 $X > 0, Y^d > 0, Y^{ud} > 0$。生产可能性集记为 P，$P = \{(x_i, y_i^d, y_i^{ud}) \mid x_i \geqslant X\lambda, y_i^d \leqslant Y^d\lambda, y_i^{ud} \geqslant Y^{ud}\lambda, \lambda \geqslant 0\}$，其中 $\lambda \in R^n$ 是一个常数向量。当一个 DMU(x_0, y_0^d, y_0^{ud}) 有效时，没有一个生产可能性集中的向量 (x, y^d, y^{ud}) 满足 $x_0 \geqslant x, y_0^d \leqslant y^d, y_0^{ud} \geqslant y^{ud}$，并且至少有一个不等号严格成立。SBM 模型求解如下所示：

$$[SBM - Undesirable]\rho^* = \min \frac{1 - \frac{1}{m}\sum_{i=1}^{m}\frac{\overline{s_i}}{x_i}}{1 + \frac{1}{s_1 + s_2}\left(\sum_{r=1}^{s_1}\frac{s_r^d}{y_{r0}^d} + \sum_{r=1}^{s_2}\frac{s_r^{ud}}{y_{r0}^{ud}}\right)}$$

$$subject\,to\,x_o = X\lambda + s^-$$
$$y_o^d = Y^d\lambda - s^d$$
$$y_o^{ud} = Y^{ud}\lambda - s^{ud}$$
$$s^- \geqslant 0, s^d \geqslant 0, s^{ud} \geqslant 0, \lambda \geqslant 0$$

其中，$s^- \in R^m$ 以及 $s^{ud} \in R^{s_2}$ 对应多余投入与非意愿产出，$s^d \in R^{s_1}$ 对应不足的意愿产出，$\rho^* \in [0, 1]$，ρ^* 越大，DMU 效率越高，地方公共服务效率越高，当一个 DMU 是有效率的时，$\rho^* = 1, s^{-*} = 0, s^{d*} = 0, s^{ud*} = 0$。

2. 其他变量

参考学界关于地方公共服务供给效率的相关研究，本节选取产业结构（IND）、经济发展水平（lnINCOME）、人口规模（lnPOP）、社会组织密度（NGO）、政府财政能力（PE）、政府规模（SCALE）等作为控制变量。具体而言，产业结构选取第三产业增加值占当年地区生产总值比重进行衡量，取对数；经济发展水平选取职工平均货币工资进行衡量，并以 1997 年为基期进行价格平减，得到实际职工平均工资并取对数；人口规模选取常住人口数量进行衡量并取对数；社会组织密度选取每万人社会组织单位数作为代理指标；政府财政能力选取地方财政支出占地区生产总值比重进行衡量；政府规模选取公共部门就业人数占常住人口数量比重进行衡量。变量的说明与描述性统计见表 8-1。

表 8-1　变量说明与描述性统计

变量类型	变量符号	变量含义	N	mean	sd	min	max
被解释变量	Eff	效率值越高，越有效	270	0.639	0.256	0.194	1.000
控制变量	IND	第三产业增加值占当年地区生产总值比重，取对数	270	0.469	0.097	0.297	0.837
	$\ln INCOME$	职工平均货币工资，取对数	270	10.650	0.280	10.120	11.640
	$\ln POP$	常住人口数量，取对数	270	8.204	0.741	6.342	9.433
	NGO	每万人社会组织单位数	270	4.921	1.833	2.026	11.460
	PE	地方财政支出占地区生产总值比重	270	0.251	0.104	0.110	0.634
	$SCALE$	公共部门就业人数占常住人口数量比重	270	55.160	28.740	8.378	142.100

8.1.3　实证结果与分析

1. 平行趋势检验

使用 DID 的前提是对照组与实验组在政策发生前存在平行趋势，因此需要使用事件研究法对实验组与对照组进行平行趋势检验。以 2011 年为基期，利用 DID 变量与时间趋势的交互项来检验平行趋势，估计该交互项的系数，将政策实施前的系数取平均数，对所有系数减去该平均数，并构造 95% 置信区间检验。若政策实施前的置信区间中包含 0，则认为通过平行趋势检验。从政策实施后高于或低于 0 判断政策效果方向，观察 95% 置信区间是否包括 0，以初步判断政策效果的显著性。

图 8-1 给出了控制了省份、时点固定效应的平行趋势检验结果。在实施京津冀协同发展战略之前，京津冀地区与其他省份公共服务供给效率存在相同的变动趋势，即存在平行趋势，因此可以使用 DID 估计处理效应。在 2014 年京津冀协同发展战略实施之后，京津冀地区公共服务供给效率提高趋势强于其他地区，并逐年上升，但是 95% 置信区间内仍包含 0，处理效应不显著。

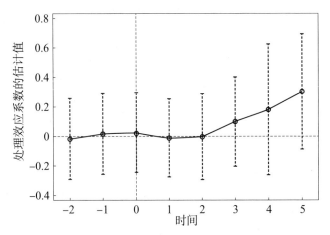

图 8-1　控制省份、时点固定效应的平行趋势检验

2. DID 结果分析

为了检验京津冀协同发展战略对地方公共服务供给效率的影响，使用 DID 模型估计其政策处理效应，结果如表 8-2 所示。为了避免遗漏变量问题，观察加入控制变量前后处理效应估计结果的变动情况，以检验其估计的稳健性。其中，模型（1）和模型（2）为控制处理组、实验期固定效应的 DID 模型，模型（1）未加入控制变量，模型（2）加入控制变量。模型（3）与模型（4）为控制省份、时点固定效应的 DID 模型，模型（3）未加入控制变量，模型（4）加入控制变量。结果显示，当只控制处理组、实验期固定效应时，随着控制变量的加入，处理效应发生了较大的变化，由 0.110 上升至 0.176，并在 0.1 的显著性水平上显著，估计结果不稳健。

此外，对比控制处理组、实验期固定效应与控制省份、时点固定效应的 DID 模型，发现控制省份、时点固定效应模型的可决系数更高，对公共服务效率成因的解释能力更强。同时处理效应以及控制变量显著性变化较大，可以认为其控制变量的显著性变化来源于省份本身的特点，即省份之间、不同时期之间差异较大，仅控制处理组、实验期固定效应可能会存在遗漏变量问题。

当控制省份与时点固定效应时，处理效应估计结果变动不大，估计结果较为稳健。双向固定效应模型下，处理效应不显著但系数为正，说明京津冀协同发展战略对地方服务供给效率存在一定程度的促进作用，但作用较为微弱且不显著。此外，在控制变量中，经济发展水平、政府规模对公共服务供给效率具有显著影响。经济发展水平对被解释变量影响为负，经济发展水平的增长显著地抑制了公共服务供给效率，但在引入经济发展水平二次项之后，发现其对公共服务供给效率存在 U 形影响，即随着经济发展水平增长，地方公共服务供给效率存在先下降后上升的过程。政府规模即公共部门就业人数占常住人口数量比重越大，越有利于提高公共服务供给效率，可能原因在于当前公共部门就业量小于其潜在需求。加入经济发展水平二次项后，人口规模系数变得显著，说明人口规模的扩大抑制了公共服务供给效率的提高。

表 8 - 2　DID 回归结果

变量	模型（1）	模型（2）	模型（3）	模型（4）	模型（5）
DID	0.110	0.176*	0.110	0.104	0.039
	(0.888)	(1.709)	(1.422)	(1.495)	(0.607)
Treat	−0.037	−0.058			
	(−0.352)	(−0.649)			
Period	−0.134***	−0.115***			
	(−4.145)	(−3.372)			
lnINCOME		−0.311***		−1.567***	−10.633***
		(−2.864)		(−5.201)	(−3.770)
lnINCOME2					0.440***
					(3.285)
IND		−0.049		−0.011	0.167
		(−0.317)		(−0.064)	(0.985)
lnPOP		−0.087***		−0.701	−1.068**
		(−2.956)		(−1.527)	(−2.231)
NGO		0.029***		0.003	0.004
		(2.811)		(0.213)	(0.255)
PE		−0.726***		−0.058	0.031
		(−3.381)		(−0.130)	(0.069)
SCALE		31.795***		15.199*	20.914***
		(9.155)		(1.947)	(2.717)
常数项	0.725***	4.316***	0.632***	22.866***	72.567***
	(28.428)	(3.426)	(74.239)	(4.684)	(4.248)
样本容量	270	270	270	270	270
R-squared	0.057	0.348	0.773	0.811	0.821
省份固定效应	NO	NO	YES	YES	YES
时点固定效应	NO	NO	YES	YES	YES

注：*** $p < 0.01$，** $p < 0.05$，* $p < 0.1$。

3. PSM-DID 结果分析

为了检验结果的稳健性，采取 PSM-DID 模型对模型稳健性进行检验。PSM-DID 方法原理在于筛选在京津冀协同发展战略实施前与京津冀地区相类似的个体，以控制对照组与实验组的差异。以地方公共服务供给效率为结果变量，将产业结构、经济发展水平、人口规模、社会组织密度、政府财政能力、政府规模等作为匹配变量，使用 Logistic 模型进行匹配。PSM 平衡性结果显示近半匹配变量均差差异明显，实验组与对照组之间差异较大。对匹配后的样本使用 DID 模型进行政策处理效应检验，结果如表 8-3 所示，2014 年以前处理组与对照组公共服务供给效率差异不显著，2014 年以后在 0.1 的显著性水平上显著，说明京津冀地区地方公共服务供给效率有所提高。但是由于实验组与处理组存在差异，且处理效应 p 值较大，接近 0.1，处理效应较弱，因此得到和 DID 模型相类似的结论，即京津冀协同发展战略提高了地方公共服务供给效率，但效果不显著。

表 8-3 PSM-DID 检验结果

变量		Eff	SE	Abs（t）	p-value
2014 年以前	Control	4.316			
	Treated	4.257			
	Diff（T-C）	−0.058	0.090	−0.650	0.517
2014 年以后	Control	4.200			
	Treated	4.318			
	Diff（T-C）	0.118	0.062	1.900	0.058*
	Diff-in-Diff	0.176	0.103	1.71	0.089*

4. 政策滞后效应与动态效应检验

观察平行趋势检验结果，发现尽管政策效应不显著，但政策效应呈逐年递增的趋势。为了探究政策实施对公共服务供给效率是否存在滞后影响，将政策发生时间向后推移构造 DID 模型。检验结果如表 8-4 所示，其中模型（1）政策实施起始年为 2014 年，模型（2）滞后一年，模型（3）滞后两年。在控制省份、时点固定效应的情况下，政策效应随着滞后期数增加而递增，滞后两年时政策效应在 0.1 的显著性水平上显著。结果说明京津冀协同发展战略政策效果具有动态效应，政策实施初期政策效果不显著，随着政策实施持续时间的增加，政策效应逐步提高。

表 8-4 政策滞后效应检验

变量	模型（1）L0	模型（2）L1	模型（3）L2
DID	0.104	0.111	0.147*
	(1.495)	(1.596)	(1.913)
ln*INCOME*	−1.567***	−1.582***	−1.585***
	(−5.201)	(−5.228)	(−5.290)
ln*IND*	−0.011	−0.010	−0.010
	(−0.064)	(−0.057)	(−0.057)
ln*POP*	−0.701	−0.685	−0.674
	(−1.527)	(−1.512)	(−1.520)
NGO	0.003	0.004	0.005
	(0.213)	(0.269)	(0.383)
PE	−0.058	−0.083	−0.130
	(−0.130)	(−0.183)	(−0.290)
SCALE	15.199*	15.497**	16.357**
	(1.947)	(1.998)	(2.136)
常数项	22.866***	22.900***	22.828***
	(4.684)	(4.709)	(4.834)
样本容量	270	270	270
R-squared	0.811	0.812	0.815
省份固定效应	YES	YES	YES
时点固定效应	YES	YES	YES

注：*** $p<0.01$，** $p<0.05$，* $p<0.1$。

为探究京津冀协同发展战略政策效果是否存在动态效应，对其政策效果动态差异进行检验，检验结果如表 8-5 所示。结果显示，京津冀协同发展战略在政策实施的前几年处理效应不显著，但是政策效应在持续上升，并在 2019 年在 0.05 的显著性水平上显著为正，进一步验证了政策效应的滞后性。

表 8 - 5　政策动态效应检验

变量	Eff
$DID2014$	0.038
	(0.591)
$DID2015$	0.003
	(0.049)
$DID2016$	0.012
	(0.143)
$DID2017$	0.115
	(1.198)
$DID2018$	0.196
	(1.029)
$DID2019$	0.319^{**}
	(2.007)
$\ln INCOME$	-1.575^{***}
	(-5.408)
$\ln IND$	-0.013
	(-0.075)
$\ln POP$	-0.644
	(-1.443)
NGO	0.007
	(0.507)
PE	-0.174
	(-0.379)
$SCALE$	18.996^{**}
	(2.504)
常数项	22.438^{***}
	(4.959)
样本容量	270
R-squared	0.823
省份固定效应	YES
时点固定效应	YES

注：$^{***}\ p<0.01$，$^{**}\ p<0.05$，$^{*}\ p<0.1$。

8.2　京津冀基本公共服务协同发展主要成效

《京津冀协同发展规划纲要》指出，推动京津冀协同发展是一个重大国家战略，核心是有序疏解北京非首都功能。在过去几年中，京津冀三地在基本公共服务协同发展方面取得了新的突破与成绩，教育、医疗、社会保障、公共环境等方面的协同发展成果显著。我们对京津冀三地城市发展统计年鉴、政府网站公布的年度公报以及国家统计局官方网站公布的数据进行了整理、分析，发现京津冀地区基本公共服务协同发展的主要成效表现在以下几个方面。

8.2.1　基本公共教育服务融合不断深入

教育是基本公共服务体系中不可缺少的一部分，同时也是京津冀地区最受关注的基本公共服务话题之一。受教育资源、教育基础等方面的影响，京津冀三地教育水平差距较大。在《京津冀协同发展规划纲要》出台之后，京津冀三地的教育互动明显增多，教育部门、学校之间的考察、回访、调研活动的数量越来越多，签订合作协议 400 余项，有效推进了教育资源的共享，开创了京津冀三地教育系统发展的良好局面。在基本公共教育服务融合方面的成绩，可以从以下几个方面进行分析。

1. 基础教育方面

基础教育是广大京津冀家庭最关注的问题之一。京津冀地区教师互派交流学习项目呈现出逐年增多的趋势，尤其是河北省作为基础教育的相对弱势方不断派出培训学习教师小组，据不完全统计，2015—2021 年培训教师总量超十万人次，通过培训不断强化教育合作，传递最新的教育理念、教育模式。在基础教育合作模式方面，京津冀三地也在不断创新合作模式，2016 年 1 月，北京市大兴区、天津市北辰区、河北省廊坊市成立教育联盟，通过"数字学校""云课堂"的方式进行教学交流，使北京市、天津市在基础教育领域的优秀师资力量能够得到最大限度的利用，在三地基础教育合作推进体系下受益的师生数量也呈现逐年上升的趋势。

河北省教育厅积极推进与京津名校的合作共建，河北省教育厅优选石家庄谈固小学、保定前卫路小学进行京津名校合作共建示范试点，在教学质量管理提升、科研项目带动发展、教师能力提升等方面进行重点合作，通过学习京津基础教育人才培养模式更好地提升自身的教育水平。此外，雄安新区基础教育推进取得突出成效，北京市朝阳区实验小学、北京市第八十中学、北京市六一幼儿院、北京市海淀区中关村第三小学纷纷在雄安新区开设分校区，通过"一对一"重点帮扶不断提升雄安新区基础教育质量，并且发挥典型示范引领作用。

2. 职业教育方面

职业教育是近些年最受关注的领域之一，在校企融合发展的背景下，京津冀三地组建京津冀一体化现代服务业与职业教育产教融合校企合作联盟（以下简称职业教育合作联盟），在成立之初就吸引了20余家企业、30余家职业学校加盟，旨在充分发挥学校、企业在现代职业教育领域的优势作用，着力打造具有明确目标指向性、人才指向性的现代职业教育体系。

京津冀三地职业教育合作联盟注重人才培养的针对性，不断提升艺术、互联网＋、物流管理、现代城市建设等专业的教育水平，河北省的60余所职业院校在职业教育合作联盟的推动下与北京市、天津市的200余家企业签订了校企合作协议，并且确定了人才输送机制，利用北京市、天津市的经济环境优势更好地帮助河北省职业教育院校消化毕业生，更好地推动高职毕业生就业，以高就业率刺激职业教育的发展。

3. 高等教育方面

京津冀三地在高等教育方面存在断崖式发展差距。北京市作为中国的政治中心坐拥以清华大学、北京大学为代表的一众"985""211"高校，天津市则拥有老牌名校南开大学。为了推动三地高等教育的协同发展，先后组建了京津冀工业院校、师范院校、农林院校、医科院校等12个创新发展联盟，推动高校优势教育资源的流动，开拓高校发展新思路，加快项目、教师、学校等方面的多元化交流，更好地促进河北地区高等教育的发展。2019年1月，三地教育部门联合发布《京津冀教育协同发展行动计划（2018—2020年)》，从政策角度为三地教育的协同发展提供了保障。该计划强调了完善政策承接平台、加快优势资源共享、推动高等职业教育改革等目标，为京津冀三地高等教育领域的合作发展提供了方向引导。

此外，在雄安新区的教育资源方面，北京市采用"交钥匙"的方式支持雄安新区教育建设，提出了"三校一院"的建设目标[①]，其中"三校"就是三

---

① 周丽婷. 雄安新区对接北京优质教育资源［EB/OL］.（2019 - 07 - 15）［2022 - 12 - 01］. http：//www.xiongan.gov.cn/2019 - 07/15/c - 1210197050.htm.

所学校。北京市对雄安新区的教育资源支持将直接作用于雄安新区教育体系的完善，对于实现三地基本公共服务的均等化，更好地发挥雄安新区作为北京非首都功能疏解集中承载地的价值具有重要意义。

从基本公共服务的协同发展来看，北京市、天津市、河北省都表现出了极大的热情与积极性，能够分层次、有秩序地开展教育合作，极大地推动了教育资源的流动，对提升河北省教育服务水平具有重要意义。

8.2.2　基本医疗卫生服务合作日趋紧密

基本医疗卫生服务是关系到三地居民基本生活的重要基础保障。北京市是国内优势医疗资源的聚集区，基本医疗卫生服务合作的深入开展对于发挥北京市优势医疗资源的辐射作用至关重要。

在基本医疗卫生服务合作早期，京津冀三地的协作以临床检验结果互认、异地医保接续为主，随着协作的深入，重点医疗项目合作成果逐步凸显，医疗专家交流坐诊、远程诊疗、团队托管等形式逐步出现，合作模式不断丰富，北京地区的优势医疗资源影响力不断提升。临床检验结果的互认在京津冀基本公共服务协同发展领域收获了一致好评，在帮助患者减少医疗费用的情况下最大限度地缩短了看诊等待时间，能够更好地实现患者利益的最大化。

从合作的层次来看，在基本医疗卫生服务合作启动初期主要是以派驻医务人员进修、举办学习座谈会的方式进行沟通交流，但是随着合作层次的不断提高，以患者为中心的诊疗体系不断完善，在重大疾病诊疗、绿色通道、科研项目合作等方面取得了显著成效。截至 2019 年，河北省 400 余家医院与京津地区医疗卫生服务机构签订了合作协议，合作项目总量突破 500 个。此外，医保项目系统的对接成为便民利民的重点工程。2017 年，河北燕达医院与北京市医保系统对接，率先成为北京市医保异地结算单位；京冀医疗领域先后启动和实施了北京—曹妃甸、北京—燕达、北京—张家口、北京—承德、北京—保定等多个重点医疗卫生合作项目。

2019 年，《京津冀医疗保障协同发展合作协议》的签署为京津冀地区医疗合作的深入发展清除了障碍，在提高异地就医保障能力、促进优势医疗资源共享方面发挥了不可替代的作用。北京市优质医疗资源的输出为解决天津、河北地区看病难、看病远、看病贵的问题提供了解决办法，同时也缓解了北京地区"大城市看病难"的问题，有利于更好地服务群众、帮助群众解决看病难题，在三地协同发展的过程中更好地提升群众的幸福感、满足感①。

8.2.3 基本社会保障服务日益深化

社会保障服务体系的建设是构建中国特色社会主义体系不可忽视的关键部分，社会保障服务是影响群众切身利益的大事，京津冀三地社会保障服务体系在人社部、民政部等有关部门的大力推动下，在各地方政府的积极配合下取得了显著成绩。尤其是社会保障领域协同发展规划体系的出台为北京非首都功能的疏解解决了后顾之忧，在维护社会的和谐、稳定方面发挥了积极作用。

1. 人力资源和社会保障工作稳步推进

"人"是社会最基本的单元，人力资源和社会保障工作是整个京津冀基本公共服务体系发展过程中不可忽视的关键一环，同时也是推动"人"实现价值最大化的根本支撑。人力资源社会保障部积极推动三地签订《京冀推动人力资源和社会保障工作协同发展合作协议》《津冀推动人力资源和社会保障事业协同发展合作协议》《京冀关于发展家庭服务业合作框架协议》《京冀医疗保险合作备忘录》《津冀共建异地就医结算平台工作备忘录》《津冀技工教育合作协议》等合作协议，为社会保障工作的稳步推进扫除政策障碍。

在人力资源规划保障方面，人力资源社会保障部印发《关于推进京津冀人力资源和社会保障事业协同发展的实施意见》，将人力资源保障聚焦于雄安新区建设、北京副城市中心建设等，服务于京津冀三地社会经济发展大局，突出对国家战略的支持。一系列协议、政策的出台极大地推动了社会保障服务的均衡发展，对于刺激地方经济发展、推动基本社会保障体系的完善具有重要意义。

2. 积极推进养老等公共服务的共建共享

随着老龄化社会的到来，养老问题成为京津冀地区必须关注的重点。为了推动养老服务体系的发展，京津冀三地在 2016 年签订《京津冀养老工作协同发展合作协议（2016—2020 年）》，随后又印发了《京津冀养老服务协同发

① 武义青. 织密京津冀协同发展的民生保障网［EB/OL］.（2019 - 03 - 02）［2022 - 12 - 09］. http：//report. hebei. com. cn/system/2019/03/02/019486034. shtml.

展试点方案》，大力推行新型跨区域养老模式①。2017 年，在跨区域养老试点初见成效的基础上出台了《京津冀区域养老服务协同发展实施方案》，扩大养老服务协同区域范围，收住京籍老年人的津冀养老机构享受北京市养老机构运营补贴、购买服务等六项扶持政策。京津冀地区通过政策支持进一步缓解北京养老机构的压力，据廊坊市养老机构统计，2019 年廊坊市养老机构共吸收北京市户籍老人 3 000 余人，由此可见协同养老体系的建设初见成效。北京市作为全国的政治中心，人口密度大、土地资源紧缺，采用三地协同养老模式能够最大限度地缓解北京市养老机构的压力，更好地引导养老资源的自由流动，同时带动河北地区养老服务产业的发展，在养老政策有效对接的模式下更好地打造协同养老服务平台，为老年人提供优质的养老、照料服务。

3. 保障人口顺畅流动

保障人口顺畅流动是基本公共服务的重要任务。北京地区的"大城市病"问题非常明显，想要解决这一问题必须以保障人口顺畅流动为前提。京津冀地区要明确政策发力点，通过社会保障政策、人力政策引导，将北京市产业、高端人才，将核心区的发展要素逐步吸引至北京城市副中心、雄安新区、燕郊等地区，缓解北京"大城市病"压力，提高社会保险关系转接效率，为北京人才的有序流动提供积极支持与保障②。

8.2.4　基本公共环境服务改善较为明显

环境是进入 21 世纪后党和政府关注的话题之一，党的十九大报告明确提出"要坚决打好防范化解重大风险、精准脱贫、污染防治的攻坚战，使全面建成小康社会得到人民认可、经得起历史检验"。京津冀三地协同发展体系中，基本公共环境服务建设也成为重中之重，"打好污染防治攻坚战"是重要目标。

在协同发展过程中，京津冀统一绿色发展理念，注重环境污染联防联治，出台了《关于促进京津冀地区经济社会与生态环境保护协调发展的指导意见》

---

① 对"关于立足京津冀协同发展，让三地老人异地养老就医无障碍的建议"的答复［EB/OL］.［2022 - 12 - 10］. http：//www. mca. gov. cn/article/gk/jytabljggk/rddbjy/201911/20191100021094. shtml.

② 人力资源社会保障部召开京津冀人社事业协同发展第三次部省（市）联席会［EB/OL］.（2019 - 10 - 18）［2022 - 12 - 20］. http//www. mohrss. gov. cn/SYrlzyhshbzb/dongtaixinwenlbuneiyao-wenl201910/t20191018_ 337234. html.

《京津冀协同发展生态环境保护规划》《京津冀及周边地区深化大气污染控制中长期规划》等一系列文件，聚焦京津冀地区环境污染现状，深挖环境污染根源，从源头上对环境污染问题进行"围追堵截"，通过数年的环境改善实践，取得了突出成绩。

1. 基本公共环境服务协同发展成效显著

基本公共环境问题是京津冀三地关注的重点，尤其是大气污染治理和水污染治理。为了解决大气污染治理问题，京津冀三地联合签署《京津冀区域环境保护率先突破合作框架协议》，明确提出京津冀蓝天保卫战的目标，有计划、有步骤地关停重污染企业，通过实施控制燃煤、扬尘、机动车及工业大气污染等一系列措施，使京津冀的大气质量进一步改善。2018年京津冀地区13个主要城市的PM2.5平均浓度下降到55微克/立方米，比2013年下降48.10%。2019年，北京市大气环境中细颗粒物等四项主要污染物同比均明显减少，其中PM2.5年平均浓度为42微克/立方米，比2018年下降17.60%；天津市PM2.5平均浓度总体保持稳定；河北省PM2.5平均浓度为50微克/立方米，比2018年下降5.80%[①]。

在水污染治理方面，京津冀地区出台了生态补偿机制，通过改革试点、补偿推进的方式对水源涵养区进行重点保护。以滦河流域的污染治理为例，滦河关系到京津冀三地水源安全，天津市政府与河北省政府签订《关于引滦入津上下游横向生态补偿的协议》，多地协作加强滦河流域的污染治理，推动重点流域地区的生态治理和整体的修复保护。

此外，植树造林也是公共环境生态修护的重点，在协同共建的目标引导下，京津冀三地开展大规模植树造林活动，根据环保部门公布的数据，2019年北京城市绿心园林绿化建设工程完成8 000亩绿化造林任务，河北省完成770万亩营造林，雄安新区启动"千年秀林"项目建设。

2. 生态环境领域立法成果丰硕

俗话说"无规矩不成方圆"，京津冀三地要实现在生态环境领域的协同发展不仅仅需要明确环境治理的重点，还需要强有力的政策保障。立法部门在生态环境保障领域发挥的作用不可忽视。综合来看，京津冀在生态环境治理中面临的问题有：风沙源、雾霾等空气污染严重，跨省域联防联控依赖法律

---

① 河北大力弘扬塞罕坝精神构筑京津生态屏障纪实[EB/OL].［2022-12-13］. http：// www. people. com. cn/n2/201710710/c192235-30445912. html.

保障机制；水质与水环境问题突出，缺乏协调跨界水源地污染治理与水土保持的机制；京津地区自产水资源供需不平衡，供给缺口大，跨界水源地保护与跨省流域上下游合作协调工作机制亟待加强和完善。

首先，三地开展大气污染协同治理立法协作。北京市、天津市和河北省人大常委会在环境治理问题方面达成了一致，2016 年三地分别在人大会议上审议了以《北京市大气污染防治条例》《河北省大气污染防治条例》《天津市大气污染防治条例》为代表的大气污染治理地方性法规，并且在后期的协作治理过程中不断丰富、完善协议内容，多次修订相关条例，推动形成了三地联合执法机制，为有针对性地解决污染治理协作难题提供了必不可少的保障。京津冀三地人大常委会推动地方性法规的出台确保了三地大气污染治理协同工作、举措有法可依，值得强调的是三地立法机关还针对露天焚烧秸秆、机动车污染等开展了协同立法，充分体现了三地联防共治、打赢蓝天保卫战的坚定决心。

除了三地协同立法外，中央立法机关也就事关京津冀协同发展及全国范围内的战略性、原则性问题进行了立法或作出了政策性规定。2018 年 7 月，京津冀及周边地区大气污染防治协作小组调整为京津冀及周边地区大气污染防治领导小组①，组长由时任国务院副总理韩正担任，副组长分别由当时的生态环境部副部长和三地政府负责人担任；领导小组负责组织推进区域大气污染联防联控工作，统筹研究解决区域大气环境突出问题等。中央和三地政府充分发挥各自的优势，既有面对京津冀区域全局的政策指引，又有三地各自的地方性法规、条例作为制度保障，因此取得了大气污染防治的阶段性成果。

其次，三地开展水污染协同治理立法协作。2015 年 4 月，国务院印发的《水污染防治行动计划》明确提出，要提升监管水平，京津冀区域要于 2015 年年底前建立水污染防治联动协作机制，确立协同治理水环境最严格的制度保障，统一水污染治理标准，建立区域水资源协同管理和联合监测、联合治理机制②。如：在《天津市水污染防治条例》的修订过程中，天津市立法机关与京冀两地人大及其常委会互动频繁，互相征求意见，并对具体条例提出修订意见；河北省人大常委会充分发挥立法机关"立、改、废、释"职能，对

---

① 国务院办公厅关于成立京津冀及周边地区大气污染防治领导小组的通知[EB/OL]. (2018 - 07 - 11) [2022 - 12 - 15]. https: //www.gov.cn/zhengce/content/2018 - 07/11/content_5305678.htm.

② 国务院关于印发水污染防治行动计划的通知[EB/OL]. (2015 - 04 - 16) [2022 - 12 - 15]. https: //www.gov.cn/zhengce/content/2015 - 04/16/content_9613.htm.

与京津冀协同发展不适应、不合拍、相冲突的法规及时予以清理，消除了长期以来各地立法因闭门造车、各管一段而带来的盲目立法、重复立法等问题。

8.3 京津冀基本公共服务协同发展存在的共性问题

8.3.1 问题成因

基本公共服务均等化是京津冀协同发展的应有之义，其有效实施至关重要。在党中央一系列战略政策部署下，京津冀协同发展取得了巨大成效，各地基本公共服务供给水平实现了不同程度的提升，但距离实现均等化目标还有很长一段路要走。以基本公共教育服务为例，京津冀三地在经费支出方面的非均等化程度较高，尤其是京津与河北省之间差距明显。相关统计数据显示，河北省生均教育经费支出仅为北京市的四分之一、天津市的三分之一。同时，京津冀基本公共服务非均等化现象还表现在基本医疗卫生服务、基本公共文化体育服务、基本社会保险服务等领域。

造成这种客观现象的原因有很多种，从宏观层面看，归纳起来包括行政管理体制存在壁垒、财政能力差异明显、相关法律制度支撑不足、社会公众参与缺失等。京津冀作为行政割裂最明显的区域，虽在一体化发展格局下，实现了部分资源共享互补，但是尚未形成资源共享全面展开的局面，阻碍了基本公共服务均等化的实现。而财政能力差异明显则表现在人均可支配财力不均衡、事权与支出责任划分不明、财政转移支付收效甚微等方面，亟待进一步深入解决。另外，京津冀基本公共服务均等化的探索时间并不长，部分领域的建设尚未上升到法制层面上，因此影响了其执行效力。

1. 经济发展水平的差异是导致京津冀基本公共服务政策、标准差距较大的根本因素，削弱了基本公共服务合作基础

2019年，河北省人均地区生产总值分别为京津的28.3%、51.3%，人均一般预算收入分别为京津的18.2%、31.9%，人均可用财力分别仅为京津的25.3%、46.5%，这直接影响了河北省基本公共服务投入，导致了京津冀三地基本公共服务自成体系，政策标准差异较大。而且，在投入总量有限的情况下，财政资金只能重点保障最基础的公共服务领域，导致河北省整体基本公共服务水平与京津存在明显差距的同时，相对较高层次的基本公共服务差距更大。研究数据显示，公共教育领域中的每百名学生拥有教学用计算机台数、本科以上专任教师占比、每百万人口三级医院数量、人均拥有公共图书馆藏量等指标，京津均为河北省的数倍①。

2. 北京市虹吸效应对河北省基本公共服务供求两端都影响较大，人才、资本、技术等优质要素依然向北京市转移

近年来，北京市持续加大保障和改善民生力度，不断提高城市精细化管理水平，有序拉开副中心城市框架，全市公共服务已经达到中等发达国家水平，对河北省的虹吸效应进一步增强，从供求两端对河北省基本公共服务水平的快速提升形成制约。在供给端，受市场决定资源配置的影响，河北省人才、技术、资本等优质生产要素不断涌入北京市，必然导致河北省与北京市基本公共服务供给要素及供给水平上的差距进一步拉大；在需求端，受享受更好的公共服务理念的影响，广大群众也更倾向于去北京就学、就医、就业及创业，这又进一步强化了北京市作为公共服务高地的优势。2019 年，河北省到北京市就诊的患者数量占北京市全部外省患者的 28%，比 2013 年的23% 提升了 5 个百分点。在这种形势下，即便受行政要求和政策影响，京津医疗、教育、文化领域人员可以短期到河北省进行工作交流，但其工作的积极性和持续性不强，对提升河北省基本公共服务水平的作用也不大。

3. 城乡发展不平衡，客观加大了基本公共服务合作对接的难度

2019 年，京津冀三地常住人口城镇化率分别为 86.60%、83.50%、57.60%。与京津相比，河北省具有明显的城乡二元结构特征，城乡间基本公共服务的标准和水平都存在显著差距，致使河北省在城镇基本公共服务水平低于京津的同时，农村基本公共服务水平相对更低。如河北省城镇退休人员人均基本养老金为京津的 2/3 以上，但城乡居民基本养老金还不到京津的1/3。城乡发展差距大、协调发展任务重，不利于提升河北省基本公共服务发展水平，也加大了与京津进行基本公共服务协同发展的难度。进一步分析，京津两市也存在城乡区域发展不平衡问题。为推进城乡协调，北京市的优质中小学承担了市内学校合作、优质资源输出等许多社会责任，留给同河北省合作对接的优质资源存量有限。如北京疏解非首都功能更优先解决所辖区域的医疗资源配置问题，将中心城区的医疗资源主要向城市副中心、回天地区、城市南部地区等资源薄弱地区转移，而不是优先疏解到河北省。

---

① 梁静．推进京津冀公共服务共建共享研究［J］．国有资产管理，2021（9）：39-43.

4. 地理环境复杂、行政区划过多、中心城市较弱和内部相互竞争，加大了基本公共服务的对接成本

河北省地域面积大、行政区划多，无论是实现省内基本公共服务均等化，还是加快与京津基本公共服务对接共建，都面临诸多问题。一是在地理环境上，河北省地域广袤、环境复杂，部分山区人口密度较低，基本公共服务供给成本远高于京津，许多基本公共服务指标与京津差距较大。二是在行政区划上，河北省全省共有168个县市区，县级单元数量居全国第二，还存在许多小县、弱县，资金投入分散、基本公共服务分割造成的供给成本上升，进一步降低了基本公共服务质量；同时，中心城市数量少、实力弱，难以带动周边县市基本公共服务发展。长期以来，京津冀地区没有发展出像长三角、珠三角那样的协同发展模式，一个重要的原因是存在较严重的行政壁垒。京津冀三地各级行政区划层次较多，行政隶属关系复杂，地区之间协调难度大，政策环境不一，妨碍了社会政策的整合，对协调造成了阻碍。三是在相互竞争上，京津冀协同发展战略实施后，多个市县主动作为、对接京津，虽有利于本地经济社会发展，但也使河北省全省难以形成"一盘棋"，加大了河北省与京津基本公共服务统一对接的难度。

5. 缺乏制度保障，部分领域尚未建立常态化沟通渠道，协而不同现象依然存在

目前，受行政体制、管理能力等因素约束，京津冀基本公共服务在部门对接、项目对接方面仍存在一定问题，主要是尚未出台教育、医疗、文化、社保等方面的统一的基本公共服务协同发展规划。国家和京津冀出台的政策大多属于倡导性，缺乏刚性约束和具体指导，难以解决经费保障、机构协调、人员统筹、服务对接等诸多现实问题。此外，京津冀三地部分基本公共服务主管部门之间缺乏常态化的联络沟通机制，在出台涉及三地协同发展方面的基本公共服务政策时，难以做到信息共享、政策共商，在一些具体工作对接上也存在机制不顺的问题。如京冀两地医养结合工作由卫生健康部门牵头，天津市则由民政部门牵头，因此三地在医养结合工作的开展、试点、监测等时难度较大，阻碍了三地老年人异地享受医养结合的服务。

6. 市场协调机制缺位，市场难以承担提供基本公共服务的角色

非政府力量是提供基本公共服务的重要主体，可在市场调节失灵与政府供给失灵时发挥补位功能，让基本公共服务突破行政区与行政职责划分的限制，真正实现脱域化管理。促进"政府＋市场"的基本公共服务发展，不仅需增强基本公共服务周期与政府任期责任制的耦合性，还应提升财政补贴与基本公共服务间的协调性。京津冀基本公共服务供给的非政府力量较弱，在市场方面缺少协调，基本公共服务本来就缺少企业供给主体，而京津冀三地政府在设计基本公共服务方面，各自为政，没有形成共同的要素资源市场。基本公共服务供给协同发展不能只靠政府的命令，还应依靠市场流通自然带动三地之间高效的协同供给。由于缺乏基本公共服务市场交易与补偿机制，京津冀的制度壁垒难以被打破。例如在生态保护领域，三地缺乏对生态牺牲方与资源输出方的政策性补偿，导致区域间不合作与搭便车等行为频现。

7. 社会组织力量不足，尚未形成多元主体治理的格局

社会力量的协同机制没有建立。社会力量可以有效地监督三地的协同发展，同时弥补政府和市场的不足，但是由于强政府弱社会的现状还没有改变，政府的供给缺少监督和协作力量，因此基本公共服务供给缺乏足够的动力。政府承担了大部分基本公共服务供给的职责，区域间缺乏基本公共服务供给的竞争与监督机制，基本公共服务供给效率与质量不高。地方政府对社会组织缺乏长期规划与联合培育规划，没有形成统一的评估体系与监管制度。不同社会组织间缺乏信息与资源整合的渠道，导致权责不清、资源浪费，难以高效承接供给职责。京津冀社会服务项目连续性不足，社会服务项目品牌化与专业化水平不足。社会组织承接能力有限、角色定位不清、缺乏独立性，导致了"前松后紧""蜻蜓点水"式社会服务的出现。

8. 供需不对称导致协同供给结构性不对称

京津冀地区的基本公共服务供给是典型的自上而下的模式，政府通过行政指令来完成整个过程，缺少调查民众实际需求的环节，因此，在提供的服务与实际需求之间产生了差异，导致了结构性不对称，同时在数量上由于未能充分了解实际需求同样存在不对称。没有与民众的对话和探讨，仅仅立足于自己掌握的信息，往往会造成浪费。有效的对话可以提供更多的实际信息，减少过度供给或供给不足。

9. 政府偏好不同导致三地基本公共服务供给差异大

京津冀三地在政府偏好方面的表现有所不同。北京市由于自身的特殊地位而获得政策上的优势，政府通过完善基本公共服务达到吸引资源流入的目的，在很多方面都提供了相当充足的服务；天津市利用自身经济优势，在提

供基本公共服务方面逐步跟上北京市，在重视经济发展的同时，对基本公共服务的投入也很大；河北省各地区发展情况不同，有些地方资源本来就稀缺，由于一味追逐经济发展而不得不牺牲其基本公共服务建设。在政府的公共支出中，河北省用于科教文卫及农村基础设施建设等方面的支出所占比例很小，而且增长缓慢。居民个人在教育、医疗以及社会保障等方面承担的费用很高。

8.3.2　问题表现

基本公共服务协同发展是推进京津冀协同发展的重要抓手，也是有序疏解北京非首都功能的必要保障。京津冀协同发展自 2014 年上升为国家重大战略以来，取得了较大的进展，对解决北京市"大城市病"问题、调整优化城市布局和空间结构、构建现代化交通网络系统、推进三地产业升级转移、推动基本公共服务共建共享、加快市场一体化进程、打造现代化新型首都圈具有重要作用。然而，由于三地基本公共服务存在较大差异，北京、天津两市对河北省产生了较为强劲的虹吸效应，河北省的人才、资源纷纷流入天津市、北京市，这对推进三地基本公共服务协同发展造成了较大的阻碍。通过前文的实证分析，我们可以得出在基本公共服务方面，三地在协同发展过程中存在以下问题。

1. 基本公共教育

京津冀三地在基本公共教育发展水平方面存在显著差异，这主要表现在教育环境和教育资源两个方面。河北省地域面积大，学校和在校生较多，教育资源投入总量也相对较高，但从生均指标来看，其与北京市和天津市仍然存在较大差距，这主要表现在生均教育经费支出、生均校舍面积、每百名学生拥有教学用计算机台数、生均图书量、生师比等方面。从小学、初中到高中阶段，北京市的基本公共教育发展相较天津市和河北省优势越来越显著，这可以从生师比、生均运动场地面积、生均学校数等指标看出来。从整体观之，相比北京市和天津市，河北省仍需加大教育资源投入，因地制宜，努力改善基本办学条件，充实和更新师资队伍，提升基本公共教育服务的质量；天津市也应该合理分配教育资源，提高高中阶段的基本公共教育服务水平，向北京市看齐，逐渐缩小区域间的教育资源配置差距。

另外，通过前文的实证分析我们也可以看出，京津冀三地在基本公共教育服务投入产出效率方面存在显著差异。北京市教育资源投入较多，且存在投入冗余和产出不足，然而其出现了规模效益递减的情况，因此应当适当等比例缩减教育投入，以实现教育资源投入产出的高效率。河北省的基本公共教育资源投入产出效率较高，并且规模适当，这表明河北省现有的教育资源投入总量和结构适当，无须大幅度调整。天津市基本公共教育服务投入产出效率不高且规模效益递减，存在投入冗余和产出不足，这说明天津市需要提高基本公共教育资源配置效率使投入的教育资源得到充分利用。此外，为进一步促进京津冀基本公共教育服务协同发展，缩小区域间差异，可以考虑将京津两地冗余的教育资源向河北省倾斜，以缩小河北省基本公共教育与京津两地之间的差距。

综上所述，京津冀三地在基本公共教育服务协同发展方面仍然存在一些问题，而这些问题可归因于教育资源投入差异、行政区划割裂、需求与供给的区域差异。

（1）教育资源投入差异。

教育资源投入包括人力、物力和财力投入。京津冀三地教育财力投入差异主要表现在生均教育经费支出和教育经费占地区生产总值比重两个方面；教育人力投入差异主要表现在生师比上，河北省的生师比较高，而北京市和天津市的生师比较低，这主要是教师的发展空间和薪酬水平差异所致；教育物力投入差异主要表现在生均固定资产、生均图书量等指标上。基本公共教育经费大多由地方政府承担，北京市和天津市两地经济发达，作为直辖市，其享受的政策倾斜较多，地方财政实力雄厚，而河北省经济相对落后，人均地区生产总值远不如北京市和天津市，地方财政对基本公共教育的支持能力不足。加之京津冀三地基本公共服务标准衔接情况不佳，致使三地所提供的基本公共教育资源的差异较大，这对京津冀的基本公共教育服务协同发展是极为不利的。

（2）行政区划割裂。

京津冀三地地理区位互相邻近，同属华北平原，但受到行政区划的影响，在基本公共服务方面有较大差异。北京市和天津市同为直辖市，享受到较多的政策支持和财政倾斜，而河北省作为京津外围腹地，在京津冀三地中一直处于边缘位置，经济发展情况不佳，且有较多的城乡结合部和农村地区，在三地中一直扮演配角。在三地中，北京市经济最为发达，虹吸效应强劲，导致天津市和河北省的教育资源大量流出，从而造成三地的基本公共教育服务水平差异较大。如何打破行政区划割裂的桎梏是摆在京津冀基本公共教育服务协同发展面前的重大问题。只有京津冀政府间真正开放合作，跨越自身利益的藩篱，消除行政区划割裂的影响，三地基本公共教育服务协同发展才能迈上新的台阶。

（3）需求与供给的区域差异。

由前文实证研究结果可知，三地基本公共教育供需矛盾比较突出，并且呈现不同的特征。河北省的教育资源供不应求，虽然其在总量上居于第一，但学生数量较多，地域面积大，生均教育资源不足，教育资源供给存在较大缺口，致使其与北京市和天津市的差距较大。相比河北省，北京市和天津市的教育资源充足，能够满足本地的基本公共教育需要。如何平衡三地教育供需差异，实现公平的基本公共教育服务供给，成为京津冀协同发展需要直面的重大问题。

2. 基本劳动就业创业

由前文实证研究结果可以得出，京津冀三地基本劳动就业创业服务的协同发展有较大提升空间。在该领域，北京市表现最佳，而河北省表现最差，究其原因，与三地的经济发展情况有莫大的关系。北京市和天津市作为直辖市，经济实力雄厚，企事业单位林立，能够提供较多的就业岗位，而河北省经济发展相对落后，可提供的就业岗位较少，加之工资报酬较低，失业保险普及率不足，导致河北省在基本劳动就业创业服务方面远不能和京津两地相比。除此之外，河北省基本劳动就业创业服务发展情况不佳与其政策支持力度不足也有密切的关系。近年来，河北省出台了一系列的政策支持劳动力就业创业，但仍未构建起完整的就业创业支持机制，对失业人员的保障力度仍然不足。对此，河北省应加强对就业创业的政策倾斜和财政支持，对失业人员进行适当的职业培训，并搭建线上或线下就业平台，以提高劳动者就业创业的成功率。另外，和基本公共教育领域一样，要实现三地基本劳动就业创业服务协同发展，破除行政区划桎梏、加大对河北省的财政转移支付力度是必然之举。

3. 基本社会保险

在基本社会保险领域，京津冀三地均实现了稳步的发展。随着国家逐渐构建起全覆盖、保基本、多层次、可持续的社会保险制度，实施全民参保计划，全体公民有了更多机会在养老、疾病、工伤、失业、生育等方面获得国家的财政支持。由实证研究结果我们可以看出，北京市在基本社会保险领域发展状况良好，市民拥有更全面的保障，而天津市次之，河北省的表现最差，其社会保险的覆盖面以及支持力度均有一定的提升空间，这与该省的财政状况有较大的关系。对此，中央应加大对河北省的转移支付力度，缩小其与京津两地的差距，并统筹好三地的基本社会保险，更好地推进京津冀在基本社会保险领域的协同发展。

4. 基本医疗卫生

基本医疗卫生服务可被分为两个方面，即公共卫生服务和基本医疗服务。公共卫生服务包括卫生教育、疫情防控和环境卫生等，主要是为了保障居民身体健康、防治疾病和延长寿命；而基本医疗服务是为保障居民健康，使其得到疾病治疗等方面的护理而由政府提供的基本福利性医疗服务。京津冀三地在基本医疗卫生方面的发展情况有明显差异，北京市拥有更为发达的医疗体系和更为丰富的医疗资源，人均医疗机构数、人均卫生技术人员数和人均卫生机构床位数均高于天津市和河北省两地。另外，从基本医疗卫生支出占财政支出的比重我们也可以看出，近年来京津冀在基本医疗卫生支出方面的差异逐渐凸显，呈现出北京市一马当先、天津市和河北省增长乏力的趋势。近年来，随着三地政府的通力合作，京津冀基本医疗卫生体制机制逐步健全，基本医疗卫生服务共建共享取得实质性进展，基本公共服务均等化水平不断提高，但医疗合作交流机制仍然存在壁垒。因此，若想建立京津冀基本公共服务均等化体系，就要对天津市和河北省在医疗卫生方面给予更多支持。

5. 基本社会服务

根据前文实证研究结果，河北省在基本社会服务方面表现相对较好，北京市次之，而天津市表现一般，相比其他几类基本公共服务，基本社会服务是河北省表现最好的领域。天津市基本社会服务表现较差主要是因为社区服务机构的覆盖率不足。建立完善的基本社会服务制度的关键，在于在物质和服务等方面为城乡居民提供相应的兜底帮扶，重点保障特定人群和困难群体的基本生存权与平等参与社会发展的权利，做到服务进社区、村镇，使所有人都可以公平地感受到社会的温暖。

6. 基本住房保障

在基本住房保障方面，京津冀近年来呈现出不同的发展态势。2015 年之前，三地的基本住房保障相关指标变化趋势大致相同，协同程度相对较高。而在 2015 年之后，三地的基本住房保障相关指标出现较大程度的分化，这主要归因于 2016 年河北省在基本住房保障方面财政支出力度不足。相比河北省，北京市和天津市在基本住房保障方面最突出的问题是房价过高，这从三地的人均住房面积可以看出。同时，三地在住房保障方面也存在一些共性问题，这主要表现在以下几个方面：第一，三地在基本住房保障方面的工作机制、工作体制运转模式还有待完善，基本住房保障机构多是临时管理部门，尤其是基层实施部门存在机制不健全，人员、经费不足等问题；第二，基本住房保障资金得不到有效保障，财力支持不足；第三，保障性住房存在选址困难问题，中央多次强调应优先供应保障性住房建设用地，但在实施过程中，三地政府往往优先供应商业开发用地，而将保障性住房建在地理位置较为偏僻、交通不便、生活服务设施不齐全的城市边缘地带。基本住房保障是居民安居乐业的基本保障，其对提升居民的幸福感意义重大，然而改革开放以来，我国房地产过度市场化，导致炒房现象出现，进而致使我国住房价格居高不下，甚至出现投资功能高于居住功能的现象。这对我国全面建设社会主义现代化国家是极为不利的，因此，为推进京津冀协同发展，国家应积极出台相关房地产政策，为符合条件的居民提供保障性住房，促进我国住房市场的健康发展。

7. 基本公共文化体育

鉴于三地文化资源禀赋、行政区划以及文化政策的差异，京津冀的基本公共文化体育服务发展状况存在严重失衡。从基本公共文化领域相关企业数量来看，北京市占京津冀三地总和的70%左右，处于绝对优势地位，为其基本公共文化服务的发展提供了良好的保障。在基本公共体育服务方面，北京市通过重点支持足球篮球场地设施、中小型全民健身中心、区级及街道体育场、社区居民体育健身工程、冰雪运动设施以及科学健身指导平台等建设，极大满足了市民的健身需求。另外，北京市还充分利用了社区绿地、闲置场地、学校操场等，拓展了公共体育设施场所。而相比北京市，河北省和天津市的基本公共体育服务发展状况不佳，尤其是河北省有巨大的提升空间。近年来，天津市在推进基本公共文化体育服务发展方面投入了较多的资源，通过积极构建具有地方特色的公共文化服务体系、制定文创产业规划，建设了一批文化创新产业基地；而相比天津市，河北省在推进文化产业发展方面支持力度不足。在基本公共文化体育服务协同发展方面，三地在文化对接、规划互洽方面仍有较大合作空间，并未形成区域整体的文化凝聚力和竞争力。

第9章　国内外区域基本公共服务协同发展经验借鉴

9.1　国内区域基本公共服务协同发展经验

9.1.1　长三角地区协同发展经验

根据国务院 2010 年批准的《长江三角洲地区区域规划》，长三角地区包括上海市、江苏省和浙江省，区域面积 21.07 万平方公里。《2010 年第六次全国人口普查主要数据公报》统计结果显示，2010 年长三角两省一市范围常住人口 15 610.59 万人。长三角城市群已是国际公认的六大世界级城市群之一。2019 年 5 月 13 日，习近平主持召开中共中央政治局会议，会议审议了《长江三角洲区域一体化发展规划纲要》，强调把长三角一体化发展上升为国家战略是党中央作出的重大决策部署。要坚持稳中求进，坚持问题导向，抓住重点和关键。要树立"一体化"意识和"一盘棋"思想，深入推进重点领域一体化建设，强化创新驱动，建设现代化经济体系，提升产业链水平。要有力有序有效推进，抓好统筹协调、细化落实。

1. 协同建设跨区域基础设施体系

长三角一体化发展上升为国家战略以来，公路、铁路、港口、机场、能源通道等基础设施的一体化建设，老百姓看得见、摸得着。发达的交通设施网络为长三角互联互通、密切城市社会经济联系提供了有力支撑。根据《中国社会统计年鉴 2019》，就铁路、公路等一般性基础设施而言，2018 年长三角铁路和公路里程分别达到 1.07 万公里和 50.13 万公里，占同期全国铁路和公路总里程的 8.12% 和 10.43%，其中公路密度高于全国平均水平 3 倍以上。2018 年 6 月，沪苏浙皖三省一市签署了《长三角地区打通省际断头路合作框架协议》长三角地区实现省界处路网全面对接。截至 2020 年 9 月底，长三角区域间已累计开通省际毗邻公交化客运线路 60 条，由交通运输部门统一服务标准，目前已建成以上海市、杭州市和南京市等核心城市为中心的"1 小时交通圈"①。在通信、网络等信息类基础设施方面，上海市周边的嘉善县、平湖市、昆山市等地，已开通与上海市 021 固话对接等服务，全国首个跨省 5G 视频通话于 2018 年年底在上海市、苏州市、杭州市、合肥市四城实现互联，长三角三省一市 5G 联盟共同参与组建的"长三角 5G 创新发展联盟"揭牌成立。

2. 稳步推进基本公共服务便利共享

第一，劳动保障、就业、人才发展方面。基于较完备的基本公共服务设施及服务条件，长三角地区在劳动保障、人才发展等基本公共服务一体化方面进行了有益探索。2009 年开始就召开了第一次长三角地区社会保障合作与发展联席会议，成立了社会保障专题合作组，并逐渐将人才合作和劳动保障监察合作纳入专题合作组工作范围。已签署了《三省一市人才服务战略合作框架协议》《长三角地区人力资源社会保障系统人力资源协作工作协议》《长三角一体化发展劳动保障监察合作备忘录》《关于加强长三角区域劳动人事争议协同处理工作的指导意见》，在劳动保障违法案件信息和信用共享、案件调查协助、拖欠工资现象治理、农民工维权服务、监管业务培训交流等方面达成了共识。

第二，养老、医疗社会保障方面。2017 年上海市率先启动医保跨省异地就医住院医疗费用直接结算，2018 年长三角地区异地就医门诊费用直接结算开通，2019 年新一批 13 个试点统筹区加入联网覆盖范围。截至 2021 年，长三角地区全部 41 个城市均已实现医保"一卡通"，覆盖了沪苏浙皖三省一市医疗机构 3 500 余家。此外，长三角地区还开通了政务"一网通办"服务，将异地就医备案在内的 2 项医保服务纳入其中，居民只需网上提交申请即可办理。为加快实现医疗资源上下贯通、信息互通共享、业务高效协同，让群众在家门口就能享受优质医疗服务，2017 年，长三角地区建立了"长江三角洲

① 梅剑飞. 长三角"毗邻公交"将统一服务标准 [EB/OL]. (2020-10-09) [2022-12-20]. http://www.zgjssw.jschina.com.cn/yaowen/202010/t20201009_6825698.shtml.

城市群医院协同发展战略联盟"，截至 2018 年，该联盟已有 26 座城市代表医院参与①。养老方面，长三角地区不断探索建立三省一市养老补贴异地结算机制，推进区域养老服务机构设施、服务标准和照护需求评估标准互认，大力推动异地养老。2020 年 12 月，上海市人大常委会表决通过《上海市养老服务条例》，将区域养老一体化发展写入了法规。上海 14 个区已与苏浙皖 20 多个地市签署了区域养老服务协作备忘录，57 家机构的 25 698 张床位跨区域开放，所有机构的基本信息和服务信息均向公众公开，为老年人异地养老提供了新选择。此外，长三角地区还在文化旅游同城待遇、智慧养老产业协同、养老服务相关标准共享、养老服务经验交流等多个方面加强合作②。

第三，文化融合发展方面。受历史文化的影响，长三角各地区语言相通、民俗相近，并于不同时期在书画艺术、雕刻艺术、园林艺术、文学创作等方面取得了辉煌成就。如今，依托良好的交通和信息基础设施、活跃的经济活动，长三角地区文化产业发达，已初步形成了以音乐产业、电子游戏产业、影视产业为主体的畅通的区域文化大市场。当前，筹办国际文化产业博览会，建立文化产业联盟、文化产业园区及主题文化交流平台等已经成为长三角三省一市促进文化产业发展融合的重要途径。

第四，生态共同治理机制方面。长三角对生态协同治理制度和污染防治协作机制的探索为健全生态共同治理机制提供了丰富的实践经验。2008 年长三角区域合作机制建立以来，环境保护合作就是其中的主要专题之一，包括区域大气联防联控、流域水污染综合治理、跨界污染应急处理、区域危险废物环境管理四项内容；2013 年，由上海市牵头，多部委协同建立了长三角区域大气污染防治协作机制；2015 年年底建立了防治协作机制；2018 年，长三角三省一市共同签署了《长三角区域环境保护标准协调统一工作备忘录》，自此长三角在区域大气和水污染防治协作联防联治上有了统一标准；同年，长三角三省一市就大气污染、水污染防治协作小组工作章程进行了修订，完善了会议协商、分工负责、联合执法和协调督促等工作机制，加强了生态环境治理与长三角一体化合作平台的联动对接。

---

① 王慧慧. 长三角医院共建"互联网＋医联体"［EB/OL］.（2018－06－06）［2022－12－20］. https：//www.cn-healthcare.com/article/20180606/content-504217.html.

② 吴百欣. 上海老人去江苏浙江安徽养老，可异地享受这些补贴［EB/OL］.（2021－03－20）［2022－12－20］. https：//sghexport.shobserver.com/html/baijiahao/2021/03/20/387423.html.

9.1.2　珠三角地区协同发展经验

2019 年《粤港澳大湾区发展规划纲要》颁布，描绘了珠三角一体化发展的未来战略蓝图，并将香港与澳门纳入城市区域范围，这是全球化背景下重塑区域治理协同化、构建跨越制度边界的经济社会协同发展的重要尝试①。

珠三角地区包括广州、深圳、佛山、东莞、中山、珠海、惠州、江门、肇庆共 9 个城市，面积 5.6 万平方公里，2012 年常住人口 5 616.39 万，是我国经济最发达的区域之一。2010 年广东省政府印发《珠江三角洲基本公共服务一体化规划》。该规划实施以来，其所确定的阶段性目标取得了实质性进展，如促进公共教育均衡发展，全体居民受教育水平明显提高，建立县（区）、镇、村三级公共卫生服务架构，着力解决群众看病"两大难"问题，推进文化信息资源共享，城镇企业职工养老保险实现省级统筹，着力解决低收入家庭的住房困难问题，率先打破城乡二元分割的格局，建立健全城乡一体化的就业体系，基本实现就业保障城乡统筹格局等。珠三角地区基本公共服务一体化的主要实践经验包括以下三点：

一是以规划为指南，为实现基本公共服务一体化提供明确目标。为了推进珠三角地区基本公共服务一体化，广东省政府把编制规划的基础性工作放在突出的位置，由省政府会同有关部门在经过理论研究、基层调研、专项研究、文本起草和修改完善等五个阶段后，制定并发布了《珠江三角洲基本公共服务一体化规划》，以统一规划的形式给予珠三角基本公共服务一体化政策确认和保障。该规划阐释了基本公共服务一体化的内涵以及其在推动珠三角地区经济社会可持续发展中的重要意义，明确了实现基本公共服务一体化的各阶段的原则、目标、路径、重点等。

二是以组织领导为根本，为推进基本公共服务一体化建立协调机制。基本公共服务一体化的最大障碍来自行政壁垒。为了突破行政壁垒，让公共服务资源在区域间各地市自由流通和合理配置，广东省政府一开始就成立了以常务副省长为组长、以省级相关部门的负责人为成员的专门领导小组。领导小组和专职机构主要负责制定推动基本公共服务一体化的具体政策和措施，对区域事务进行协调管理，包括协调中央与省的关系和调整珠三角各地市的利益关系，维护政策的统一性，监督各地市的基本公共服务政策执行情况。

---

① 张衔春，唐承辉，许顺才，等 . 中国城市群空间规划的历史演化与空间逻辑：基于新国家空间视角 [J]. 城市规划，2021，45（5）：21-29.

除了建立省级领导小组之外，各地市还成立了基本公共服务一体化专门工作机构，负责市内各县（市、区）的协调工作，解决基本公共服务一体化进程中的具体问题。

三是以公共财政为保障，为实现基本公共服务一体化提供物质支持。长期以来，公共财政支出不足是基本公共服务短缺的重要原因。为了满足实现基本公共服务一体化的物质需要，广东省改变公共财政"重经济，轻社会"的倾向，从纵向与横向两个维度不断完善公共财政制度。纵向上，省政府加大了对相对落后地区的公共财政转移支付力度，努力缩小各地的财力差距，提高欠发达地区政府的基本公共服务供给能力；横向上，各级政府把推动基本公共服务一体化当作民生工作的重点，加大了对基本公共服务领域的支出。通过纵向与横向公共财政转移支付制度的确立，广东省推动各地市的公共财政力量向均衡化方向发展，从而为实现基本公共服务一体化提供坚实的物质基础。

不同于长三角地区的上海单经济核心、京津冀地区的北京单经济核心，拥有"一个国家、两种制度、三个关税区"且市场经济高度发达的粤港澳大湾区，明显展现出多极化的发展态势，城市互联互通与区域一体化面临较大挑战。在政府、市场等多层次、多元主体共同作用下，现今大湾区已逐步从20世纪80年代的"前店后厂"模式转变为协同创新的区域合作模式，中央以及粤、港、澳三地政府发布了多项协同发展政策，统筹区域发展战略，协调地方主体，促进合作共建。

（1）中央政策引导下的多元合作。由于"一国两制三关"的制度环境，粤港澳大湾区三地政府很难通过单一垂直体系来对区域间的公共事务进行指挥，部分涉及粤港澳大湾区城市间关系的协调工作需要经由中央来开展。中央层面的政策供给在客观上提升了地方政府的战略共识，加强了地方行动在目标层面的一致性，提升了中央政府在区域场景下对地方的动员能力。通过完善高层级政策逐级向下传导的机制，在客观上消弭了传统意义上的地方行政边界，将粤港澳大湾区从相对分散化的城市板块拼合成为一体的区域板块[1]。在中央政策顶层设计的引导下，粤港澳大湾区的一体化进程较为顺利。

（2）基础设施带动经济交流合作。粤港澳大湾区滨江临海、河网密布，机场和港口资源丰富，高速铁路网、高速公路网密布，城际交通发达，特别是港珠澳大桥建成通车后，长期被珠江相隔的东西两岸形成了完整的交通闭

① 李启军，郭磊贤，雷祎，等. 政策视角下的粤港澳大湾区空间关联分析与协同发展政策机制优化 [J]. 热带地理，2022，42（2）：269-282.

环，有效促进了区域经济要素的流动，增进了珠江两岸的交流合作，极大提升了粤港澳三地的互补功能和人民生活往来的便利性，也为粤港澳大湾区内机场群、港口群的协同发展奠定了坚实的基础。四通八达的海陆空立体交通网络使粤港澳大湾区具有运输快捷、物流成本相对较低的突出优势[①]。

（3）基本公共服务政策多样化。2018 年 2 月颁布的《粤港澳大湾区发展规划纲要》就基础设施、环保、教育和人才、就业创业、健康和养老等提出了具体合作方向。如：税收方面，约 971 亿港元的香港货物按照产品特定原产地规则以零关税输往内地，节省关税约 68.1 亿元人民币；澳门以零关税优惠输往内地的货物总出口货值达 9.4 亿澳门元，豁免税款近 6 650 万澳门元；2018 年 12 月，《〈内地与香港关于建立更紧密经贸关系的安排〉货物贸易协议》进一步规定，原产港澳的进口货物在内地将全面享受零关税；广东省在全国首创对港澳高端和紧缺人才个税超过 15% 的部分给予补贴，实施"港人港税、澳人澳税"政策。民生方面，自《粤港澳大湾区发展规划纲要》颁布以来，广东省取消了港澳居民就业证制度，对港澳人员实行公租房优先配租政策，港澳居民可在广东省缴纳住房公积金。医疗方面，香港和深圳的相关部门在深圳成功签署《香港病人转介合作项目协议》，为港澳同胞提供一视同仁的医疗服务。科技创新方面，粤港澳大湾区致力于建设全球科技创新高地和新兴产业重要策源地，如实现国家科研项目经费过境香港使用，科研仪器设备入境享受关税优惠，国家重点研发计划对港澳的 16 个重点实验室直接给予支持，广深科技创新走廊扩至港澳，举全广东省之力建设"广州—深圳—香港—澳门"科技创新走廊，打造粤港澳大湾区国际科技创新中心，加快向全球价值链高端迈进[②]。教育方面，《粤港澳大湾区发展规划纲要》发布以来，包括香港大学（深圳）、香港城市大学（东莞）、香港都会大学（肇庆）、香港理工大学（佛山）等在内的多个粤港澳高校合作办学项目进入了筹建或动工阶段。随着粤港澳大湾区学历教育与非学历教育学习成果认定、积累和转换，以及学分、学历、学位和技能等级互认互通等工作的开展，粤港澳大湾区教育合作方式也在不断创新，由合作办学延伸至合建实验室，推动实现区域高等教育结构的优化升级[③]。

---

① 单菁菁，张卓群．粤港澳大湾区融合发展研究现状、问题与对策［J］．北京工业大学学报，2020，20（2）：1-8.

② 伍文中，唐霏，李勤．从竞争走向合作：粤港澳大湾区财政行为的推进路径分析［J］．贵州财经大学学报，2021（4）：24-32.

③ 张振．推动成渝地区双城经济圈建设 打造高质量发展重要增长极：国家发展改革委规划司负责人就《成渝地区双城经济圈建设规划纲要》答记者问［J］．中国经贸导刊，2021（23）：14-18.

(4) 地域间认同感的支撑。粤港澳三地同根共祖、血脉相连，同属中华民族大家庭。多年来，三地互为依靠。众所周知，香港经济增长缺乏持续稳固的支撑，澳门经济结构相对单一、发展资源有限。正是由于祖国强力支持，才能维持港澳经济繁荣和富强，其中三地之间的财政合作功不可没。随着时间的推移，粤港澳三地之间的财政合作发展理念深入民心，融入了三地的发展历史之中，增强了三地民族认同感和民族自信心，对粤港澳一体化经济的推进起到了支撑作用。

9.1.3　成渝地区双城经济圈协同发展经验

成渝双城经济圈位于"一带一路"和长江经济带交汇处，是西部陆海新通道的起点，具有连接西南、西北，沟通东亚与东南亚、南亚的独特优势。自 2011 年《成渝经济区区域规划》印发以来，成渝地区协同发展逐渐受到关注。2021 年 10 月，《成渝地区双城经济圈建设规划纲要》正式公开发布，成渝地区双城经济圈的战略定位为具有全国影响力的重要经济中心、科技创新中心、改革开放新高地、高品质生活宜居地，足以体现其重要性。

破除障碍，促进产业、人口及各类生产要素快速集聚。成渝地区协同发展首先从破除障碍开始，包括破除统一市场的障碍、社会生活的障碍，如地方保护政策、差异化技术标准、地域隐性惯例、不平等待遇、歧视性措施等。此外，大力革除体制障碍和利益羁绊，推动人才、资本、信息、技术、数据等资源要素自由流动和自主配置；推动产学研深度衔接融合，在攻克关键核心技术和及时推进高新技术产业化等重要方面形成合力；共同打造各种类型的创新载体和攻坚平台，为协同创新提供支撑与示范；对标最好最佳地区，一体建设营商环境，为国内外优势资源要素流入创造良好条件。

相向发展，强化中心城市的带动作用。成都向东，重庆向西，两座城市相向发展，才能共同支撑起中国第四极。成都、重庆两市相向发展，核心引领作用不断增强，中小城市特色发展势头日益明显。成渝地区双城经济圈建设牢牢把握合作共识，唱好"双城记"。重庆、成都两个国家中心城市统筹协调、整体谋划，一方面，相互支持，强化各自比较优势，另一方面，一体推进基础设施建设、产业发展、环境保护、营商环境优化和公共服务提升。该统一的统一，需错位的合理错位。城市群中的其他城市，则通过坚持走特色发展之路做实做强。中心城市和一般城市间，按照主辅配套、分工组合的原则，优化功能设置和角色定位。通过中心城市的协调发展带动城市群一体发展，进而带动整个成渝地区乃至整个西部地区加快发展①。

完善基础设施，快速带动城镇化进程。目前，成渝基础设施特别是交通基础设施不断完善，基本形成了铁路、公路、内河、民航、管道运输等相互衔接、高效便捷的综合交通运输体系，且智能化水平不断提升。成渝城市群内渝蓉高速全线贯通，高铁、高速公路、机场等互联互通网络和对外大通道建设水平持续提升，重庆和成都"双核"之间已经实现了1小时通达，以城带乡、以工促农呈现新格局。

区域认同，助力营造协同发展的良好氛围。川渝两地政府对基本公共服务共建共享的重要性具有高度统一的认识，成渝两地本属一家，而且同是西南地区的经济中心，因此两地民意既有团结合作的一面，也有竞争博弈的一面。两地人民群众对享受普遍、均衡的基本公共服务也具有较高的共识。这些有利条件，对下一步推动两地经济社会一体化发展，推动两地基本公共服务共建共享都将发挥至关重要的作用。在政府层面，增强协调领导小组的统筹能力，增加沟通频次，推动成渝两地官员交流任职、交叉任职、互派挂职，全面提升政府人士的区域认同感和行动协同能力。在专家层面，鼓励人员双向自由流动，资格资质互通互认，跨区域多点执业执教，实现区域间无差别工作生活，提高专家学者的区域认同感。在群众层面，促进产业发展，拓宽就业渠道，增加居民收入，加强正面宣传，引导社会舆情，为成渝经济圈协同发展营造良好氛围。

产业发展聚集，大力提升人才吸引力和承载力。截至2020年，成渝两地人口分别是1 658.10万人和3 124.32万人，未来将朝超大城市迈进，带动区域乃至全国经济社会发展。成渝两个城市之所以持续出现人口聚集现象，是因为其产业不断聚集，产业规模扩张必然带来人口的增长。改革开放之后，沿海地区以土地价格低、原材料价格低，尤其是劳动力价格低，吸引了"三来一补"产业。现在有些城市在这些方面的优势逐渐丧失，产业向中西部地区转移，因此，成渝地区劳动力需求大增。

作为国家培育的区域新兴增长极，成渝两地产业和人口的集聚度和承载力会大大提升，所以成渝双城经济圈只有进一步鼓励人口流入，大量吸引人力资源流入，才能促进产业发展和消费提升，坐实第四极的地位②。

---

① 范恒山. 成渝地区双城经济圈建设的价值与使命 [J]. 宏观经济管理, 2021 (1)：12 - 14.
② 杨刚. 新格局下的"成渝双城经济圈"时代 [J]. 财富时代, 2020 (6)：5 - 6.

构建可持续性财政保障机制。为推动成渝地区双城经济圈基本公共服务更高质量的共建共享，两地结合自身的财力，按照"短期可承受、长期可持续"的原则，构建财政保障机制。一方面，建立财政承受能力评估机制。在基本公共服务共建共享中，充分考虑各地经济、人口、习俗等方面的客观实际，在基本公共服务准入、重点行业领域、基层服务机构建设方面，因地制宜地构建符合本地经济发展水平、空间布局、人口结构及其变动趋势、民俗文化的实施标准，确保在基本公共服务共建共享财政保障机制上切实做到"财力有保障、服务可持续"。

另一方面，建立跨行政区的长期性财政协作机制。成渝地区以推动成渝地区双城经济圈基本公共服务共建共享为长期目标，以贯彻落实国家战略为责任使命，梳理细化了两地在教育、社会保障、医疗卫生、人才培养、社会治理等领域的重大改革举措和重大项目，共同向中央争取在政策制定、资金下达、债券分配、项目审批等方面的支持，实现两地"1＋1＞2"的融合式发展。

优化基本公共服务，打造高品质生活宜居地。当前，我国社会主要矛盾已经转化为人民日益增长的美好生活需要和不平衡不充分的发展之间的矛盾。成渝两地树立以人民为中心的发展思想，将着力提高人民群众生活品质、不断增强人民群众的获得感、幸福感、安全感作为成渝地区双城经济圈建设的出发点和落脚点。《成渝地区双城经济圈建设规划纲要》提出强化基本公共服务共建共享，要以更好地满足人民群众美好生活需要为目标，扩大民生保障覆盖面，提升基本公共服务质量和水平。

一是推进基本公共服务标准化便利化，联合制定基本公共服务标准，共建公共就业综合服务平台，加快实现成渝地区双城经济圈社会保障关系无障碍转移接续，建设统一的社会保险公共服务平台。

二是共享教育文化体育资源，推动学前教育、义务教育、职业教育和高等教育等合作发展，构建现代公共文化服务体系，共同推进体育事业发展。

三是推动公共卫生和医疗养老合作，增强公共卫生监测预警和应急处理能力，优化医疗资源配置，加快建设国家医学中心和区域医疗中心，推动优质资源下沉，推进养老服务体系共建共享。

四是健全应急联动机制，完善公共安全风险防控标准和规划体系，强化防灾备灾体系和能力建设，推进防灾减灾救灾一体化发展。

9.2　国外区域基本公共服务协同发展经验

9.2.1　美国区域发展和基本公共服务协同发展经验

美国是一个在文化传统和政治取向上都具有自由主义倾向的国家，有着浓厚的地方自治传统，分权学说与公民权利的观念深入人心。其在行政管理体制上强调分权，绝大多数都市区都处在地方政府的分治状态中。地方政府的官员直接由当地选民选举产生，行政上并不受制于州政府和联邦政府，彼此之间也没有直接的权力关系。这导致在这些地区实现大而统一的都市区政府管理模式，难度相当大。然而美国在大都市区发展和治理方面具有悠久的历史，经过实践人们逐渐认识到，过度集权和过度分权都是行不通的，于是逐渐形成了一种由联邦控制，州和地方行政区政府与公众社会相互独立又共同介入的区域治理机制。美国的区域治理协同发展模式是多样的，对我国的区域发展和治理具有一定的借鉴价值。其总体性的做法主要是建立大都市区的政府委员会（联席会），以下是两个典型案例。

1. 华盛顿—阿灵顿—亚历山大都市区（亦称华盛顿大都市区）

华盛顿大都市区以首都华盛顿特区为中心，包括马里兰州、哥伦比亚特区（核心区）和弗吉尼亚州的 15 个市县。美国人口普查局每十年进行一次官方人口普查计数，并定期发布合并大都市统计区（CMSA）和主要大都市区的人口估计值。根据 2020 年人口普查，该地区人口约为 697 万，是美国第 6 大都市地区。华盛顿大都市区政府委员会（Metropolitan Washington Council of Governments，亦称华盛顿大都市区政府联席会）成立于 1957 年，是一个非营利性地方政府区域组织。其最高机构是大都市区政府协商会议，代表来自大都市区内成员政府，定期举办会议。在政府协商会议召开间隔期内，其日常工作由华盛顿大都市区政府委员会理事会承担。华盛顿大都市区政府委员会拥有 18 个成员政府、100 多名雇员，年预算超过 1 000 万美元，其中 60% 来自联邦和州的拨款，30% 来自契约费，其余 10% 由 18 个成员政府分摊①。

---

① 宋迎昌. 美国的大都市区管治模式及其经验借鉴：以洛杉矶、华盛顿、路易斯维尔为例 [J].
城市规划，2004，28（5）：86-89，92.

华盛顿大都市区政府委员会的职能包括交通运输、公共安全和国土安全、经济适用房、健康、社区规划、经济发展和环境保护等。华盛顿大都市区政府委员会理事会和由联邦政府指定的城市规划组织国家首都地区交通规划委员会，以及由华盛顿特区、马里兰州和弗吉尼亚州共同建立的首都华盛顿空气质量委员会等每月都召开会议，讨论上述有关方面的问题，并制定这些方面的规划和政策。

华盛顿大都市区政府委员会是由县、市政府组成的自发性组织，具有半官方性、非营利性，地方政府不会被强制要求加入，其成员政府可以随时无理由退出。但是，根据美国的联邦法律，给地方的交通、住房和环境方面的拨款必须通过区域组织分配，不参加这些组织的地方政府没有资格获得这些拨款。这笔资金的数量一般来讲是不少的，例如华盛顿大都市区每年可分配的用于公路基础设施建设的资金就高达 25 亿美元。华盛顿大都市区政府委员会合理利用了对联邦政府和州政府拨款的分配权，统筹规划解决区域内公众关注的住房、交通、环境保护等方面的问题，从而维持了委员会的地位。

2. 明尼阿波利斯—圣保罗大都市区

明尼阿波利斯和圣保罗两个城市位于美国明尼苏达州东部，分别坐落于密西西比河东西两侧。该区域内有若干个市县，市县之间相互独立，同时为了治理跨市县问题，又设立了众多跨行政区的特别区，共有 300 余个各级地方政府。为解决各级政府各自为政导致的环境保护、交通等基本公共服务问题，明尼苏达州 1967 年由州立法院授权建立了明尼阿波利斯—圣保罗大都市区议会（MUC），管辖两市和周边的 7 个县，覆盖面积为 12 626 平方公里，人口约 360 万（2020 年），占全州总人口的一半以上。该大都市区的规划决策机构是大都市理事会，成员共 17 人，由代表选区的 16 名委员和 1 名代表大都市区的主席组成。1996 年，立法机构将区域内交通、污水处理和公园委员会合并到大都市理事会，将其从一个不到 200 名员工的小机构变成现在拥有多种资金来源及 3 000 多名雇员的大型组织。

大都市理事会资金来源非常多元，年预算 7.6 亿美元，其中 90% 是国家拨款和收缴的使用费（如污水处理费和过境费），只有 10% 来自地方财产税。在其预算中，约有 8 000 万美元用于地区法律支持、地区公园运营、社区发展计划和对低收入家庭的住房补助①。大都市理事会直接向州政府负责，下设社

① 俞惠煜，廖明，唐亚林. 长三角经济社会协同发展与区域治理体系优化［M］. 上海：复旦大学出版社，2014：97-98.

区规划与经济发展、交通、环境协调、行政管理等部门，还设有多样性办公室，负责制定对小企业、弱势企业、妇女与少数族裔企业家企业和农村地区的小型企业的发展计划，促进机会平等，并处理对歧视的投诉。

大都市理事会的基本职责包括四项：一是对大都市区内的经济社会长远发展进行整体规划并制定相关政策，包括机场选址、区域公共汽车和轻轨系统规划、污水收集和处理、水资源保护、区域公园建设、中低收入的个人和家庭住房保障，以及人口增长预测等；二是对地方政府的发展规划进行评估，在交通污水处理、机场、公园和开放空间等的规划和投资生效前对其进行审查；三是向一些都市组织例如垃圾处理委员会、交通局、航空委员会提供咨询服务及对其预算支出进行审查；四是对地方政府和私人组织向联邦和州的拨款申请和贷款担保项目申请进行评估①。

该大都市区成立之初，大都市理事会积极制定都市区发展规划，成功地处理了一系列困扰当时该大都市区的实际事务，如决定垃圾填埋场、飞机场选址，挽救私人运输系统，规划空间用地，平衡城市边缘区的扩张和中心城市的衰落等，得到了各方的一致好评。但后来由于过多地参与具体事务的管理，大都市理事会开始与地方政府出现矛盾，加上委员不是选举产生的，其地位和影响力有所下降。

第一，建立城市群之间的非正式合作机制及非政府协调机构。不同于依赖法律及书面材料等达成的正式合作，非正式合作是一种多个行政单位之间相互配合或互惠的活动，它完全依赖于人事伙伴关系来开展，各行政单位开展具体事务时无须拟订任何书面协议，此种治理方式在美国跨州大都市范围内使用得极为普遍。此类非正式的合作，多见于公共安全、医疗卫生及教育相关领域。比如美国宾厄姆顿大都市区，其地域范围包含纽约州和宾夕法尼亚州两个州，对于来自宾夕法尼亚州的病人，纽约州宾厄姆顿市的医院或该大都市区任意一个城市的医院都会以同样的费用提供诊疗服务，这个过程中医院不要求病人提供任何书面材料或凭证。美国非常重视以自愿为基础的各种类型的非政府组织开展的区域合作，例如次区域联盟、邻里协会、合作协议、城市论坛等，这些区域合作旨在进一步增强区域认同感，强化区域联系，形成区域利益团体并游说联邦政府对本区域予以政策支持。此外，美国还十分支持发展一些针对具体区域性问题而成立的单一功能性民间协调机构，如解

---

① PINEL S L. Regional planning as mediation: inside Minnesota's metropolitan twin cities regional plan implementation [J]. Journal of Environmental Policy & Planning, 2011, 13 (4): 399 – 420.

决供水、供电、垃圾处理等问题的合作组织①。

第二，制定统一的区域规划。建立跨州联合区域规划机构或区域规划委员会，来统一规划和处理州际事务，是美国州际大都市地区跨境治理的古老方法之一。1922 年洛杉矶县组建了美国第一个区域规划协会②。在美国的州际大都市治理中，通常有三类区域规划组织形成模式。第一类是在各州建立一个官方规划机构，例如，1949 年，在圣路易斯大都市地区，密苏里州和伊利诺伊州根据州际协议成立了一个联合规划机构，即圣路易斯双州开发署。其规划范围覆盖 6 县 2 州、约 175 万人口、100 个城市和 600 个税务机构，是当年州际都市区最重要的正式规划管理机构。第二类是建立一个非正式的规划协调组织，如堪萨斯城区域规划委员会，由大都市圈内的 4 个市、5 个县组成，具备统一规划协调职能。第三类是建立私营和非政府规划组织。这种类型的代表是在纽约大都市区内成立的纽约区域规划协会，该协会是典型的非政府和非营利组织，是公共部门、市场企业以外的社会组织，其运作完全依靠企业或社会赞助③。

9.2.2　东京都市圈协同发展经验

日本最早提出"都市圈"的概念，并且对其国内各大都市圈进行了统一规划和跨区域联合治理，其中以东京为核心的东京都市圈最具代表性，该地区拥有整个日本 1/3 的人口、2/3 的经济总量和 3/4 的工业产值，是日本名副其实的巨型工业城市群，在区域协同发展与治理方面积累了非常丰富的经验④。

1. 完备的法律体系保障

为构建区域协同治理模式，加快东京都市圈一体化进程，日本政府出台了一系列区域建设法律法规及区域发展规划。1950 年，日本出台了《首都圈建设法》。1956 年，日本国会为给东京湾区的开发建设提供更多的法律保障，

———————

①　郑睿. 城市群合作模式中的资源差异与变革创新：以长三角实现基本公共服务均等化的策略为例 [J]. 上海城市管理，2017，26（2）：31-37.

②　HAMILTON D K. Governing metropolitan areas: response to growth and change [M]. Taylor & Francis, 1999.

③　陶希东. 20 世纪美国跨州大都市区跨界治理策略与启示 [J]. 城市规划，2016，40（8）：100-104.

④　喻凯. 府际关系视角下的粤港澳大湾区协同治理研究 [D]. 广州：中共广东省委党校，2019.

出台了《首都圈整备法》，强调"东京都不仅仅是一个地方自治政府，更是日本的中心、与世界各国接触的首都"，"有必要为使与国内外联系交往的各种中枢性活动具有更高效率而统一制定规划方案"，这使得东京都的城市建设和规划管理上升到国家政策层面，也促成了中央一级规划统筹机构首都建设委员会的设立。1953年，日本制定了另一部基本法《首都圈整治法》，首次明确地将东京都与周边地区作为一体化的区域设定为法定规划对象，开启了大都市圈发展阶段①。1958年、1959年、1966年和1986年，日本又相继出台了诸如《首都圈市街地开发区域整备法》《首都圈建成区限制工业等的相关法律》《首都圈近郊绿地保护法》《多极分散型国土形成促进法》等多部专门性补充法律。在上述基础之上，日本又制定了东京湾区的专项发展规划，分别于1960年、2006年、2011年和2014年推出了《东京规划1960——东京结构改革的方案》《10年后的东京——东京将改变》《2020年的东京——跨越大震灾，引导日本的再生》《创造未来——东京都长期愿景》。以政府为主导，通过构建并完善法律体系和编制区域发展规划等制度措施，日本确保了东京都市圈区域协同发展规划的权威性和顺利实施，也为基本公共服务协同发展提供了制度基础和法律保障②。

2. 以交通发展为牵引

近几十年来，东京都市圈在保持区域开发的整体性和服务均衡性的基础上，以交通发展为牵引，通过"交通＋休闲""交通＋居住""交通＋生态""交通＋物流"等方式引领支撑各类基础公共服务的开发。在规划实施上，东京都市圈普遍采用交通引领，特别是公共轨道交通引领的方式，将居住地、就业地等生活需求旺盛地点与公共服务、观光休闲等相关资源供给丰富地点集中到各条轨道和公路干道沿线，使公共服务在空间规划上从在都市圈外围"撒胡椒面"变为沿着交通基础设施和重要枢纽节点"有的放矢"地加以布局，大幅提升了城市公共投资效益。与此同时，节约的大量土地也为都市圈的生态保育和后续发展提供了良好的基础，进而形成了良性循环。"交通＋"的思路还体现在其生活圈规划上，生活圈规划具有一定弹性保留了个人选择的空间，即核心区外围新城的设计既能够为个人实现工作和生活的平衡提供机会，也承认都心的吸引力并努力提供快速通达核心区的交通支撑。例如，根据2000年

---

① 国务院发展研究中心课题组. 东京都市圈的发展模式、治理经验及启示 [N]. 中国经济时报，2016 - 08 - 19.

② 喻凯. 府际关系视角下的粤港澳大湾区协同治理研究 [D]. 广州：中共广东省委党校，2019.

日本交通出行统计调查，多摩花园城市居民在新城内工作通勤的比例达30.3％，多摩新城居民在新城内工作通勤的比例达53.2％，有超过13％的居民在新城和都心外的都市圈工作，可以看到经过多年的实施，建设业务核都市的策略取得了一定效果。与此同时，仍有接近1/4的居民前往东京都心工作，京王线和小田急电铁等私人铁路公司提供的运营服务极大地提高了都市圈外围的通勤可达性。

这种以公共交通为引领的发展方式为各协同发展区域提高土地利用效率、增强协同发展能力、供给基本公共服务提供了有效抓手。这种模式一方面在新地区开发过程中将生活、就业等功能高密度区域混合设置在站点周边1千米左右的范围内，节约了基本公共服务供给的征地成本，且绿地面积的增多和慢行友好街区的设计有助于降低来自交通的碳排放，提高了区域物理固碳水平；另一方面也有助于提升城市外围地区对商业地产投资的吸引力，通过轨道交通和相关生活配套设施带来的较大人流量为地方政府提供了新的招商引资工具，为区域经济发展进一步赋能①。

9.2.3　欧盟协同发展经验

2009年12月，随着被称为欧盟宪法的《里斯本条约》的正式生效，欧盟取代欧洲共同体并继承原欧洲共同体的所有权利和义务，真正成为一个法律意义上的实体。欧盟经济一体化进入新的阶段，在区域基本公共服务协同发展方面也更加成熟。

1. 以公民身份构建价值基础

推行欧盟公民理念和权利是公共服务一体化的重要价值基础。1991年，《马斯特里赫特条约》最早明确了"欧盟公民"的法律概念，同时制定了与之相关的保护成员国公民权利和利益的统一规定，如欧盟公民享有自由迁徙和居住的权利，有选举权和被选举权，在欧盟范围外活动时有权得到欧盟及任一成员国的外交保护和服务。2009年，《欧盟基本权利宪章》生效，形成了"欧盟公民身份权利"目录清单框架，包含尊严、自由、平等、团结、公民权和公正六大维度，每个维度都列出了对应的权利事项及详细解释。例如，"尊严"维度包括人格尊严权、生命权、人身完整权、禁止酷刑与不人道或羞辱

---

① 欧阳慧，李沛霖. 东京都市圈生活功能建设经验及对中国的启示 [J]. 区域经济评论，2020（3）：99 - 105.

性待遇或处罚、禁止奴隶买卖和强制劳动等事项及其具体说明[①]。就《欧盟基本权利宪章》的列举内容来看，欧盟公民身份实则只限定了个体在欧盟生存和生活的最低标准；在法理上，欧盟公民身份的意义仅限于保障个人的权利不被侵害，并没有增加个人的权利和福利。然而，若无欧盟公民身份的确立，则个体受到侵害和不公正对待的风险将大大增加。欧盟公民身份的深远意义，在于引出一个不容辩驳的推论：具备该身份的所有人都应享受无差别的公共服务，无法享受服务就等于权利受到侵害。正如 1996 年《欧洲共同体委员会关于欧洲普遍利益服务的通告》所言，"许多欧洲人把享受普遍利益服务作为社会权利"。比如，"团结"权利类别中的"获得职业介绍的权利"无疑会引导公民向政府提出诉求，要求后者提供职业介绍的公共服务。职业介绍的公共服务是由"获得职业介绍的权利"延展出来的，这意味着不提供该服务等于侵犯公民权利。由此，可从三个方面来解释欧盟公民身份与欧盟公共服务一体化的基本逻辑关系：第一，若无统一的欧盟公民身份的确立，公共服务一体化就容易沦为无根据的说辞，前者是后者的价值基础；第二，若无公共服务一体化，欧盟公民身份则将沦为一顶破旧的、没有任何吸引力的"帽子"；第三，公共服务一体化的所有成果，都必将记在欧盟公民身份的"话语"上，前者是后者的填充物和扩充物。欧盟公民身份与公共服务一体化又为欧盟的建构与发展奠定了价值基础[②]。

成员国公民对欧盟的认同水平，影响着欧盟作为一个集体行动组织的生存与发展空间。欧盟公民身份的"话语"在提升成员国公民对欧盟的认同水平上发挥着重要作用。更为重要的是，欧盟公民身份生发出了一套无差别的权利体系和义务体系。尽管各成员国的经济与财政条件存在差别，持有不同国籍的欧盟公民所享受到的总体福利水平和基本公共服务有所不同，但是在欧盟层面，他们受到同等对待，他们的权利和义务是无差别的。公共服务一体化在确立欧盟公民身份这个起点和实现欧盟共同价值并提升公民对欧盟的文化与心理认同这个落脚点之间，建立起了关联。通过确立欧盟公民身份的"话语"，欧盟界定了每个欧盟人的基本权利和义务，构筑了保护他们不受伤害的政治和法律底线，并通过公共服务一体化等中间过程与机制，增加他们的福利总量和提高福利均等化程度，最终实现共同价值并提升公民对欧盟的

---

① 王伟进，陈勇. 跨区域发展与治理：欧盟经验及其启示 [J]. 学习与实践，2020（4）：63-75.

② 唐亚林，刘伟. SGI 框架下欧盟公共服务一体化的价值基础建构及其推进策略 [J]. 中国行政管理，2017（2）：130-136.

文化和心理认同[1]。

2. 形成长效规范的多层次治理模式

欧盟是当今世界区域一体化的典范，其成功之处在于，通过国家之间的权力让渡和利益博弈，逐步建成了一套多层次综合治理体系，并确立了诸如分权原则、欧盟法优先等指导处理其内部关系的基本原则，在更高层面上构建了一套制度化水平很高的长效合作体制和机制，实现了多领域的超国家整合。根据弗里茨·沙普夫的分类，可将其总结为政府间协商模式、相互调整模式、共同决策模式、超国家模式、公开协调模式五种模式。通过多层次治理系统的协调安排，欧盟较好地避免了区域间的恶性竞争，为区域间的合作博弈提供了导向性的制度安排，也为区域基本公共服务协同供给提供了组织和政治基础。

政府间协商模式的具体形式为欧盟定期召开政府间首脑会议。在由政府首脑参加的欧盟委员会峰会上，各成员政府会达成共识，共同制定条约，以实现共同约束。这一模式主要应用于欧盟的共同外交与安全政策、司法与内务合作等领域，也在基本公共服务区域协同发展领域有所体现。相互调整模式则可视为国家之间采取的自愿互动，是可以适时调整的模式，尤其是在不同国家之间的机制尚未建立或者还不能够建立的领域，相关国家常常会通过这种模式来进行相互作用与影响。欧盟内部的社会保障和税收政策常以此种模式进行调节。而欧盟体系中，政府间协商模式和超国家治理模式结合形成的共同决策模式，常见于政策提案、决策、实施和监督等各个环节中。作为一个高度发达的意见交换体系，欧盟内部建立了多元化的网络体系结构，可以完成海量信息的收集加工和传输处理工作，在整合功能上比各单一成员国政府更强大。公开协调模式在具体实施过程中多采取国家行动计划的形式，最后由委员会组织评估各个成员国的行动，评估结果再由理事会向各个国家进行传达。这种模式近几年来逐渐受到学者和决策者的重视，且已经在科研和劳动就业等领域得到了成功应用[2]。

3. 利用财政与项目弥合区域发展差距

为促进区域一体化发展，缩小经济水平差异较大的国家在基本公共服务

---

① 唐亚林，刘伟. SGI框架下欧盟公共服务一体化的价值基础建构及其推进策略 [J]. 中国行政管理，2017（2）：130－136.

② 姬兆亮. 区域政府协同治理研究：以长三角为例 [D]. 上海：上海交通大学，2012.

供给能力上的差距，欧盟充分发挥财税政策与基金工具的作用。在财税方面，欧盟基于会费获得统一的财政收入，并通过基金工具将其用于地区统筹发展；在基金方面，欧盟利用欧洲结构基金、凝聚基金和入盟准备基金等缩小地区发展差距，例如通过欧洲社会基金致力于社会保障体系建设，通过欧洲农业指导与保证基金和欧洲渔业指导金融工具实现对相关产业的保护等[1]。

总体来说，欧盟在基本公共服务方面的财政投入规模很大。以成员国之间差距相对较大的社会服务领域的几只基金为例，在2014—2020年跨年度预算期内，欧盟社会基金的预算总额为800亿欧元，欧盟最贫困人口救助基金获得了超过38亿欧元的专项资金，欧盟就业和社会创新计划的预算总额超过了9亿欧元，欧洲全球化调整基金则获得每年近1.5亿欧元的预算。这几只基金都为区域基本公共服务均等化发展作出了较大贡献。欧盟最贫困人口救助基金支持欧盟成员国向最贫困地区提供物质援助，包括食物、衣服和其他个人必需物品，如鞋子、肥皂和洗发水，旨在解决最贫困地区的人口的最基本需求，这是人们有能力得到工作或参加其他财政基金支持的培训课程的先决条件，充分发挥着社会兜底功能，通过解决最贫困人口的最基本需求，构筑起欧盟的底线，保障了欧盟社会投资和区域基本公共服务的一体化发展。而在欧盟最贫困人口救助基金完成社会兜底并帮助人们迈出第一步之后，欧盟社会基金等财政基金开始发挥社会投资功能，主要资助四类活动，即培训和帮助人们就业、促进社会融入、提升教育和培训、提升公共服务质量等。2013年，欧盟发布报告《朝向增长和包容的社会投资：执行欧盟社会基金2014—2020》，呼吁成员国给予社会投资以优先权并革新传统的福利国家体制，同时推出社会投资包，重点关注三个方面：确保社会保障制度能够回应人们在生命中关键时期的需求；帮助成员国建立更简洁和更有针对性的社会政策体系；升级成员国既有的社会融入策略，关注那些有很强社会投资特征的政策领域，如儿童照顾和教育、防止辍学、培训和职业介绍、住房支持、健康照护等。欧盟最贫困人口救助基金构筑了欧盟社会服务一体化的底线，而欧盟社会基金作为欧盟最大的社会服务基金，则秉持社会投资的理念，强调提升人的发展能力。各项基金相得益彰，共同描绘出欧盟利用财政与项目弥合区域基本公共服务供给差距的图景[2]。

此外，欧盟社保法令并没有试图用统一的社会保障制度来取代各成员国

---

[1]　王伟进，陈勇. 跨区域发展与治理：欧盟经验及其启示 [J]. 学习与实践，2020（4）：63 - 75.

[2]　唐亚林，刘伟. SGI 框架下欧盟公共服务一体化的价值基础建构及其推进策略 [J]. 中国行政管理，2017（2）：130 - 136.

现有的社会保障安排。所涉及的国家国民生活水平的巨大差异，使得建立一套大一统的社会保障制度不切实际，其共同原则的核心可以概括为"跨国流动人员在社会保障方面所处的境况不得差于始终在一国居住或工作之人员"。以养老保险为例，其协调机制主要包括：

——暂时冻结。根据暂时冻结原则，该公民以前的养老保险记录将被 A 国保留，而他在 A 国的历史缴费既不会被转移给 B 国，也不会支付给他本人，这部分历史缴费将被暂时"冻结"，直到他达到退休年龄，再按照规定标准向其发放。

——分别支付。只要当事人加入某个成员国的养老保险计划超过一年，该国就必须在其退休时向其支付养老金。

——比例支付。养老金的多少将根据当事人在该国参加养老保险的时间来计算。参加时间越长，领取的养老金越多。

——最后接管。当事人退休前工作所在的最后一个成员国将负责"接管"当事人在各成员国那些零散的（少于一年）养老保险。

第10章 完善京津冀基本公共服务协同发展的对策建议

10.1 财政保障

10.1.1 财政资金协同发展

1. 转移支付制度协同发展

京津冀基本公共服务的协同治理水平决定于京津冀地区内部各方面的协同发展水平,尤其是区域内经济的协同发展水平。地方经济状况和财力水平是基本公共服务协同发展的重要保障。如果区域内部经济发展不平衡,差距过大,则必然会制约区域整体的发展。京津冀城市群当中,只有北京市和天津市的经济发展质量较高,其他大部分城市还处于较低水平[①]。京津凭借其区域特殊身份和区位优势,对河北省产生了不同程度的虹吸效应。城市间因存在行政壁垒等而缺乏有效合作,原本应该发挥带动作用的京津,没能够充分协调地拉动周边经济增长,同时在发展过程中由于没有完全落实产业规划和财税政策,天津市与北京市各自为政,出现了两个发展并不协同的经济中心,甚至为了各自地区的利益形成了恶性竞争。这就更加难以发挥京津对周边城市的辐射带动效应。孙玉栋和郑垚认为在现阶段,京津冀三地基本公共服务供给水平存在显著差异的症结在于三地财力不均衡。三地经济发展差异大、

---

① 许永兵,罗鹏.京津冀城市群的经济发展质量评价 [J].河北大学学报,2020,45(4):85-98.

地区间存在税源竞争、转移支付制度不完善以及财权事权不匹配等原因共同造成了三地财力的失衡[1]。段铸等学者通过实证分析认为,财政能力的差距、中央纵向转移支付差距扩大了三地经济发展水平的落差,京津两地谋求自身发展,而对河北省所承担的环境、产业等方面的损失没有给予足够的补偿,进一步拉大了河北省与京津之间的差距[2]。近年国家大力推进京津冀协同发展战略,京津冀区域内部的协同性有所改善,但我国财政分权制度目前并不完善,京津冀三地经济发展水平差异仍然较大,财政收支规模存在巨大差距,导致三地的基本公共服务水平也存在一定差距,政府、社会、市场等供给主体在基本公共服务领域尚未实现有效协同。

基本公共服务水平较低的地区会依赖上级政府的转移支付资金,中央基于各地经济发展水平和各级政府收入能力与合理支出需要,对各地区政府进行财政资金的无偿转移,以达到平衡与调节基本公共服务的目的。我国目前的财政转移支付模式以单一的纵向财政转移支付为主,财政领域中制度化的横向财政转移支付还从未进行过实践。

事实上,虽然以往没有在制度化的基础上进行横向财政转移支付的实践,但是我国各区域之间和区域内部都有类似横向财政转移支付的形式出现。比如 20 世纪 70 年代末至 90 年代,为促进边疆地区和民族地区建设,省份间进行了多年的对口支援,对西部地区进行扶贫支持。2008 年发生汶川大地震后,为帮助灾后重建,中央除了直接提供支持外,还要求各个省(区、市)都对口帮扶一个县的灾后重建。在全面消除绝对贫困之前,我国很多地方对贫困地区进行过跨县级或省级行政区的财政资金援助。2010 年广东省发布《关于建立推进基本公共服务均等化横向财政转移支付机制的指导意见》,提出逐步建立区域间横向财政转移支付制度,要求财力转出市点对点对口帮扶,提高欠发达地区基本公共服务水平,促进区域协调发展,并明确了基本公共服务的范围,强调加强对横向财政转移支付资金的规范管理。江苏等地在发展过程中也有过"先富带后富"的支援实践,大大促进了区域整体的均衡发展。除了帮扶性质的转移支付之外,还有补偿性质的转移支付,比如北京市曾为保证清洁的大气与优质水源关闭了承德市大批的污染项目并推动其实施节水农业,为此对河北省进行过生态补偿和农业经济补偿。这些形式的财政援助

---

① 孙玉栋,郑垚.京津冀基本公共服务协同发展的财力均衡问题研究 [J].山东财经大学学报,2020,32 (5):5-16.

② 段铸,程颖慧,康绍大.京津冀地区经济差距及财税政策调控研究 [J].工业技术经济,2015,34 (6):154-160.

和补偿，在实质上都带有横向财政转移支付的性质，只不过它们不是依照统一规范的法规制度实施的，而是根据实际情况或者上级指示及政策目标，让经济更发达的地方对落后地区进行援助，或是财力转出方对牺牲本地区利益一方进行资金补偿，既有区域与区域之间的，又有区域内部的。国内很多经验说明，类似于横向财政转移支付的帮扶形式对于促进区域间或区域内部的均衡发展具有重要作用。

对于地区差异较大和经济体制正在转型的国家来说，纵向财政转移支付起主要作用，世界上大多数国家都是采用这种模式，而德国例外。德国由于其特定的历史原因，形成了一套自成体系且完善的财税制度。在民主德国与联邦德国统一之前，联邦德国采用的是州际横向财政转移支付，而统一之后，由于两者的经济社会差异太大，依靠同级转移支付难以推动其均衡发展，因此德国改用以纵向财政转移支付为主、以横向财政转移支付为辅的纵横交错式的财政转移支付制度。根据德国经验，单一的横向模式不利于中央进行宏观调控，横向模式主要表现为财力充足地区向财力不足地区进行资金转移，而这种模式要建立在中央规范立法的基础上，同时地区间的经济差距不能过大。在发展差距显著的地区之间实行横向财政转移支付，难以把握转移支付规模的适度性，过少难以产生应有的效果，而过多又容易挫伤富裕地区发展的积极性。而在纵横交错的模式下，中央政府既能够对地方进行纵向财政转移支付，又能够通过统一立法规范地方政府间的横向财政转移支付，从而更为有效地平衡地方财力，促进各区域经济的平衡发展。德国的横向财政转移支付制度制定了完善的财力指数、财政需求指数和财政转移支付资金计算方式，德国的面积和人口与我国一个省相当，我国亦可通过德国经验中部分可借鉴的制度设计入手，在京津冀协同发展的契机之下，在经济圈范围内先制定一套符合区域经济实际情况的计算方式，结合援助的理念，确定区域内政府之间的横向财政转移支付规模，细化京津冀区域内部横向财政转移支付制度，若能产生明显增益效果，则今后可以在我国其他城市群、经济圈或区域内部推广实施。

现在大多数实行财政分级体制的国家都主要采用纵向财政转移支付，采用纵向财政转移支付的国家并不是放弃了横向调节，而是通过政府间纵向财政转移支付的方式来谋求横向财政平衡。王玮提出，如果制度设计得当，那么在具备相当的规模的前提下，纵向财政转移支付对于调节横向财政平衡也能够起到很好的效果[1]，例如澳大利亚、葡萄牙、加拿大等发达国家就通过纵

---

① 王玮."对口支援"不宜制度化为横向财政转移支付 [J].地方财政研究，2017（8）：20-26.

向财政转移支付有效推动了横向财政平衡。相比较而言，德国的地区间经济发展差距较小，这是德国能够同时采用纵向与横向财政转移支付制度的一个重要前提。我国是世界上最大的发展中国家，区域发展还不平衡，区域经济差距较大，因此目前我们国家在整体上还不适合横向财政转移支付制度，即使有类似的帮扶形式的再分配，也带有比较浓厚的政治色彩，这种支援形式是难以制度化的。

我国自 2014 年提出京津冀协同发展战略后，通过《京津冀协同发展规划纲要》和《"十三五"时期京津冀国民经济和社会发展规划》等在政策方面为京津冀协同发展提供了有力支持，促进了区域内的经济协作，平衡了经济发展速度，使得区域内部的发展差距逐渐缩小，提升了京津冀区域经济平衡发展水平[1]。这也为我国先在区域内部进行横向财政转移支付探索奠定了基础，有利于通过在区域内部横向财政转移支付，为京津冀基本公共服务的协同发展提供更加有力、更为有效的财政保障。从长远来看，如果横向财政转移支付制度能够在经济圈内部较好地实施，就可以将其推广到经济圈之间、区域之间，从而提升各地基本公共服务协同发展水平，更大范围地增进民生福祉。

马海涛和任致伟从过去的研究成果总结出，我国政府间纵向财政转移支付存在地方政府行为扭曲、公共产品供给不足、均等化效应存疑、资金使用效率不高等问题[2]。横向财政转移支付虽然缺乏纵向财政转移支付的实施宏观调控及平衡整体财力的作用，但是它具有灵活性与多样性等特点，能够与纵向财政转移支付形成互补，从而更好地平衡地区财力。谷成和蒋守建认为，横向财政转移支付制度应作为纵向财政转移支付的有益补充，提高发达地区横向财政转移支付积极性需要建立激励机制，要加快推进横向财政转移支付机制的立法工作[3]。张谋贵提出，可以对现有的纵向财政转移支付制度进行调整，取消纵向财政转移支付制度中没有均衡作用的税收返还转移支付制度和体制性补助及上解，代之以设立地区区域基金、生态补偿基金、粮食补偿基金三种横向财政转移支付基金，在先进行横向财政转移支付的基础之上再进行纵向财政转移支付，最终达到均衡目标[4]。

首先，我们应该明确，横向财政转移支付制度是对纵向财政转移支付的

---

① 王淑伟，崔万田. 京津冀区域经济协同发展评价 [J]. 商业经济研究，2022 (2)：162 - 166.

② 马海涛，任致伟. 我国纵向转移支付问题评述与横向转移支付制度互补性建设构想 [J]. 地方财政研究，2017 (11)：82 - 87.

③ 谷成，蒋守建. 我国横向转移支付依据、目标与路径选择 [J]. 地方财政研究，2017 (8)：4 - 8，26.

④ 张谋贵. 建立横向转移支付制度探讨 [J]. 财政研究，2009 (7)：20 - 22.

有益补充，二者相辅相成，可以有效平衡地区间财力，共同促进区域经济协同发展和基本公共服务协同发展。从结果来看，横向财政转移支付与纵向财政转移支付的本质区别并不大，只是直接或间接的区别，表面上似乎只是分配机制不一样，然而这种不同的分配机制对地方政府行为会产生不同的激励效果。纵向财政转移支付规模过大容易削弱地方政府对基本公共服务的供给动力，并且导致地方政府陷入恶性竞争，而横向财政转移支付能在一定程度上规避这种情况。目前以纵向财政转移支付为主的基本格局不会有根本改变，但通过构建京津冀协同发展模式下的横向财政转移支付制度能在一定程度上弥补纵向财政转移支付的不足，引导京津冀三地政府以利益为核心，通过相互协作寻求资源互补、互利共赢，进而将三地政府有机联合在一起，激发三地政府促进经济社会发展的动力。因此，设计适宜的横向财政转移支付制度，推动京津冀基本公共服务协同发展水平提升，是值得我们探究的一个重要方向。目前相关理论探究中主流的理论有协同治理理论、共生理论、共同致富理论、生态补偿论、权利均等论等，可以以京津冀基本公共服务协同发展为突破口，不断丰富和规范横向财政转移支付模式的内容，建立和完善具有中国特色的横向财政转移支付架构体系与运行体系。

在京津冀地区建立横向财政转移支付机制，推进其法制化。我国现有的横向财政转移支付形式，不论是对口帮扶还是生态补偿，都没有法律上的保障和制度上的规范。在京津冀协同发展的背景下，我们可以借鉴德国的做法，在京津冀地区内，首先，确定横向财政转移支付的目标是推动京津冀基本公共服务协同发展。其次，明晰横向财政转移支付的内容与范围，如将其分为支援性质的、利益补偿性质的、成本承担性质的或产业协同性质的等。纵向财政转移支付中有部分一般性转移支付可形成地方财力，地方政府能自行统筹调节使用，而专项转移支付都规定了其特定目标。我们所说的京津冀地区内横向财政转移支付更类似于专项转移支付，是为了实施某个特定项目或实现某个目标，或者说缩小某种基本公共服务发展差距，或是对为了区域内的协同发展而牺牲自身部分经济利益的地方进行补偿等。最后，研制科学的方法，计算出京津冀及三地辖区内部各主体的财力指数和平衡指数等技术指标，通过定量和定性相结合的模式确定横向财政转移支付标准。以法律或法规的形式对京津冀横向财政转移支付相关内容进行规范，对目标、内容、范围、标准、技术指标及计算方法等进行规定，使横向财政转移支付制度更加规范和透明，形成一个有法可依、有章可循的横向财政转移支付制度。

改进公务员考核机制，建立横向财政转移支付激励机制。当前，经济指标是我国公务员晋升的主要考核内容之一。为了使当地经济指标更"好看"，地方政府公务员往往不太关注对欠发达地区进行横向财政转移支付。要想改变这种弱化横向财政转移支付的情况，则需要从公务员考核机制入手。国家发展策略因时因势持续改进，地方政府公务员的考核及激励机制也应随着实际发展情况改进和完善。在京津冀基本公共服务协同发展的框架中，应将横向财政转移支付规模、内容以及绩效考核结果纳入公务员考核机制，形成更加有效的横向财政转移支付激励机制，提升先富地区向相对欠发达地区进行横向财政转移支付的积极性。

建立横向财政转移支付动态调整机制。京津冀三地基本公共服务水平、基本公共服务支出成本、资源禀赋、经济发展水平等存在差异，非均衡发展战略、财政分权体制等都是其中的原因。随着战略调整和政策倾斜，区域内部各种因素的差异会有所变化，原本设定的横向财政转移支付项目、资金规模等也要跟随实际进行调整，而不是一成不变。应通过有效的监督考评方式定期对横向财政转移支付的规模、资金使用情况、项目质量等进行科学的考核，进而根据评估结果与京津冀协同发展状况对横向财政转移支付资金规模计算方法或某些参数作出相应的调整，保证横向财政转移支付制度的可持续性。这种融入了监督考评的横向财政转移支付动态调整机制，既可以保障财力转出方的资金真正花在刀刃上，又能够避免财力接受方产生习惯性被接济的依赖心理，从而最高效率地使用横向财政转移支付资金。

2. 区域内税收政策协同发展

建立京津冀政府间税收共享制度。我国现在的分税制主要包括中央税、地方税和中央地方共享税，还没有出现地方与地方之间的共享税。在税负方面，京津冀三地中，河北省最重，天津市次之，而北京市最轻。发达地区有条件制定更多税收优惠政策吸引企业入驻和资本流入，而相对欠发达地区税收优惠力度不足。这种税负上的不平衡导致资本流向税负更轻的北京市和天津市，进一步拉大了三地的经济发展差距。三地在税收来源上也存在诸多不公平之处。从个人所得税方面看，在我国境内任职和受雇的个人所缴纳的个人所得税一般缴纳给收入来源地的税务机关，在京津冀范围内，很多人在北京市工作，个人所得税也在北京市缴纳，但他们并没有居住在北京市，而是居住在北京周边地区。河北省就有大量这类人口，这批人享受着河北省提供的免费基本公共服务，但是他们的个人所得税却在北京市缴纳，这种不公平的税收分配就导致了河北省相对承担了过多的公共服务和公共产品供给责任。从企业所得税方面看，由于北京市的首都地位和资源集中优势，许多企业更愿意将总部设在北京市，现行的总机构纳税的企业所得税制使得在北京市之外包括津冀两地设立的分支机构将其企业所得税汇总缴纳至北京市,因此北京市税源更加充裕,税收跨区域分配规则不合理进一步扩大了津冀二地与北京市之间的税收差距。税收分配的不公平问题显然阻碍了京津冀地区基本公共服务的协同发展,为克服此类问题,可以在京津冀范围内先行探索改革现有的税收共享制度。

其一,降低京津冀地区之间的行政壁垒和税收壁垒,建立京津冀跨区域投资的税收分享机制,结合京津冀协同发展的特殊需求,通过一定的计算方法在整体上适当改变税收分成比例,依据性质和功能,完善税种划分方式和共享税划分比例,赋予分公司和子公司所在地的政府优先征税权,尊重地域管辖权优先征税的一般原则,提高京津冀地区税收与税源的一致性,化解跨行政区域投资方面地方政府间在税收分配上的矛盾[①],使津冀两地获得与其提供的基本公共服务水平相适应的税收收入,从而满足其基本公共服务同北京市协同发展的需要。其二,在税收优惠政策上实现协同发展,清理京津冀地区当前各自为政的税收优惠政策,取消一些容易导致资源和资本竞争的地区政策,合并保留或者出台对于区域内具有普惠意义的税收优惠政策,兼顾效率与公平,形成公平透明协作有序的营商环境,加快河北省与北京市、天津市协同发展的进程。其三,培育地方主体税种、扩大地方财权,是满足地方基本公共服务支出事权的可行途径之一,"营改增"的实施导致地方政府主要地方税收被取消,而地方事权有增无减,地方政府基本公共服务供给能力降低,因此,如能通过财产税改革和资源税改革、适时开征房产税等重构地方主体税种,京津冀地区乃至全国范围的地方政府的财政收入将得以提升,从而为提升基本公共服务协同发展能力提供更坚实的保障。

10.1.2　财政与非财政资金协同发展

根据前文对基本公共服务协同发展的界定和协同治理理论的内涵,京津冀基本公共服务的供给主体不是仅限于政府,而是包括政府、社会组织与市场主体。因此,推动基本公共服务的协同发展不但要把握好政府与政府之间的关系,而且还要正确处理好政府与市场、政府与社会的关系。在基本公共服务供给上只有变政府"独唱"为政府、社会、市场"合唱",才能实现真正的协同发展。

---

① 王延杰,冉希. 京津冀基本公共服务差距、成因及对策 [J]. 河北大学学报(哲学社会科学版),2016,41(4):83-90.

一方面，人民群众对高质量基本公共服务的需求日益增长，这需要大量的财政支出，让社会、市场参与进来，分担政府的一部分压力，为京津冀基本公共服务供给提供一定的支持，这样不仅可以纾缓地方财政支出的压力，还能提高基本公共服务供给的质量，从而削弱因财力差距带来的基本公共服务供给差距。另一方面，社会和市场力量能够起到优化政府职能结构的作用，促进服务型政府建设，在传统的政府一元供给模式下，基本公共服务供给存在效率低下、反应迟缓等弊病。将原本由政府承担且可放给社会和市场承担的部分职能疏解给社会与市场，能够在纵向协调政府内部关系和横向理顺政府与社会组织、政府与市场关系的过程中提升基本公共服务供给效率。

对于市场主体而言，参与基本公共服务协同发展可以获得政策上的优惠和经济利益；对于社会组织而言，参与基本公共服务协同发展除了能实现其组织价值外，还能获得社会认同和一定的经费支持①。在商品经济社会，利润是市场主体参与经济活动的动力与目的，企业等市场主体又容易受到经济波动的影响，因为基本公共服务需求具有公共性，从而具有一定稳定性，所以市场主体参与基本公共服务供给可以获得稳定的利润，尤其是当下基本公共服务需求正处于不断增长的阶段。政府应为社会组织和市场主体参与基本公共服务供给提供良好的环境和政策，使其得到稳定收益，在正确的引导下和互惠的合作中承担起自身的社会责任，以提供更好、更高质量的基本公共服务回馈政府，形成良性循环。近年来，政府和社会资本合作项目广泛开展，这是政府协同社会力量完善基本公共服务供给的一种重要途径。社会活力的激发需要更科学的顶层设计和更系统的制度建设来全面支撑和逐步推进。充分利用政府、市场和社会的多元治理模式可以有效利用各主体的优势，缓解京津冀地区的财政支出压力，实现区域间更高质量更高效率的基本公共服务供给，推动京津冀基本公共服务协同发展。

10.2　调整公共服务供给领域

公共服务的多元化供给是实现区域经济高质量发展的战略支撑。"十四五"时期，推动公共服务发展，健全完善公共服务体系，持续推进基本公

---

① 田玉麒 . 公共服务协同供给：基本内涵、社会效用与影响因素［J］. 云南社会科学 2015（3）：7-13.

服务均等化，着力扩大普惠性非基本公共服务供给，丰富多层次多样化生活服务供给，是落实以人民为中心的发展思想、改善人民生活品质的重大举措，是促进社会公平正义、扎实推动共同富裕的应有之义，是促进形成强大的国内市场、构建新发展格局的重要内容，对增强人民群众获得感、幸福感、安全感，促进人的全面发展和社会全面进步，具有十分重要的意义。"十三五"时期，我国公共服务体系日益健全完善，基本民生底线不断筑牢兜实，公共服务供给水平稳步提升，但也要看到，我国社会主要矛盾已经转化为人民日益增长的美好生活需要和不平衡不充分的发展之间的矛盾，广大人民群众期盼有更好的教育、更稳定的工作、更满意的收入、更可靠的社会保障、更高水平的医疗卫生服务、更舒适的居住条件、更优美的环境、更丰富的精神文化生活。人民群众的公共服务需要呈现多样化、多层次、多方面的特点[①]。《"十四五"公共服务规划》涵盖了幼有所育、学有所教、劳有所得、病有所医、老有所养、住有所居、弱有所扶、优军服务保障和文体服务保障等领域的公共服务。京津冀三地所处发展阶段不同，人口分布流向、产业功能定位不同，各地在提供通约性基本公共服务保障的前提下，也应该提供差异化公共服务[②]。本节针对公共服务供给尚未满足"均等化"和"差异化"要求的一些领域，提出加强相关供给的建议。

10.2.1　补齐相对落后地区基本公共服务短板

研究表明，京冀、津冀之间基本公共服务落差大，特别是社会保障、教育文化和医疗卫生方面的差距突出。河北省与北京市、天津市之间的不均等程度较高，尤其是河北省在社会保障、教育文化两个领域均处于较低水平，京冀间的医疗卫生以及津冀间的基础设施的均衡程度仅处于中等水平，这就限制了公共服务在非首都功能疏解和产业升级转移中的保障性、基础性功能的发挥，影响了京津冀协同发展规划目标的实现[③]。建议通过建立分支机构或者整体搬迁的方式，将北京市、天津市优质的教育、医疗、养老等机构向河北省转移。鼓励近京津地区高标准对标京津基本公共服务，加强交界地区基

① 刘旭.推动公共服务高质量发展，增强人民群众获得感、幸福感、安全感[J].财经界，2022（3）：6-7.

② 尹凡，刘明.京津冀区域城镇化推进政策着力点分析：基于基础设施承载力和公共服务承载力的对比[J].城市发展研究，2017，24（11）：10-13.

③ 田学斌，陈艺丹.京津冀基本公共服务均等化的特征分异和趋势[J].经济与管理，2019，33（6）：7-15.

本公共服务设施建设，吸引京津基本公共服务资源，协调京津基本公共服务政策外延。

结合京津冀地区实际情况，采取针对性更强、覆盖面更广、作用更直接、效果更明显的举措，促进基本公共服务资源向基层延伸、向农村覆盖、向边远地区和生活困难群众倾斜，加快补齐相对落后地区基本公共服务的软硬件短板弱项。一是在义务教育领域，加强各地区教师队伍建设，依法保障教师待遇，落实教职工编制标准和统筹管理规定，确保教职工编制全面达标；科学规划城乡义务教育学校布局，推进义务教育学校标准化建设，改善乡村小规模学校和乡镇寄宿制学校条件，合理有序扩大城镇义务教育学校学位供给。二是在就业社保领域，制定实施公共就业创业服务设施、设备配置、人员配备、服务规范等方面的指导性标准，加强基层公共就业创业服务平台建设；完善京津冀流动人员人事档案管理服务设施，推动灵活就业人员在就业地参加社会保险，实现法定人群全覆盖；推进失业保险、工伤保险向职业劳动者广覆盖，实现失业保险省级统筹、工伤保险省级统筹。三是在医疗卫生领域，扩大医护人员特别是儿科、全科、麻醉科、精神科、老年医学科等科室短缺医师和注册护士规模，提升医护人员培养质量；多途径培养培训乡村医疗卫生工作队伍，改善相对落后地区乡村卫生服务水平；加强社区卫生服务中心、乡镇卫生院和村卫生室的标准化建设；完善医疗保障经办管理服务网络，推进标准化、信息化建设，提升基层医疗保障经办服务能力建设。四是在养老服务领域，加强乡镇范围内具备综合功能的养老服务机构建设；健全养老服务培训机制，开展养老服务人才培训提升行动，壮大养老护理员、老年社会工作者队伍；逐步提升老年人福利水平，完善经济困难高龄失能老年人补贴制度；健全养老保险制度体系，促进基本养老保险基金长期平衡；实现企业职工基本养老保险全国统筹；完善城镇职工基本养老金合理调整机制，适时调整城乡居民基础养老金标准。

10.2.2　增加对相对落后地区普惠性非基本公共服务供给

地方财力差距导致了京津冀公共服务自成体系，政策标准差异较大。在投入总量有限的情况下，财政资金只能重点保障最基础的公共服务领域，这导致河北省在整体公共服务水平与京津存在明显差距的同时，相对较高层次的公共服务差距更大。而对上述相对较高层次的公共服务的需求随着人民生活水平的逐渐提高，将越来越大。

第一，发挥作为城市群高质量发展增长极的中心城市的辐射带动作用，以强带弱，缩小各个城市之间的差距。结合京津冀城市群公共文化服务水平时空演变呈现的不均等化特征，依托北京市（溢出中心）和天津市（次溢出中心），培育双核心城市和更多次级溢出中心，逐步实现多核心、多辐射的公共文化服务扁平网络，进而发挥中心城市辐射带动优势，推进区域公共文化服务均等化发展。首先，发挥京津冀城市群中北京作为中心城市的强溢出效应，推动首都圈公共文化服务水平的均等化发展。比如从公共图书馆入手，加强首都圈公共图书馆在技术、资源上的线上线下合作。其次，提升天津作为次溢出中心的辐射作用，并培育雄安新区、天津滨海新区、石家庄等更多次溢出中心，推动公共文化服务的持续空间扩散。比如，可以以雄安新区作为先行示范区域，吸收京津优质文化资源，并以高标准推进文化与京津科技创新领域融合发展，进而带动次溢出中心周边重点地区公共文化服务水平均等化发展。再次，加强重要节点地区城市的文化资源配置，并对口帮扶外围和边缘城市，逐渐消弭公共文化服务水平的极化差距。比如，在邯郸、邢台、衡水等冀中南资源匮乏地区推行教育服务优质资源方面的对口帮扶，从而发挥教育服务的正向溢出作用①。

第二，应当紧紧围绕京津冀地区公共服务供需矛盾突出的领域，积极发挥政府的引导作用，鼓励支持社会力量重点加强养老、托育、教育、医疗等领域的普惠性、规范性服务供给，面向京津冀中较落后地区的人民群众提供价格可负担、质量有保障的普惠性非基本公共服务。一是发展普惠性托育服务，着力构建多元化、多样化、覆盖城乡的婴幼儿照护服务体系；加强社区婴幼儿照护服务设施与社区服务中心及社区卫生、文化、体育等设施的功能衔接，发挥综合效益；城镇婴幼儿照护服务建设要充分考虑相对落后地区农村进城务工人员随迁婴儿的照护服务需求。二是推动学前教育普及普惠，健全普惠性学前教育保障机制，全面普及三年学前教育；根据适龄人口变化情况和京津冀城镇化发展趋势，完善普惠性幼儿园规划布局；鼓励和支持街道、村集体、国有企事业单位、普通高等学校举办公办园，扶持民办园提供普惠性服务，保障普惠性资源供给。三是加强县域普通高中建设，研究制定县域普通高中发展提升计划，全面加强县中建设，持续巩固提高高中阶段教育普及水平；健全教师补充激励机制，配齐配足教师，实施县中发展提升校长教师培训专项计划，提升县中教师能力素质。四是积极发展普惠型养老服务，深入推进普惠养老专项行动，扩大普惠型养老服务供给；鼓励民间资本对企

---

① 孙钰，章圆，齐艳芬，等.京津冀城市群基本公共文化服务水平的时空演变、溢出效应与驱动因素研究［J］.北京联合大学学报（人文社会科学版），2022，20（2）：58-68.

业厂房、商业设施及其他可利用的社会资源进行整合和改造后将其用于养老服务；推动培训疗养资源转型发展普惠型养老服务。五是均衡发展优质医疗服务，聚焦重点人群健康需求，提升全生命周期健康服务与保障能力，促进医疗卫生服务公平可及、系统连续，鼓励发展全科医疗服务，加快发展专业化服务，在医疗资源不足的相对落后地区，进一步推进区域医疗中心试点建设，通过建设高水平医院分中心、分支机构，以"一院多区"等方式定向放大国家顶级优质医疗资源。六是积极推动改善住房条件，大力发展保障性租赁住房，解决京津冀协同发展过程中新市民、青年等群体的住房困难问题；扩大住房公积金制度覆盖范围，多措并举促进单位依法缴存，鼓励灵活就业人员参加住房公积金制度；优化住房公积金使用政策，租购并举保障京津冀缴存人群的基本住房需求。

10.2.3　着力加强农村公共服务供给

"十三五"期间，城乡区域基本公共服务均等化水平不断提高，基本公共服务资源持续向基层、农村、边远地区和困难群众倾斜，城乡基本公共服务差距不断缩小。农村基本公共服务供给持续改善，教育扶贫、健康扶贫、农村危房改造在助力打赢脱贫攻坚战中发挥了积极作用。但随着人们对基本公共服务的需求不断增加，中国基本公共服务区域间、城乡间的非均等化问题仍然明显。京津冀一体化进程中除对城镇居民的公共服务供给水平需要不断提高之外，对农村地区的公共服务供给力度也应相应加大。以农村公共文化建设为例，加强农村公共文化建设是党的十八届五中全会提出的要求。加强京津冀农村公共文化服务供给是京津冀协同发展的一项重要内容[①]。早在 2014年，代表委员们就在全国两会上提出要提高我国的文化软实力，同时也指出提高我国文化软实力的难题就是农村公共文化服务建设。加强京津冀公共文化服务体系建设，不断提高京津冀公共文化服务供给水平和质量，有利于改善民生，保障该地区人民的基本文化权益。随着京津冀一体化进程的推进，该地区近年来大力推进农村地区公共文化服务建设，农村公共文化服务供给现状有所改善，但京津冀农村公共文化服务在快速发展的过程中仍然存在一些有待解决的问题，短时间内无法完成农村地区公共文化服务全覆盖。李燕凌等的调查显示，北京市、天津市农村地区公共文化设施拥有率较河北省农村

---

① 李燕凌，邵静祎，李亚宏. 京津冀农村公共文化服务供给现状调查分析 [J]. 产业与科技论坛，2019，18 (22)：82-84.

地区高，河北省难以实现村民人人处处皆可使用多样的公共文化设施，表明京津冀农村地区的公共文化设施分布不均衡，生活在偏远落后地区的村民难以使用公共文化设施提升自己的文化水平与生活质量①。与对人才、资金有着天然吸引力的城市不同，农村地区面临的是人才、资金流失的困境。这使得城市公共服务供给比较充足，而农村地区的公共服务供给远远小于需求。

京津冀地区农村人口基数庞大，重视农村地区公共服务的提升，有利于实现京津冀全面一体化。一是在公共文化体育领域，充分利用现有城乡公共设施，统筹建设基层综合文化服务中心；以县级文化馆、图书馆为中心推进总分馆制建设，实现城乡社区公共文化服务资源整合和互联互通；加强智慧广电基础设施建设，推进实施智慧广电固边工程和市级广电融合发展提升工程，推动应急广播体系建设，推广普及有线高清交互数字电视机顶盒，强化数字文化服务和流动文化服务，实施戏曲公益性演出项目；加强县级公共体育场、健身步道、体育公园、农民体育健身工程等公共健身设施建设，合理利用体育中心、闲置厂房、校舍操场、社区空置场所等，拓展公共体育活动场所；支持全国爱国主义教育示范基地、博物馆、美术馆、公共图书馆、文化馆等设施按规定免费或优惠开放，促进高等学校博物馆、美术馆等文化设施向社会开放；支持农村地区公共体育场馆免费或低收费开放。二是在住房保障领域，实行实物保障和货币补贴并举，合理确定实物公租房保有量；稳步推进棚户区改造，坚持因地制宜、量力而行，严格把好棚户区改造范围和标准关，科学确定棚户区改造年度计划，重点改造老城区内脏乱差的棚户区，加强配套基础设施建设和工程质量安全监管，加快工程进度和回迁安置；结合农村危房改造，对符合条件的农村低收入群体等重点对象住房安全做到应保尽保。

10.2.4　加强个性化、差异化公共服务需求发掘和供给

城乡居民收入水平的提高和中等收入群体的扩大使得对教育、医疗、养老、文化、就业等基本公共服务的需求不再局限于传统的保障基本生存型需求，而更多地转向发展型需求，处于不同生命周期的城乡居民对基本公共服务需求也越来越个性化。侯胜东研究认为，公共服务需求的表达是提升公共

---

① 李燕凌，邵静祎，李亚宏. 京津冀农村公共文化服务供给现状调查分析［J］. 产业与科技论坛，2019，18（22）：82 - 84.

服务供给效率的基本前提①。在京津冀公共服务供给的过程中，公共服务的需求表达机制存在四个问题：一是表达渠道不通畅。受自上而下的公共服务供给体制制约，京津冀基层群众对公共服务需求的表达渠道不够通畅。二是表达环境存在噪音。由于公共服务在分配过程中极易出现"精英捕获"现象，因而在公共服务供给过程中存在一定的噪音干扰。三是重点人群表达无效。如农民工、空巢老人、高龄老人、残疾人、贫困人口等群体对自身的公共服务需求不能完全表达，这也是环首都贫困带迟迟未能脱贫的深层次原因。四是需求表达不精准。居民素质差异较大，区域组织行动能力不足、管理手段落后等导致需求表达的精准性不足，影响了公共服务供给的质量。京津冀地区地域广、人员结构复杂、经济发展水平差异较大，需要政策制定者与时俱进，分类分层发掘居民需求，并有针对性地提供公共服务。

差异化公共服务供给还应体现在地区间差异上。以公共文化服务为例，根据中国经济与社会发展统计数据库数据，河北省的文化事业支出占财政支出的比例远远低于北京市、天津市。河北省的文化事业发展也远远落后于北京市、天津市。地区之间发展的不平衡，致使京津冀地区文化资源配置不均。以医疗资源为例，京津冀地区内部的医疗资源配置不均衡现象十分显著。河北省医疗资源人均拥有量严重低于京津两地。由于区位条件优越，北京市三甲医院等优质公共医疗资源集聚，天津市也拥有一批优质公共医疗资源。截至 2018 年北京市拥有三级医院 93 家，天津市拥有三级医院 31 家，而河北省仅有三级医院 44 家②。教育方面，近年来尽管京津冀地区的教育事业得到快速发展，但优质教育资源在北京、天津两市高度集聚的状况依旧没有发生明显改变。以 2018 年每十万人口各类学校平均在校生数量作为指标，北京、天津两市在普通高等教育和研究生教育方面的优势非常突出，而河北省的教育发展仍然主要集中在基础教育方面。因此，相较京津两地，河北省显然需要在医疗、文化、教育等基础公共服务领域进行更多投入。而相较而言，北京市和天津市则可以在更高层次的公共服务供给上进行探索，如对"虹吸"至京津地区的外来人员提供更加便捷的交通服务、临时居住保障等。

---

① 侯胜东. 新时期京津冀公共服务多元化协同供给机制建设 [J]. 中国劳动关系学院学报，2021，35（3）：117-124.

② 李国平. 2019 京津冀协同发展报告 [M]. 北京：科学出版社，2019.

10.2.5　推动生活服务为公共服务提档升级拓展空间

京津冀地区还应当适应群众需求增长和消费升级的趋势，在培育壮大公共服务供给市场主体、增加公共服务供给、强化公共服务标准的同时，发展能够与公共服务密切配合、有序衔接的高品质多样化生活服务，推动生活服务与公共服务互嵌式、阶梯式发展，为公共服务提档升级探索方向、拓展空间、积蓄能量。

一是在医疗卫生服务领域，要鼓励京津冀地区发展专业性医院管理集团；支持发展医学检验等第三方医疗服务，推动检验检查结果互认，鼓励发展第三方医疗服务评价体系；推动精准医疗等新兴服务发展；支持医疗康复、健康管理、心理咨询、中医药养生保健等服务发展；积极发展智慧医疗，鼓励医疗机构提升信息化、智能化水平，支持健康医疗大数据资源开发应用。

二是在养老服务领域，促进养老服务与文化、旅游、体育、家政、健康等行业融合发展；在适宜的地区培育满足老年人需求的健康产品专业化生产研发基地，促进养老企业连锁化、集团化发展，并积极培育养老服务行业组织，支持行业协会增强服务能力，发挥推进养老服务业高质量发展的积极作用。

三是在文化旅游领域，打造独具魅力的中华文化旅游体验；加强京津冀地区旅游品牌和服务整合，建设一批富有文化底蕴的旅游景区和度假区；依托河北省的特色和优势资源推进红色旅游、文化遗产旅游发展，提升度假休闲、乡村旅游等服务品质；健全旅游基础设施和集散体系，推进旅游厕所革命，强化智慧景区建设。

四是在体育服务领域，倡导全民健身，发展篮球、足球、排球、滑雪等运动，根据河北等地的实际情况推广合适的户外运动，促进体育旅游、体育传媒、体育会展等发展。

10.3　推进多主体参与京津冀基本公共服务协同治理的进程

10.3.1　推进基本公共服务供给主体多元化

基本公共服务多元主体合作供给模式是指通过政府、市场组织和第三部

门的广泛参与和紧密合作提供优质高效的公共服务，从而满足社会公共需求
的公共服务供给方式。

提高多元主体基本公共服务的供给能力，首先需要明确多元主体各自的
服务职责。政府是基本公共服务供给的主导者，需要转变政府职能，统筹领
导，对市场和社会力量进行协调与规范，在基本公共服务合作供给过程中扮
演公共服务安排者、生产者、发包者、监督协调者等多重角色，积极支持和
鼓励市场组织和第三部门参与基本公共服务供给。充分发挥市场机制的作用，
既要鼓励相关企业扩大基本公共服务的生产和供给规模，也要建立起多元主
体间的良性竞争机制，按照市场规则对相关公共服务项目进行公开招投标或
合同外包，鼓励民间力量参加投资建设和运营，营造公平竞争环境，利用竞
争机制产生的压力，提高基本公共服务供给的效率和质量。积极吸纳 NGO 等
第三部门的力量，发挥社会力量专业性、目标性强和分布范围广的优势，深
入政府难以到达的微观层面。

基本公共服务多元主体合作供给模式的实施必须以有效的政府、发达的
市场和强大的第三部门为基础。因此，必须着力提高基本公共服务各主体的
供给能力。

首先，要提高政府提供公共服务的能力。政府是基本公共服务的掌舵者
和主要提供者，政府的基本公共服务能力主要体现在服务意识、服务职能、
服务方式、服务手段以及与市场组织和第三部门的服务协作等多个方面。

其次，要培育规范发达的市场，壮大市场组织特别是民营经济的实力。
一个规范而发达的市场环境是实现多元主体合作供给基本公共服务的基础，
也能为多元主体合作提供基本的发展环境。同时，加强政府与社会资本在基
本公共服务供给中的协作，逐步完善相关立法机制，在降低财政投资成本与
风险的同时，规范招投标程序并进一步推动守信践诺机制的建设，以最终提
升民间资本参与 PPP 项目的积极性和合规性[①]。此外，我们应加强对大型基
本公共服务供给机构的引导和监督，防止其无序扩张和形成区域垄断，以免
挤压其他民营组织的生存空间[②]。为此，政府应进一步简政放权，充分调动
"大众创业、万众创新"的积极性，进一步发挥市场在配置稀缺资源中的决定
性作用。如在公共交通服务的供给中，传统的出租车行业借助社会资本的力

---

① 孙飞，付东普. 供给侧结构性改革下公共服务供给方式创新 [J]. 甘肃社会科学，2017 (4)：
244-248.

② 王文娟，曹向阳. 增加医疗资源供给能否解决"看病贵"问题?：基于中国省际面板数据的分
析 [J]. 管理世界，2016 (6)：98-106.

量，开发出了专车、拼车、顺风车等产品，传统的医疗养老护理行业开发出了服务特色各异的养老院……这些不仅高效地匹配了市民的需求，还对基本公共服务系统形成了有益的补充。此外，对于一些外部性不强、交易成本低且有一定经济效益的准公共产品，我们可以采取"民办公助"的形式来优化供给，比如提供财政支持，给予信贷优惠、税收减免等。而对于一些市场性较强的基本公共服务，结合其消费水平高、经济利润丰厚、进入门槛高等特点，我们可以逐步放松准入条件，通过合同承包、特许经营、凭单制等方式吸纳更多的市场组织进行供给①。

最后，要培育强大的第三部门，提高 NGO 等的自主性和积极性。强大的第三部门是实现基本公共服务多元主体合作供给模式的前提。培育 NGO 等参与基本公共服务供给的能力，改革社会组织双重登记制度，从政治、经济、人力、社会等各个方面推动社会组织发展，充分发挥它们在基本公共服务供给中的低成本、高效率、贴近需求、针对性强等优势，与政府形成互补。

10.3.2 推进基本公共服务决策参与主体多元化

建立健全京津冀地区基本公共服务的供给方式需要进一步建立健全多元主体参与机制，通过扩大参与规模、疏通参与渠道、创新参与方式等提高基本公共决策的公众参与度，从而建立以公众需求为导向的基本公共服务模式。

一是要建立政府决策咨询机制。政府决策咨询机制是指政府在基本公共服务范围和标准的调整过程中应该充分参考专家团体、咨询机构等的专业意见，尤其是对那些专业性、技术性较强的重大决策，要依托研究咨询机构或政府智库开展调查研究，提高决策的科学性。

二是要进一步拓展民意的反映渠道。可以采用社会公示、听证会和问卷等形式广泛收集社会各阶层的意见和建议，从而了解民众对基本公共服务的真正需求，提高决策的民主性。

三要建立政府决策回应机制。随着社会公众对基本公共服务的要求不断提高，政府在基本公共服务的调整中要更多地考虑公众的利益和愿望，在满足公众意愿的基础上进行双向沟通，积极回应和满足社会公众的需求。

四是要建立完善公开透明的监督机制。既要充分发挥行政监察、审计监察和司法监督体系等的作用，也要构建舆论监督和公众监督等外部监督体系，

---

① 胡洪曙，武锶芪. 中国基本公共服务供给效率的评价与供给方式优化：基于省级面板数据的 DEA 分析 [J]. 财经论丛，2020（1）：33 - 42.

建立政府、市场和社会全员参与的基本公共服务立体监督网络。

10.3.3　将互联网技术创新运用到基本公共服务的供给之中

在基本公共服务供给方式的优化中，互联网作为当代的信息高速公路，在畅通沟通渠道、减少信息迂回、高效响应需求和快速对接民众呼吁上都有着独特的优势。同时，网络技术的引入使得我们在基本公共服务的供给过程中能有效降低相关成本、缩短供给时间、扩大服务半径，对提升整体供给效率和民众满意度都发挥着不可或缺的作用。为此，我们应充分利用好现有的技术平台和网络基础设施，推进"互联网 ＋ 公共服务"建设，打通基本公共服务供给的"最后一公里"[①]。在供给方式的改良上，我们可以逐步加强公共产品提供过程中的技术研发与应用，通过机器学习、数据挖掘、仿真模型等技术向民众推送能真正符合其偏好的基本公共服务，实现精准化、个性化的供给，从而填补现有基本公共服务供给过程中的短板，这样不仅能减少居民对整体服务流程的投诉与不满，而且对搭建实体与虚拟共存、政府服务与公众自助互补的公共服务平台也颇有助益。在提升纯技术效率的同时，我们还可以推进公共部门间信息、人才与资源的共享，以充分发挥各部门、各区域的比较优势。现代信息和管理技术利用率的提升，使我们能高效匹配、对接服务的供给端和需求端，充分进行资源的整合与优化，在满足公众普遍需求的基础上，还有余力主动适应部分个性化的需求，为最终提供差异化、获得感高的基本公共服务提供有效助力。

10.3.4　开发和动员更多的非资本化资源

一是通过引入志愿机制，动员更多的志愿服务资源作为非资本化资源投入日益短缺的社会保障资源中去。通过倡导、鼓励和支持利他主义的文化价值把社会上的大量非资本化资源与有限的资本化资源有机结合起来，形成社会保障、社会福利和基本公共服务新的资源组合。

二是以往的发展更多的是以建立市场经济为目标，把激发人们的经济活力摆在重要位置，强调充分发挥市场机制在配置资源中的作用。未来，要在继续发挥市场经济体制作用的同时，发挥与市场经济体制相适应的社会体制

---

① 胡洪曙，武锶芪. 中国基本公共服务供给效率的评价与供给方式优化：基于省级面板数据的DEA 分析 [J]. 财经论丛，2020（1）：33－42.

的作用，充分调动广大社会成员参与社会生活、解决社会问题、激发社会活力。如何像 30 多年前通过完善市场体制挖掘经济发展的动力那样来激发全体社会成员参与社会决策、参与提供基本公共服务的积极性，是新时期必须面对的问题。

10.3.5 建立健全基本公共服务供给的智慧平台

大数据、云计算、自然语言处理、知识图谱等先进信息技术的普及和广泛运用为我国建立健全基本公共服务供给的智慧平台奠定了基础。简单来说，智慧基本公共服务系统平台要能够通过物联网感知设施与智能移动端动态感知用户需求，从而组织研发、设计和提供服务，凭借内生动力，实现基本公共服务供需平衡。基本公共服务的生产者和消费者的有效连接，有赖于打通线上线下，把信息网、需求网与供应链融合起来。这是一个系统工程，需要政府、事业单位、社会组织、企业尤其是互联网公司以及大量的第三方服务机构参与进来。

一方面，需要确定统一的空间数据库建设标准，包括信息交换和使用方式、用户权限管理、软硬件运行环境等，聘请熟悉基本公共服务管理、智慧城市建设、信息技术、数据库技术等方面的专家和技术人员，完成基本公共服务系统集成技术研究。另一方面，根据国家规定的基本公共服务体系中的八大分类，选择在与民生事业关联性更高的教育、医疗卫生、基本社会保障领域，搭建符合智慧基本公共服务系统运行要求的软硬件运行环境，开展智慧基本公共服务系统平台试点应用，验证智慧基本公共服务系统平台的实用性，并培训可熟练应用智慧基本公共服务系统平台的技术人员[①]。

10.4　完善制度建设

10.4.1　完善财政制度

实现京津冀财力均衡，完善京津冀协同发展的财政等方面的保障，基础

---

① 丁元竹. 网络环境下基本公共服务供给方式研究［J］. 中国特色社会主义研究，2019（1）：48－55.

就是要完善财政制度和法律保障，在制度层面上出台政策法规，让地区在发展过程中有法可依、有制可循。

1. 完善财政转移支付制度

财政转移支付制度是由于中央和地方财政之间的纵向不平衡和各区域财政之间的横向不平衡而产生和发展的，是财政资金再分配的重要手段。对京津冀地区来说，能通过财政转移支付制度来缩小区域间财力差距，从而缩小经济发展水平差距，进而缩小基本公共服务差距。它对缩小京津冀之间的财力差距、平衡京津冀地区的基本公共服务能力有最直接的效果。

通过纵向财政转移支付制度，一定程度上能减少京津冀地区的部分差异，但并不能实现协同发展。因此，我们考虑引入横向财政转移支付制度，但目前我国还没有横向财政转移支付相关法律法规[1]，所以，为了有法可依，可从中央层面立法，出台横向财政转移支付相关规定，促进建立首都地区横向财政转移支付机制，为京津冀地区优化城市和产业布局奠定财政体制基础，更好地促进京津冀协同发展。

2. 建立京津冀协同发展基金

为促进京津冀协同发展，应由中央及北京市、天津市、河北省共同出资，建立京津冀协同发展基金，促进北京市产业向周边地区的转移以及津冀两地的产业承接和产业升级工作[2]，同时将其用于三地基本公共服务建设，如教育、医疗等领域。此外，京津冀协同基金应向河北省倾斜，在北京地区为疏解非首都功能而进行产业转移的过程中，发挥作用，带动河北省产业发展。

10.4.2　出台协同发展的人才制度

京津冀地区基本公共服务的发展离不开产业作为支撑，产业的竞争力则体现在人才的竞争力上。为保证京津冀一体化的发展，除了吸引人才外，还应完善人才制度，让人才留得住，同时还应通过制度让三地在人才发展中实现相对均衡。

---

① 孙玉栋，郑垚. 京津冀基本公共服务协同发展的财力均衡问题研究［J］. 山东财经大学学报，2020，32（5）：5-16.

② 段铸，程颖慧. 京津冀协同发展视阈下横向财政转移支付制度的构建［J］. 金融发展研究，2016（1）：54-58.

1. 建议出台人力资源发展规划

京津冀人力资源的发展影响着基本公共服务的发展，因此应从规划的角度对北京市、天津市和河北省未来产业发展所需要的人才类型和人才的重点培养方向等提出指导性的建议。

从就业视角看，京津冀三地的协同发展除了存在经济、产业等方面的不均衡外，还存在人才资源的不均衡。高校毕业生更倾向于留在北京市，其次是天津市，在京津冀一体化的发展圈内，最后才会考虑河北省。这在一定程度上是受三地的产业及人才政策等因素的影响。所以针对这一现象，应在制定人力资源规划的时候就将发展方向考虑在内，针对三地所吸纳人才的行业、类型作出长远规划，进行长期培养，形成梯队层级，建立传帮带机制，从制度规划的高度把好方向，从而更有利于下一步实施规划，为制定进一步的政策做铺垫。

2. 制定协同发展的人才培养政策

人才发展一体化是京津冀一体化的重要基础。建立有效的协同人才制度有助于从制度层面上将人才工作纳入京津冀协同发展的工作中，减少京津冀政策落差，将各区域统一管理，认真分析各区域的人才优势，将人才待遇、政策从制度层面进行统一，减少不同区域间人才待遇差别。京津冀地区需要在政府部门的宏观引导下由省级各部门制定翔实有效的人才合作机制，设立科学平等的人才合作机构，完善人才合作体系，通过拓展产业载体来凝聚人才力量，借助教育培训将生源优势转换为人才资源优势[①]。京津冀三地应共享人才招聘资源，清理阻碍人才交流发展的政策制度，重新建立起促进人才交流合作的制度，在人员劳动保障制度和人才待遇等方面达成一致。

3. 出台毕业生引导机制

每年的应届毕业生往往是一个城市、地区人才流入的重要来源，所以京津冀应重视应届毕业生的流动和就业选择。相比较而言，北京市高校数量最多，所以高学历应届毕业生也最多，天津市次之，河北省相比前两个地区在高校数量和城市吸引力方面都不具备优势。因此，为了促进河北省城市、产业发展，吸引优秀高校人才到河北省就业是必不可少的。针对京津冀地区的差异，可以从京津两市和河北省两个层面出台政策，激励应届生去河北就业。

---

① 南芳. 京津冀区域人才合作策略分析［J］. 人才资源开发, 2018（20）: 8-9.

一是京津两市教育部门、人社部门应出台就业指导建议，支持河北企业到高校宣讲，加大对河北企业的宣传力度，从政策制度层面，给予河北省优惠政策。二是河北省政府应出台相应人才制度，针对北京、天津两市毕业生选择到河北省就业或落户的，应出台优惠政策，从住房、医疗、后代教育、就业等多方面进行补贴，吸引人才到河北省就业，加强河北省的人才队伍建设，从政策层面吸引优质人才往河北省流动，同时减轻北京地区人口压力。

10.4.3　明确产业发展制度

京津冀基本公共服务的发展以产业为基础。三地的产业定位不同：北京市主要为产业转出地，在央企总部外迁的政策背景下，北京市更需要考虑的因素为疏解非首都功能，在企业外迁过程中保持人员的稳定性和人才政策的一致性，降低外迁成本；天津市和河北省作为产业转型升级和产业承接的主力，更应关注自身产业的发展提升，例如天津的主要产业定位为先进制造研发基地、北方国际航运核心区等，应在产业上更注重明细化发展，形成产业体系；在产业承接过程中，注重发展规模行业体系，形成行业整体优势。京津冀在产业转移的过程中，应注重整体性的产业转移，同一行业、上下游产业应形成规模化、整体性，在京津冀产业发展中形成制度优势，帮助天津市、河北省的产业承接更顺畅，形成产业集群①。

1. 产业转出地区出台政策引导

在疏解北京非首都功能的政策环境下，北京市作为京津冀三地中最主要的产业转出地区，应出台有利于津冀两地发展的转移政策，在大型企业转移的过程中，制定政策建议引导其优先转移至津冀两地。尤其针对天津市、河北省重点发展的产业，北京市应出台针对性的政策建议，加大支持力度，引导产业向两地转移。

2. 产业承接地区形成产业集群

作为产业承接地区，天津市和河北省，尤其是河北省，一是要抓住机遇，因地制宜地发展先进制造业、现代服务业等，引入与自身发展战略规划相适应的产业，将承接企业作为优势，吸引上下游企业建厂投资，打造产业集群。二是要发挥自身优势，建设优势产业园区，形成自身的优势产业集群。津冀

地方政府不能只依赖北京市资源的对外疏解，而要集中精力，积极整合内部要素，创新发展模式，更多地做好与北京市的良性互动，把承接北京市产业疏解的重点聚焦于自身发展的优势，集中精力专注优势领域，而不能大规模无差别引入与自身产业定位无关的产业①。三是要促进企业转型升级。强化制度引导，加快优化营商环境和提升政府服务效能，引入现代化发展技术，推动产业发展，促进产业转型，出台有力政策，帮助企业转型升级。京津冀三地协同发展应总体布局，找准定位，三地应结合自身定位，形成产业优势。

3. 出台有助于产业转移的优惠政策

在产业转移和产业承接的过程中，一方面，京津冀三地应根据自身产业定位，出台有针对性的税收优惠政策，统筹发展，避免各自为政，促进形成一体化的产业布局，同时，让企业能够平稳转移，减少政策带来的不便，保证企业利益不受损；另一方面，在产业承接方面，承接地如河北省等应对转移企业释放利好消息，出台对转移企业有利的税收政策，让在北京市疏解非首都功能过程中进行转移的企业能优先考虑河北省，还要优化营商环境，让企业能够便捷经营，保持活力，持续良好发展，为当地带来收益。

10.4.4 完善教育、医疗、社会保障等基本公共服务制度

河北省是承接北京非首都功能的主要地区，但其教育、医疗、社会保障等基本公共服务水平与京津两地存在着明显的差距②，这不利于河北省的发展，不利于北京非首都功能向河北省转移，同时不利于缩小京津冀三地间的差距，进一步推进一体化。基本教育、医疗、社会保障服务水平低会在一定程度上制约一个地方的发展水平，并在一定程度上形成恶性循环。财政资金紧张会导致对基本公共服务（教育、医疗、社会保障等）的资金投入减少，进而导致民生保障弱于其他地区，在一定程度上减弱对人才的吸引力。这种吸引力的减弱，会间接地造成产业转移过程中企业招工难、人员稳定性低等多方面问题，而产业转移、承接的过程出现难题会使得京津冀协同发展变得更加困难。因此，促进京津冀基本公共服务协同发展，离不开对教育、医疗、

① 薄文广，刘阳，李佳宇.京津冀协同创新共同体发展研究［J］.区域经济评论，2019（3）：139-146.
② 田学斌，陈艺丹.京津冀基本公共服务均等化的特征分异和趋势［J］.经济与管理，2019，33（6）：7-15.

社会保障等方面服务水平的大力提升。

1. 建立京津冀教育融合机制

京津冀三地教育资源的巨大差距在一定程度上制约了河北省的发展，同时扩大了京津冀三地的经济差距。教育是经济发展的重要基础和长期保障，同时也是人才吸引力的强有力保障。教育资源丰富，一定程度上能吸引家长定居，古有孟母三迁，现如今，很多家长为了孩子能得到更好的教育，不惜重金购买学区房，移居大城市。因此，要实现京津冀协同发展，教育问题不可小觑。京津冀三地中，河北省教育资源相对薄弱，这在一定程度上降低了城市吸引力，使得很多优秀的人才因为子女教育问题，选择到北京市、天津市等城市发展。因此，需要加大对河北省的教育投入，优化高校学科的整体结构，充分发挥教育对人才培养和区域产业发展的重要积极作用。

同时，完善的教育体系能够增强一个地区教育的连续性。高等学府较多的城市往往也是人才净流入的城市，教育资源的集中一定程度上也有利于吸引人才、留住人才。大学生毕业后往往因为人脉、城市适应程度和熟悉程度选择留在大学所在的城市，这能更好地促进城市引入人才，促进城市产业和经济发展。因此应从制度层面，促进京津冀地区教育融合，将教育资源向河北省倾斜，加大京津两地尤其是北京市在教育资源上对河北省的帮扶力度。一是出台对口帮扶长效机制政策，除了维持现有帮扶项目以外，还要提高帮扶政策和帮扶项目的持续性，避免形成短期效应。应通过制定政策，将北京市优质教育资源，长久与河北省共享，促进两地教育资源融合。二是在制度层面统一教学标准，除上述对口学校的帮扶外，三地还应联合建立制度，让河北省及天津市的所有教育资源与北京市保持一致，从教科书、学习大纲、教学进度和教学模式等方面进行全面统一，同时，北京市重点学校可适当传授教学经验，开放网课，让京津冀三地真正做到教育资源共享。三是鼓励北京市学校在河北省建新校区，用北京市的学校资源带动河北省教育发展，同时，高校搬迁新址优先选择天津市、河北省，在疏解北京非首都功能的同时，促进津冀两地教育的发展。四是统一高考中考制度，采用统一命题、统一划线等形式，提高京津冀三地教育的公平度。

2. 推进京津冀医疗服务深度合作

健全京津冀三地间医疗合作制度，通过建立医院与医院、地区与地区间的医疗合作模式，促进三地医疗资源深度合作。这一方面能缓解北京市、天津市医疗机构的压力，另一方面能优化河北省的医疗资源，让河北省的群众在当地就能完成大部分就医程序，避免异地就医的奔波与烦琐。一是出台指导性政策制度推进医疗项目合作，让更多医疗机构加入合作项目。在制度层面，加大合作力度，鼓励和支持三甲医院、国内顶尖医院与河北省开展医疗项目合作，同时出台相关制度标准，检验合作效果。二是在前期临床结果互认工作的基础上，从制度层面加快完善互认程序，让更多医疗机构、更多检验项目能得到三个地区的互认。三是对北京市的优质医疗资源，在疏解非首都功能的背景下，鼓励其往天津市、河北省转移或建设新院区，出台激励、奖励性的制度，从中央资金中提供补贴资金，增强搬迁积极性。

3. 加强京津冀社会保障协同发展

此前，中央有关部门和京津冀三个省市针对京津冀的社会保障，如医疗保险、社会保险等出台了一系列的制度。如：2014 年 8 月，北京市与河北省签订《京冀医疗保险合作备忘录》，推动医保机构互认。2015 年，北京市、天津市分别与河北省签订了《推动人力资源和社会保障工作协同发展合作协议》《推动人力资源和社会保障事业协同发展合作协议》，解决了三地在异地就医、定点医疗机构互认、享受待遇、监管服务等方面的问题。2018 年 7 月，随着《京津冀工伤保险工作合作框架协议》的颁布，京津冀三地工伤保险工作实现互联互通互认。同年 10 月，《津冀跨省异地就医门诊医疗费用直接结算工作备忘录》的签署，标志着津冀两地在异地就医门诊直接结算工作的政策、经办、监管和信息化等方面达成初步共识并取得实质性进展，为推进津冀及全国异地就医门诊医疗费直接结算提供了有益的经验。这些政策的出台一定程度上促进了医疗保险基金和社会保险基金在京津冀三省市发挥作用，但在实际落实和操作中，也存在着一些问题。一方面，这些政策数量上并不能使三省市居民完全享受同样的基本公共服务，只是从一定程度上缩小了地区差距；另一方面，这些政策多为地区间的互惠政策，缺乏三省统一的政策制度，使得京津冀三地缺乏一体性。建议从京津冀一体化的高度出台政策、制定制度，统一谋划，如推动三地医保互认、医疗共享，统一标准，消除差别，简化政策，方便三地居民共享。

4. 建立社会多元主体参与机制

在实现京津冀基本公共服务协同发展的过程中，除了政府应发挥主导作用外，多元主体的共同参与也是必不可少的。政府单一主体的资源和能力有限，市场和社会的参与，一方面能减轻政府的财政压力，另一方面还能提高基本公共服务的供给质量和效率。在基本公共服务主体多元发展中，政府、市场和社会只有按照内在机制提供和运营基本公共服务，才能真正实现基本公共服务水平的持续提高。实现京津冀基本公共服务协同发展的过程中，还需要明确各个服务主体的职责，清晰界定各级政府与市场和社会之间的责任关系，利用不同主体的优势，平衡三地支出压力。要在明确不同主体职责的基础上，建立清晰的责任管理机制，防止集体行动困境的出现。同时要妥善处理基本公共服务供给中多元主体的权责关系，完善相关法律法规，既要保障多元主体在基本公共服务供给中以合法的方式发挥自己的力量，也要确保其对权力的行使承担相应责任。

第一，政府是基本公共服务的主体、中坚力量。作为基本公共服务的主要提供者，政府应出台政策、制定制度，提升管理能力。京津冀地区基本公共服务的协同发展，需要政府的引领，而政府在发挥指导作用的同时，也要提高提供公共服务的能力、增强服务意识、完善服务职能、多元化服务方式和服务手段，更好地加强与市场和社会的协作。

第二，市场作为基本公共服务的重要参与者，其重要性不容小觑。一个规范而发达的市场环境是实现多元主体合作供给基本公共服务的基础，也为多元主体合作提供了基本的发展环境。市场的自主调节可以促进基本公共服务向更符合市场要求的方向发展。当然，也要加强对市场参与主体的监督，在充分发挥其优势的同时，对其加以规范。

第三，要培育壮大社会力量。社会力量是基本公共服务发展中不可或缺的一部分，在缓解财政压力、提供公共服务和进行社会监督方面，社会力量都发挥着重要作用。对于京津冀地区而言，跨省市、跨地区的社会力量的优势能在三地共同体现。通过政府与社会资本的合作，能充分发挥社会资本的优势，大力推动基本公共设施建设和提升基本公共服务能力。

参考文献

[1] Bardhan P. Decentralization of governance and development [J]. The Journal of Economic Perspectives, 2002, 16 (4): 185 - 205.

[2] Baumol W J, Oates W E. The theory of environmental policy [M]. New Jersey: Prentice Hall, 1975.

[3] Bernholz P. Externalities as a necessary condition for cyclical social preferences [J]. The Quarterly Journal of Economics, 1982, 97 (4): 699 - 705.

[4] Brown T, Potoski M. Transaction costs and institutional explanations for government service production decisions [J]. Journal of Public Administration Research and Theory, 2003, 13 (4): 441 - 468.

[5] Brueckner J K. Strategic interaction among governments: an overview of empirical studies [J]. International Regional Science Review, 2003, 26 (2): 175 - 188.

[6] BuchananJ M, Stubblebine W C. Externality [J]. Economica, 1962, 29 (16): 371 - 384.

[7] Case A C, Rosen H S, Hines J C. Budget spillovers and fiscal policy interdependence: evidence from the states [J]. Journal of Public Economics, 1993, 52 (3): 285 - 307.

[8] Donald F K, Sharing power: public governance and private markets [M]. Washington: Brookings Institution Press, 1994.

[9] Ferlie E, Lynn L E, Pollitt C. The oxford handbook of public management [M]. New York: Oxford University Press, 2007.

[10] Geddes P. Cities in evolution: an introduction to the town-planing movement and the study of cites [M]. London: Williams and Norgate, 1915.

[11] Gottmann J. Megalopolis or the urbanlization of the northeastern seaboard [J]. Economic Geography, 1957, 33 (3): 189 - 200.

[12] Hamiltion D K. Governing metropolitan areas: response to growth and change [M]. England: Taylor & Francis, 1999.

[13] Kelejian H H, Robinson D P. A suggested method of estimation for spatial interdependent models with autocorrelated errors, and an application to a county expenditure model [J]. Papers in Regional Science, 2005, 72 (3): 297 - 312.

[14] Malul R. External benefits of public education: an economic analysis (Book Review) [J]. Journal of Politica Economy, 1965, 73 (6): 667 - 668.

[15] Martnez J. The chanllege of expenditure assignment reform in russian [J]. Enviroment and Planning: Government and Policy, 1994, 12 (3): 277 - 292.

［16］ McKean R N, Browning J M. Externalities from government and non-profit sectors ［J］. The Canadian Journal of Economics, 1975, 8（4）: 574 - 590.

［17］ Revelli F. On spatial public finance empirics ［J］. International Tax and Public Finance, 2005, 12（4）: 475 - 492.

［18］ Saavedra L A. A model of welfare competition withe evidence from AFDC ［J］. Journal of Urban Economics, 2000, 47（2）: 248 - 279.

［19］ Samuels W J. In defense of a positive approach to government as an economic variable ［J］. Journal of Law and Economics, 1972, 15（2）: 453 - 459.

［20］ Samuelson P A. The pure theory of public expenditure ［J］. The Review of Economics and Statistics, 1954, 36（4）: 387 - 389.

［21］ Sandra L P. Regional planning as mediation: inside Minnesota's metropolitan twin cities regional plan implementation ［J］. Journal of Environmental Policy & Planning, 2011, 13（4）: 399 - 420.

［22］ Schmid A A. The economics of property rights: a review article ［J］. Journal of Economic Issues, 1976, 10（1）: 59 - 69.

［23］ Sigman H. Transboundary spillovers and decentralization of environmental policies ［J］. Journal of Environmental Economics and Management, 2005, 50（1）: 82 - 101.

［24］ Wiener J B. Managing the iatrogenic risks of risk management ［J］. RISK: Health, Safety & Environment, 1998, 9（1）: 39 - 82.

［25］ Qian Y, Weingast B R. China's transition to markets: market-preserving federalism, Chinese style ［J］. Journal of Economic Policy Reform, 1996, 1（2）: 149 - 185.

［26］ 安林丽, 宋万杰. 我国区域经济协同发展的理论与实践研究 ［M］. 长春: 吉林大学出版社, 2019.

［27］ 安树伟, 董红燕. 京津冀协同发展战略实施效果中期评估 ［J］. 经济问题, 2022（4）: 1 - 2.

［28］ 白列湖. 协同论与管理协同理论 ［J］. 甘肃社会科学, 2007（5）: 228 - 230.

［29］ 陈瑞莲. 论区域公共管理研究的缘起与发展 ［J］. 政治学研究, 2003（4）: 75 - 84.

［30］ 陈志国. 促进京津冀基本公共服务均等化研究 ［J］. 经济研究参考, 2018（15）: 55 - 64.

［31］ 范恒山. 成渝地区双城经济圈建设的价值与使命 ［J］. 宏观经济管理, 2021（1）: 12 - 14.

［32］ 方雷. 地方政府间跨区域合作治理的行政制度供给 ［J］. 理论探讨, 2014（1）: 19 - 23.

［33］ 高树兰. 京津冀基本公共服务协同发展与财税政策支持探讨 ［J］. 经济与管理, 2016, 30（6）: 12 - 17.

［34］ 谷成, 蒋守建. 我国横向转移支付依据、目标与路径选择 ［J］. 地方财政研究, 2017（8）: 4 - 8, 26.

［35］ 韩霞, 于秋漫. 推进京津冀医疗资源均等化发展分析 ［J］. 北京航空航天大学学报（社会科学版）, 2021（2）: 105 - 113.

［36］ 韩兆柱, 于均环. 整体性治理视域下京津冀基本公共服务均等化研究 ［J］. 学习论

坛，2018，34（1）：58-64.

[37] 何文炯．共同富裕视角下的基本公共服务制度优化［J］．中国人口科学，2022（1）：2-15，126.

[38] 侯胜东．新时期京津冀公共服务多元化协同供给机制建设［J］．中国劳动关系学院学报，2021（3）：117-124.

[39] 胡洪曙，武锶芪．中国基本公共服务供给效率的评价与供给方式优化：基于省级面板数据的 DEA 分析［J］．财经论丛，2020（1）：33-42.

[40] 李磊，顾辰影，郑依琳．城市群公共服务供给如何创新？善治视域下的协同路径探析［J］．江苏行政学院学报，2018（6）：102-109.

[41] 李宁，王芳．共生理论视角下农村环境治理：挑战与创新［J］．现代经济探讨，2019（3）：86-92.

[42] 李启军，郭磊贤，雷祎，等．政策视角下的粤港澳大湾区空间关联分析与协同发展政策机制优化［J］．热带地理，2022，42（2）：269-282.

[43] 李实，杨一心．面向共同富裕的基本公共服务均等化：行动逻辑与路径选择［J］．中国工业经济，2022（2）：27-41.

[44] 李燕凌，邵静祎，李亚宏．京津冀农村公共文化服务供给现状调查分析［J］．产业与科技论坛，2019，18（22）：82-84.

[45] 李玉玲，胡宏伟．京津冀养老服务协同发展研究：基于 SWOT 框架的分析［J］．人口与发展，2019，25（5）：123-128.

[46] 李政蓉，郭喜．公共服务协同供给机制动态化：一个分析框架［J］．中国行政管理，2021（3）：45-53.

[47] 梁静．推进京津冀公共服务共建共享研究［J］．国有资产管理，2021（9）：39-43.

[48] 刘丽敏，王依娜．京津冀基本公共服务均等化问题探析［J］．经济论坛，2019（2）：83-86.

[49] 刘璐．京津冀地区基本公共服务与经济发展协调关系研究［D］．石家庄：河北师范大学，2020.

[50] 刘晓静，张向军，谢秋实．京津冀协同发展视域下河北省养老服务面临挑战及发展建议［J］．河北大学学报（哲学社会科学版），2019，44（1）：139-145.

[51] 刘旭．推动公共服务高质量发展，增强人民群众获得感、幸福感、安全感［J］．财经界，2022（3）：6-7.

[52] 柳天恩，田学斌．京津冀协同发展：进展、成效与展望［J］．中国流通经济，2019（11）：116-128.

[53] 吕敏，魏诗谣．京津冀一体化基本公共服务非均等化问题探析［J］．当代经济，2019（3）：146-147.

[54] 马海涛，任致伟．我国纵向转移支付问题评述与横向转移支付制度互补性建设构想［J］．地方财政研究，2017（11）：82-87.

[55] 马雪松．结构、资源、主体：基本公共服务协同治理［J］．中国行政管理，2016

（7）：52 - 56.

[56] 梅正午. 农村公共文化服务供给中的需求识别研究：基于 KANO 模型的分析［D］. 南宁：广西大学，2018.

[57] 牟燕，刘岩，孙春玲，等. 山东省会城市群经济圈卫生一体化的 SWOT-PEST 分析 及发展［J］. 卫生软科学，2016（5）：270 - 273，277.

[58] 南芳. 京津冀区域人才合作策略分析［J］. 人才资源开发，2018（20）：8 - 9.

[59] 倪永贵. 公共价值视域下区域合作治理：现实困境与有效策略［J］. 现代经济探讨，2020（12）：105 - 109.

[60] 欧阳慧，李沛霖. 东京都市圈生活功能建设经验及对中国的启示［J］. 区域经济评论，2020（3）：99 - 105.

[61] 齐守印. 论政府间财政支出责任的优化配置［J］. 财贸经济，2003（2）：42 - 44.

[62] 任晓雅，吕琦. 京津冀一体化背景下养老服务协同发展研究分析［J］. 劳动保障世界，2019（3）：42 - 43.

[63] 荣利颖，孟静怡. 京津冀教育协同治理的行政协议研究［J］. 国家教育行政学院学报，2020（1）：57 - 63.

[64] 单菁菁，张卓群. 粤港澳大湾区融合发展研究现状、问题与对策［J］. 北京工业大学学报，2020，20（2）：1 - 8.

[65] 申伟宁，苏爽，黄华，等. 京津冀城市群基本公共服务的影响因素与优化对策：基于空间计量模型的实证考察［J］. 全球城市研究（中英文），2020，1（2）：60 - 69，192.

[66] 宋迎昌. 美国的大都市区管治模式及其经验借鉴：以洛杉矶、华盛顿、路易斯维尔为例［J］. 城市规划，2004，28（5）：86 - 89，92.

[67] 苏洨宇. 共同事权与支出责任分担视阈下的转移支付机制探究［J］. 经济问题，2022（6）：34 - 40，66.

[68] 孙飞，付东普. 供给侧结构性改革下公共服务供给方式创新［J］. 甘肃社会科学，2017（4）：244 - 248.

[69] 孙丽文，任相伟. 京津冀区域碳排放协同治理及影响因素分析［J］. 山东财经大学学报，2020，32（2）：5 - 14.

[70] 孙玉栋，郑垚. 京津冀基本公共服务协同发展的财力均衡问题研究［J］. 山东财经大学学报，2020，32（5）：5 - 16.

[71] 孙钰，章圆，齐艳芬，等. 京津冀城市群基本公共文化服务水平的时空演变、溢出效应与驱动因素研究［J］. 北京联合大学学报（人文社会科学版），2022（2），20：58 - 68.

[72] 唐亚林，刘伟. SGI 框架下欧盟公共服务一体化的价值基础建构及其推进策略［J］. 中国行政管理，2017（2）：130 - 136.

[73] 田学斌，陈艺丹. 京津冀基本公共服务均等化的特征分异和趋势［J］. 经济与管理，2019，33（6）：7 - 15.

[74] 田玉麒. 公共服务协同供给：基本内涵、社会效用与影响因素 [J]. 云南社会科学，2015（3）：7-13.

[75] 王淑伟，崔万田. 京津冀区域经济协同发展评价 [J]. 商业经济研究，2022（2）：162-166.

[76] 王伟进，陈勇. 跨区域发展与治理：欧盟经验及其启示 [J]. 学习与实践，2020（4）：63-75.

[77] 王文娟，曹向阳. 增加医疗资源供给能否解决"看病贵"问题？：基于中国省际面板数据的分析 [J]. 管理世界，2016（6）：98-106.

[78] 王郁，赵一航. 区域协同发展政策能否提高公共服务供给效率？：以京津冀地区为例的研究 [J]. 中国人口资源与环境，2020（8）：100-108.

[79] 吴季松. 以协同论指导京津冀协同创新 [J]. 经济与管理，2014（5）：8-12.

[80] 伍文中，唐霏，李勤. 从竞争走向合作：粤港澳大湾区财政行为的推进路径分析 [J]. 贵州财经大学学报，2021（4）：24-32.

[81] 武义青，冷宣荣. 京津冀协同发展八年回顾与展望 [J]. 经济与管理，2022，36（2）：1-2.

[82] 邢玉冠，杨道玲. 基于大数据的京津冀协同发展战略进展与成效分析 [J]. 经济师，2022（3）：8-10.

[83] 徐艳晴. 公共服务供给主体多元化的理论来源 [J]. 兰州学刊，2010（5）：51-53，58.

[84] 许永兵，罗鹏. 京津冀城市群的经济发展质量评价 [J]. 河北大学学报，2020，45（4）：85-98.

[85] 严晓萍. 京津冀区域河北省基本公共服务差距及对策 [J]. 经济论坛，2020（7）：107-114.

[86] 杨刚. 新格局下的"成渝双城经济圈"时代 [J]. 财富时代，2020（6）：5-6.

[87] 杨宏山. 京津冀协同发展的公共服务需求 [J]. 城市管理与科技，2017，19（5）：21-23.

[88] 杨健. 京津冀基本公共服务共建共享：理论逻辑、实践经验与发展路径 [J]. 天津行政学院学报，2020，22（5）：79-87.

[89] 叶堂林，李璐. 京津冀公共服务协同治理问题及对策研究 [J]. 理论与现代化，2020（3）：19-23.

[90] 易承志. 跨界公共事务、区域合作共治与整体性治理 [J]. 学术月刊，2017，49（11）：67-78.

[91] 尹凡，刘明. 京津冀区域城镇化推进政策着力点分析：基于基础设施承载力和公共服务承载力的对比 [J]. 城市发展研究，2017（11）：10-13.

[92] 尹华，朱明仕. 论我国公共服务供给主体多元化协调机制的构建 [J]. 经济问题探索，2011（7）：13-17.

[93] 郁建兴，秦上人. 论基本公共服务的标准化 [J]. 中国行政管理，2015（4）：47-51.

[94] 喻凯. 府际关系视角下的粤港澳大湾区协同治理研究 [D]. 广州：中共广东省委党

校，2019.

[95] 臧雷振，许乐，翟晓荣．京津冀劳动政策的差异与协同 [J]．北京行政学院学报，
2020 (2)：1-9.

[96] 臧秀清，李旭辉．京津冀财政协同下的生态补偿与扶贫攻坚 [J]．经济论坛，2017
(3)：13-16.

[97] 曾红颖．我国基本公共服务均等化标准体系及转移支付效果评价 [J]．经济研究，
2012 (6)：20-32，45.

[98] 张贵，薛伊冰．协同论视阈下京津冀区域公共服务协同发展研究 [J]．天津行政学
院学报，2018，20 (5)：19-28.

[99] 张恒龙，罗唯．基本公共服务均等化对城市群协调发展的驱动机制 [J]．上海商学
院学报，2021 (5)：55-73.

[100] 张丽莉．跨域治理：京津冀社会管理协同发展的新趋势 [J]．河北学刊，2018，38
(2)：163-168.

[101] 张衔春，唐承辉，许顺才，等．中国城市群空间规划的历史演化与空间逻辑：基于
新国家空间视角 [J]．城市规划，2021，45 (5)：21-29.

[102] 张孝梅．京津冀产业结构调整的就业效应及政策建议 [J]．工会博览，2022 (7)：
30-31.

[103] 张宇．财政分权与政府财政支出结构偏异：中国政府为何偏好生产性支出 [J]．南
开经济研究，2013 (3)：35-50.

[104] 赵大全．财政治理与区域治理 [J]．财政科学，2020，49 (1)：84-92.

[105] 赵芳，甄天民，谷景亮，等．我国发展区域医疗联合体的 SWOT 分析 [J]．卫生软
科学，2014，28 (6)：339-342.

[106] 赵曼丽．公共服务协同供给研究：基于共生理论的分析框架 [J]．学术论坛，2012，
35 (12)：38-41.

[107] 赵云旗．政府间"财政支出责任"划分研究 [J]．经济研究参考，2015 (68)：3-
14，29.

[108] 郑睿．城市群合作模式中的资源差异与变革创新：以长三角实现基本公共服务均等
化的策略为例 [J]．上海城市管理，2017，26 (2)：31-37.

[109] 周京奎，白极星．京津冀公共服务一体化机制设计框架 [J]．河北学刊，2017，37
(1)：130-135.

[110] 周黎安．中国地方官员的晋升锦标赛模式研究 [J]．经济研究，2007，42 (7)：36-50.

图书在版编目（CIP）数据

京津冀基本公共服务协同发展研究 / 孙玉栋等著
. --北京：中国人民大学出版社，2024.10
（京津冀协同发展研究丛书 / 张东刚总主编）
ISBN 978-7-300-32655-9

Ⅰ. ①京… Ⅱ. ①孙… Ⅲ. ①公共服务—协调发展—研究—华北地区 Ⅳ. ①D669.3

中国国家版本馆 CIP 数据核字（2024）第 060588 号

京津冀协同发展研究丛书
总主编　张东刚
京津冀基本公共服务协同发展研究
孙玉栋　等　著
Jingjinji Jiben Gonggong Fuwu Xietong Fazhan Yanjiu

出版发行	中国人民大学出版社	
社　　址	北京中关村大街 31 号	邮政编码　100080
电　　话	010 - 62511242（总编室）	010 - 62511770（质管部）
	010 - 82501766（邮购部）	010 - 62514148（门市部）
	010 - 62515195（发行公司）	010 - 62515275（盗版举报）
网　　址	http://www.crup.com.cn	
经　　销	新华书店	
印　　刷	唐山玺诚印务有限公司	
开　　本	787 mm×1092 mm　1/16	版　　次　2024 年 10 月第 1 版
印　　张	16 插页 2	印　　次　2024 年 10 月第 1 次印刷
字　　数	279 000	定　　价　58.00 元